二十一世纪高等院校保险系列规划教材

ERSHIYI SHIJI GAODENG YUANXIAO BAOXIAN XILIE GUIHUA JIAOCAI

人身保险
综合实验教程

（第二版）

RENSHEN BAOXIAN
ZONGHE SHIYAN JIAOCHENG

王媛媛　秦蓉蓉 ◎ 编著

西南财经大学出版社
Southwestern University of Finance & Economics Press

图书在版编目(CIP)数据

人身保险综合实验教程 / 王媛媛,秦蓉蓉编著. —2 版.—成都:西南财经大学出版社,2019.9

ISBN 978-7-5504-4138-5

Ⅰ.①人…　Ⅱ.①王…②秦…　Ⅲ.①人身保险—高等学校—教材

Ⅳ.①F840.62

中国版本图书馆 CIP 数据核字(2019)第 202646 号

人身保险综合实验教程 (第二版)

王媛媛　秦蓉蓉　编著

责任编辑:汪涌波　李晓嵩

封面设计:何东琳设计工作室

责任印制:朱曼丽

出版发行	西南财经大学出版社(四川省成都市光华村街 55 号)
网　　址	http://www.bookcj.com
电子邮件	bookcj@foxmail.com
邮政编码	610074
电　　话	028-87353785
照　　排	四川胜翔数码印务设计有限公司
印　　刷	郫县犀浦印刷厂
成品尺寸	185mm×260mm
印　　张	17
字　　数	397 千字
版　　次	2019 年 9 月第 2 版
印　　次	2019 年 9 月第 1 次印刷
印　　数	1— 2000 册
书　　号	ISBN 978-7-5504-4138-5
定　　价	39.80 元

前　言

　　经过近 40 年的发展，中国保险市场主体不断增多，业务规模不断扩大。至今，中国寿险公司共计 96 家，相较于 2012 年增加了 41.2%。瑞再研究院发布的 2018 世界保险业报告显示，2017 年中国内地总保费收入高达 5414.46 亿美元，占全球市场份额的 11.07%，仅次于美国，排名世界第二。特别是寿险业，2017 年的贡献率为 2.1%，居全球之首。但从保险密度和深度来看，2017 年中国寿险保险密度和深度分别为 225 美元（美国 1674 美元）和 2.68%（美国 2.82%），可见，中国从保险大国到保险强国还有很长的路要走。从现阶段发展的特征来看，寿险业的外部环境和自身条件都发生了深刻的变化，计算机技术驱动的信息技术革命正席卷全球，推动了保险业的生产方式由大规模制造向大规模定制转变；价值创造从制造环节向服务环节迁移，程序化劳动逐渐被智能化设备所代替。寿险业的发展已经到了亟须变革的十字路口。这场行业的转型和变革将对寿险从业人员的要求更加严格和规范，对寿险从业人员的理论知识和实践技能亦提出了更高的要求。本教材的编写旨在提高金融保险类在校大学生的理论知识和实务操作技能，力求为寿险行业输送综合素质较高、学科专业基础扎实，且应用能力较强，具有一定职业素养和创新精神的行业性应用型人才。

　　2015 年编著的《人身保险综合实验教程》出版后，得到了使用者的认可和好评。在第二版的教材中，我们在第一版特色内容的基础上，对全书的体系和内容进行了全面的修订。在框架上，全书由人身保险产品、寿险公司的客户服务、寿险公司的承保、寿险公司的理赔、寿险公司的保全、寿险公司的产品说明会和培训和附录七部分构成，共计十五个实验，力求较完整地展现寿险公司各业务操作的主要环节；在内容上，本书力图全面反映寿险公司各业务操作的流程、作业细则和操作方法，并为每个教学实验悉心设计了实验场景、提供了详尽的实验素材，以期通过实验教学，使得每个学生均有机会充当寿险公司的"核保员""核赔员""营销员""培训讲师""客服专员""理财规划师"等不同角色，并设身处地地从角色出发，处理实务工作；在编写形式上，每一个实验均包含了实验目的、实验要求、实验环境、实验前的知识准备、实验内容、实验方法和操作步骤、实验注意事项和参考文献等。特别是在实验内容部分，每个实验均包含指定实验内容和可选实验内容供教师和学生选用。

本教材由广东金融学院的王媛媛、秦蓉蓉老师共同编著。具体分工为：秦蓉蓉负责实验三中的理论知识及部分案例的编写和修订；实验五中的理论知识及客户咨询和作业流程、可选实验内容，附件二、三、四的编写和修订；实验六中的实验前知识准备、附件一的编写和修订；实验七中的附件七、附件九、附件十的编写和修订；实验九中的附件二、附件四、附件五的编写和修订；实验十中的附件二、附件三的编写和修订等。教材其余内容的编写及修订均由王媛媛负责完成。此外，全教材编写形式的设计、全文的统稿和校正亦由王媛媛负责。

本教材是为了满足高等学校本、专科生人身保险实验教学需要而编写的，适合作为保险专业人身保险课程的独立实验教材，也可为金融、保险、保险精算等专业的人身保险理论教学提供参考，同时保险公司的从业人员以及对保险实务感兴趣的广大读者亦可将其作为了解和掌握人身保险实践知识的参照书籍。

本书二版的编写、修订与问世，得到了西南财经大学出版社的热情帮助和支持，同时，广东金融学院的校领导、教务处和学院领导为本书再版的编写提供了便利与支持，值得我们铭记于心。

由于作者水平有限，书中难免存在疏漏与错误之处，敬请各位专家、读者发现后给予批评指正，在此，我们表示衷心感谢。

编者

2019 年 2 月

目 录

第一章 人身保险产品

实验一 人身保险产品分析

一、实验目的

（1）掌握人身保险产品的类别及各险种的主要特点；

（2）了解监管机关对人身保险产品监管的内容；

（3）学习人身保险产品 PPT 制作素材的收集和整理；

（4）熟练使用 Powerpoint 软件制作人身保险产品说明 PPT。

二、实验要求

（1）回顾人身保险产品的基本概念和分类标准；

（2）能够对各类别的人身保险产品进行分析；

（3）能够利用给定或自行搜集的人身保险产品资料制作产品说明 PPT。

三、实验环境（仪器、软件和材料）

（1）电脑；

（2）Internet 网络连接；

（3）Office 办公软件；

（4）PPT 制作模板及素材；

（5）人身保险产品条款、核保规程及费率表等。

四、实验前的知识准备

（一）人身保险产品的概念和分类

人身保险产品是指保险公司为被保险人在死亡、伤残、疾病或者生存到双方约定的年龄或期限情况下提供给付保险金的服务。人身保险产品的服务对象主要为被保险人；产品的标的是被保险人的寿命和身体；产品的具体内容为被保险人的生存保障、老年保障、疾病保障、死亡和伤残保障等。

《中华人民共和国保险法》（以下简称《保险法》）第 95 条规定"人身保险业务，包括人寿保险、健康保险、意外伤害保险等保险业务"，这是按照保障范围对人身保险业务进行的划分，也是最常见、最基本的人身保险分类。人寿保险是以人的生命为保险标的，以保险人在保险期限内生存或死亡到保险期满为保险责任的一种人身保险。根据承保期限和承保内容的不同，人寿保险又可以分为定期寿险、终身寿险、两全保险和年金保险。健康保险主要以被保险人因疾病等需要支付医疗费，因疾病造成残疾以及因生育、疾病或意外伤害无法正常工作而减少劳动收入作为保险事故。健康保险中最常见的是医疗保险，包括普通医疗保险、综合医疗保险、各种补充医疗保险以及部分特种医疗保险等类型。此外，疾病保险、失能收入保险和长期护理保险等也属于健康险的类别。意外伤害保险是以被保险人因在保险期限内遭受意外伤害造成死亡或残疾为保险事故的一种保险。需要特别注意的是，意外伤害保险的保险责任仅限于意外伤害造成的死亡、残疾，不包括其他原因（如疾病、生育等）引起的残疾或者死亡。

此外，根据投保方式的不同，人身保险可分为个人人身保险、联生保险和团体人身保险。个人人身保险是指一张投保单只承保一个被保险人的人身保险。联生保险是指将存在一定利害关系的两个或两个以上的个人（如父母、夫妻、子女、兄弟姐妹或合作者等）作为联合被保险人同时进行投保的一类保险。团体人身保险是在一张总保单下承保多个被保险人的人身保险。根据被保险人的风险程度的不同，人身保险可以分为标准体保险（健体保险）和非标准体保险（弱体保险或次标准体保险、次健体保险）。标准体保险是指对于身体、职业、道德等方面没有明显缺陷的被保险人，保险人按照所制定的标准或正常的费率来承保的保险。非标准体保险是不能用正常的费率来承保的保险，该类人群发生保险事故的可能性较高，只有满足特别的条件才能承保。根据保单持有人是否能够分红，可以将人身保险分为分红保险和非分红保险。分红保险能让保单持有人定期分享保险人经营的利润，而非分红保险只能获得保单规定的基本的风险保障。

人身保险的分类并没有固定的原则和标准，除了上述分类外，还可以根据实施方式的不同将人身保险分为自愿保险和强制保险，按被保险人是否参加体检分为验体保险和免验体保险等。

（二）人身保险产品体系

随着社会经济状况的变化，新技术、新渠道的出现，以及社会生活环境和人口结构的变迁，人身保险产品的需求和供给出现了新的变化。人身保险产品不仅提供传统的风险保障和储蓄，并且逐渐向非传统的投资型、万能型产品发展，甚至股指、股指连结产品也可能在股市的进一步开放后推出。根据人身保险经营实务中对产品划分的习惯，可以将含有保证预定利率且明确保险金给付的人身保险产品称为传统产品。而对于不保证保单价值的分红保险、投资连结保险和万能保险等则称为新型产品（见图1.1）。

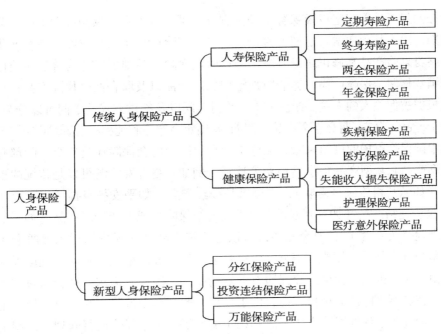

图 1.1　人身保险产品体系

　　在我国寿险公司的经营中，人寿保险产品是最主要的产品。2018 年我国寿险业务的原保费收入约为 20 722.86 亿元，健康险业务原保费收入约为 5 448.13 亿元，意外险业务原保费收入约为 1 075.55 亿元。图 1.2 展示了人寿保险产品的主要类别：定期寿

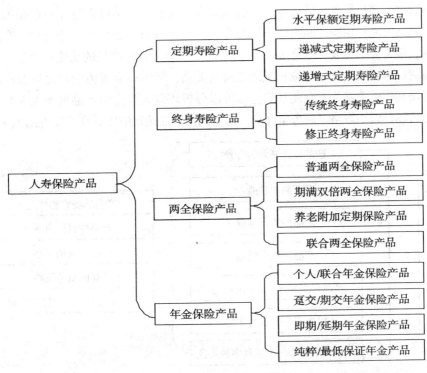

图 1.2　人寿保险产品类别

险产品按照保额是否固定以及保额变动的方式，可以分为水平保额定期寿险产品、递减式定期寿险产品和递增式定期寿险产品；终身寿险产品按保费或保额是否变化可分为传统终身寿险产品和修正终身寿险产品；两全保险产品则可以分为普通两全保险产品、期满双倍两全保险产品、养老附加定期保险产品以及联合两全保险产品；年金保险产品根据被保险人的人数、缴费方式、给付时间以及给付方式的不同可以分为个人/联合年金产品、趸交/期交年金产品、即期/延期年金产品和纯粹/最低保证年金产品。

从中国保险市场的供给来看，无论是死亡保险、两全保险还是年金保险都有相应的传统型产品和新型产品提供给消费者选择。例如：终身寿险既可以是传统的预定利率产品（如弘利相传终身寿险），也可以是分红产品［如平安护身福终身寿险（分红型）］、投资连结产品（如友邦双盈人生投资连结保险）或万能寿险产品［如平安智能星终身寿险（万能型）］；两全保险既可以是传统产品（如新华乐行无忧两全保险），也可以是分红产品［如阳光人寿财富年年两全保险（分红型）］。而对于健康保险产品来说，由于保障范围与社会医疗保险有一定的交叉，因此其需求受社会保险政策的影响较大。在新型寿险产品销售方面，由于投保人购买新型寿险产品后将承担一定的利率风险，因此为了保证寿险市场健康和稳定的发展，国家保险监督管理部门制定了一系列的政策来规范新型寿险产品的发展，例如《分红保险管理暂行办法》《投资连结保险管理暂行办法》和《人身保险新型产品信息披露管理办法》等。

（三）人身保险产品分析

人身保险产品是寿险公司经营的基础和核心。寿险公司中保险营销员的展业、市场营销部的管理、客户服务部的核保、核赔和保全等工作，均是以人身保险产品为基础开展的。因此，对人身保险产品进行分析是寿险公司每位员工必备的技能之一。在进行产品分析时，应考虑的主要因素包括：产品设计开发的背景；产品的功能；产品的责任范围；产品的核保规程；产品保费和保额之间的关系；保单现金价值的状况以及产品预定利率与市场利率的关系等。在此基础上，可以分析该款人身保险产品的类型和特点、产品的目标市场、营销策略、服务策略和与行业同类产品相比的优缺点等（见图1.3）。

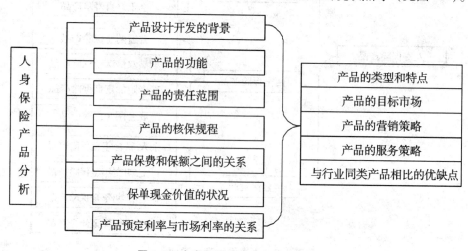

图1.3 人身保险产品分析的主要内容

1. 产品设计开发的背景

人身保险产品是寿险公司各项管理能力和技术水平的载体，产品设计和开发的背后是公司市场定位和发展战略的集中概括。特别是长期的寿险产品，更是寿险公司对未来国内外经济金融形势做出长期判断后而设计出的产品。任何人身保险产品的开发都是围绕寿险公司的经营目标来进行的，这些产品从整体上反映并符合寿险公司的性质特点、企业文化以及长期战略目标和规划，反映了市场上保险消费者的需求。对于保险销售人员和销售管理人员来说，了解人身保险产品设计开发的背景对于其恰当地选择目标市场、制定营销策略和服务策略非常重要。

2. 产品的功能

保险具有经济补偿、资金融通和社会管理的功能。其中经济补偿的保障功能是保险最基本的功能，也是保险产品有别于其他金融产品的显著特征。不同的人身保险产品功能各不相同，例如，传统寿险产品的功能主要是死亡保障、生存保障和残疾保障；万能寿险和投资连结保险除了提供人身风险保障外还有投资理财的功能；健康保险产品的主要功能是疾病风险保障和医疗费用补偿等。通过对产品功能的分析，可以帮助销售人员发现产品的特点，进而更准确地锁定目标市场。

3. 产品的责任范围

保险责任是保险公司承担的义务，是保险合同最重要的组成部分。从法律关系上看，投保人购买保险实质上是购买保险公司的保险责任；从消费者的需求来看，投保人和被保险人需要的也是保险公司的保险责任。不同类别的产品其保险责任不同，通过对保险责任的分析，可以辨别出该款人身保险产品的类别。例如，人寿保险产品主要提供身故保险责任和生存保险责任；健康保险主要提供健康保障，像医药费补偿、失能收入保障和长期护理保障等；意外伤害保险主要提供意外风险保障，像意外死亡、意外残疾及意外医疗费用等。

4. 产品的核保规程

产品的核保规程对寿险公司各类人身保险产品的缴费期限、承保年龄、最低承保金额、最高承保金额、投保金额、缴费方式、缴费期限以及承保条件等进行了相应规定。通过核保规程，可以充分了解该款产品的投保和承保条件，有利于销售人员确定产品的适用人群，为客户制定翔实的保险产品建议书，也有利于保险服务人员为客户提供承保和保全服务。

5. 产品保费和保额之间的关系

保险费是投保人为取得保险保障而向保险人缴纳的费用，保险金额是保险当事人双方约定的保险事故发生时保险人承担给付金额的最高限额。分析人身保险产品保险费和保险金额之间的关系，可以帮助保险公司员工认识产品的功能，进而确定合适的目标市场。例如，保费较低而保额较高的产品一般只能提供短期保障或者单一的风险保障，保单一般不具备现金价值。该类产品适合的人群广泛，尤其适合那些保险需求高，而预算却有限的客户。

6. 保单现金价值的状况

寿险公司经营中，有些投保人会由于各种原因终止缴费而提出退保。此时，若保单采用的是均衡保费制，则投保人已经缴纳的保费的积累值与保险成本积累值之间的差额是属于保单持有人所有的，这部分金额不随保单效力的改变而丧失，一般称其为保单现金价值，而现金价值并不完全等于保单价值。大多数具有现金价值的保单会在保单中给出现金价值表。不同的险种、不同的缴费期间会产生不同的现金价值。例如，短期的定期寿险保费低廉，一般没有现金价值，长期定期寿险的现金价值会先升后降；终身寿险和两全保险一般都有现金价值，且在整个保险期间内表现为慢慢增加；万能寿险和投资连结保险的现金价值则体现在个人账户的价值上，具有不固定性。而对于不同的缴费期限，保单的现金价值在缴费期限内的累积速度也不同，缴费期限越短，累积的速度越快；缴费期满后，保单现金价值的累积速度是相同的。

7. 产品预定利率与市场利率的关系

预定利率是指寿险产品在计算保险费及责任准备金时所采用的利率，其实质是寿险经营者因占用了客户的资金，而承诺以年复利的方式赋予客户的回报。预定利率的高低和产品的价格直接相关，在其他假设条件不变的前提下，如果该款产品的预定利率较高，则保险消费者投保时所缴纳的保费就越少。2013 年寿险费率新政实施之前，因普通型人身保险预定利率的上限是 2.5%，所以开发新产品的条件受到限制，市场上各家保险公司同类型的产品同质化严重。人身保险预定利率放开后，各保险公司可以根据市场利率和市场的供求关系自主确定预定利率，不同公司同类型产品的价格已出现明显差异。而对于分红保险、万能寿险和投资连结保险等新型人身保险产品来说，其预定利率或者有浮动的空间，或者将利率的风险转移给保险消费者。

五、实验内容

（1）实验形式：小组实验。

（2）实验用时：2 学时。

（3）指定实验内容：

各小组根据给定的"洪福定期两全保险"产品的相关资料（详见材料一、材料二和材料三），制作产品说明 PPT，作为市场推广或者销售培训之用。PPT 包括但不限于以下内容：观念导入、产品特色、保险责任、投保示例、目标市场以及与行业同类产品相比的优缺点。

（4）可选实验内容：

由于寿险公司经营产品种类繁多，各小组可以结合兴趣及擅长自行选择产品，如：以分红保险、年金保险、万能保险以及投资连结保险等产品为对象，制作产品说明 PPT，作为市场推广或者销售培训之用。PPT 包括但不限于以下内容：观念导入、产品特色、主要条款介绍、投保示例、目标市场以及与行业同类产品相比的优缺点。

材料一：洪福定期两全保险保险条款

洪福定期两全保险保险条款

条款目录

第一条　保险合同的构成

本保险合同（以下简称本合同）及附加合同由保险单及其所载的条款、投保单以及有关的声明、批注及其他约定的书面文件构成。

若上述构成本合同及附加合同的文件正本需留本公司存档，则其复印件或电子影像印件亦可视为本合同的构成部分，其效力与正本相同。

第二条　保险责任

在本合同有效期限内，本公司负下列保险责任：

一、身故、全残给付

若被保险人在保险期间内身故或全残，则本公司给付等值于保险金额或现金价值（两者以高者为准）的身故或全残保险金，本合同效力终止。

二、满期给付

若被保险人生存至合同满期当日的 24 时，且本合同仍然有效，则本公司给付等值于合同已缴保险费总额的满期保险金，本合同效力终止。

第三条　责任免除

被保险人的身故或全残由下列原因中的一种或多种所致者，本公司不负赔偿责任：

1. 投保人、受益人对于被保险人的故意行为；

2. 被保险人故意自致的伤害；

3. 被保险人自合同生效或复效之日起二年内自杀；

4. 被保险人参与斗殴、犯罪、拘捕或服用、吸食、注射毒品；

5. 被保险人患艾滋病（AIDS）或感染艾滋病病毒（HIV 呈阳性）；

6. 战争、军事行为、暴乱、恐怖主义行为或武装叛乱；

7. 核爆炸、核辐射或核污染期间及由此引起的疾病。

自发生责任免除情形的当日 24 时起，本合同效力终止，本公司将退还合同当时的现金价值，若未交足二年保费的，则扣除手续费后退保险费。

第四条 保险责任的开始

本合同对应负的保险责任自投保人缴付首期保险费且本公司同意承保后开始，并溯自缴付保险费的当日 24 时起生效。本合同应签发保险单作为承保的凭证。

对于被保险人在投保人缴付首期保费且本公司同意承保后，保险单签发前发生的保险事故，本公司仍负保险责任。

本合同的保单周年日、保单年度、保险费到期日、合同期满日均以生效日计算。

第五条 基本保额

本合同所称的基本保额是指保险单上所载的寿险主合同的金额。

第六条 保险金额

本合同各保单年度的保险金额与基本保额相同。

第七条 合同撤销权

投保人在收到本合同及附加合同之日起十日内可向本公司书面提出撤销合同的申请，并亲自或挂号邮寄将本合同及附加合同退还。

投保人依前项规定行使合同撤销权时，撤销的效力自本公司收到书面申请及合同（若为邮寄，则以寄达邮戳日为准）当日 24 时起生效，本合同及附加合同自始无效，本公司将向投保人退还所缴的保费。

若投保人、被保险人或受益人于收到本合同及附加合同之日起十日内向本公司提出理赔申请或本合同是由其他险种的约定变更而来的，则不得行使本合同的撤销权。

第八条 合同的解除

一、投保人、被保险人对于本公司的书面询问应据实告知。

若投保人、被保险人因故意未履行如实告知义务，足以影响本公司决定是否同意承保或提高费率，或足以变更本公司对于危险估计的，本公司有权解除合同并不退还保费，对于合同解除前发生的保险事故，本公司不负赔偿责任。

若投保人、被保险人因过失未履行如实告知义务，足以影响本公司决定是否同意承保或提高费率，或足以变更本公司对于危险估计的，本公司有权解除合同。但可退还合同的现金价值，未交足二年保费的，扣除手续费后退保费。

二、在本合同有效期内，投保人可书面通知本公司要求解除合同（以下简称退保）。申请退保时，投保人应提供下列证明文件和资料：

1. 解除合同申请书；

2. 保险合同；

3. 投保人的户籍证明及身份证明。

本公司接到退保申请（若未邮寄，则以寄达邮戳为准）的当日 24 时，本合同效力终止。本公司将于收到上述资料的三十日内退还合同效力终止日的现金价值，若投保人未交足二年保费的，扣除手续费后退保费。

第九条　受益人的指定与变更

本合同及附加合同订立时，投保人或被保险人应指定一人或数人为保险金的受益人，受益人为数人时，应确定顺序和受益份额，未确定份额的，受益人按相等的份额享有收益权。

本合同及附加合同订立后，投保人或被保险人可以申请变更受益人，经本公司同意并批注后生效。投保人指定受益人须经被保险人（若被保险人为无民事行为能力人，则为其监护人）同意。

第十条　保险事故的通知

投保人、被保险人或受益人应于知道或应当知道保险事故发生之日起十天内通知本公司，并在三十天内提交所需凭证和资料，若由于时间延误导致必要证据丧失或事故性质、原因无法认定的，则由被保险人或受益人承担相应责任。

第十一条　保险金的申请与申请时效

一、身故、全残保险金的申请

受益人申请身故、全残保险金时，应提供下列证明文件和资料：

1. 保险金给付申请书；

2. 保险合同；

3. 受益人的户籍证明及身份证明；

4. 若因被保险人身故提出申请，则应提供被保险人的户籍注销证明以及公安部门或本公司认可的医疗机构出具的被保险人死亡诊断书或验尸证明书；若被保险人为宣告死亡，受益人须提供人民法院出具的宣告死亡证明文件；

5. 若被保险人全残提出申请，则应提供本公司指定或认可的签定机构或医师出具的鉴定诊断书；

6. 若申请人为代理人，则应提供授权委托书、身份证明等相关证明文件；

7. 本公司认为与确认保险事故的性质、原因、伤害程度等有关的其他证明文件和资料。

二、满期保险金的申请

受益人申请满期保险金时，应提供下列证明文件和资料：

1. 给付申请书；

2. 保险合同；

3. 被保险人的户籍证明及生存证明；

4. 受益人的户籍证明及身份证明；

5. 若申请人为代理人，则应提供授权委托书、身份证明等相关证明文件。

受益人对本合同保险金的申请权利，自其知道保险事故发生之日起五年不行使而消失。

第十二条　保险金的给付与失踪的处理

本合同于保险金申请审核通过后的十日内履行给付责任，若逾期，本公司则加息给付。

若被保险人经法院宣告死亡后生还，保险金的领受人应于知道或应当知道被保险人生还后的三十日内向本公司退还已领取的保险金。

第十三条　身体检查

申请本合同或附加合同保险金时，本公司有权利根据实际情况要求被保险人到指定医院进行身体检查，费用由本公司承担。

第十四条　保险费的缴付、宽限期及合同效力的中止

投保人应于合同成立时向本公司缴付首期保费，以后各期的保费按保单上所载的日期和缴费方法缴付。

分期保费未按期缴付的，自保费到期的次日起六十日为宽限期，宽限期内合同仍然有效。对于被保险人在宽限期内发生的保险事故，本公司仍负责，超过宽限期仍未缴付保费的，除非合同其他条款另有约定，否则本合同自宽限期满的当日 24 时起效力中止。

第十五条　保险费的自动垫缴

投保人超过宽限期仍未缴费的，若投保人已选择自动垫缴，本公司将自上一期保险费到期日之次日起以本合同及附加合同当时的现金价值自动垫缴到到期应缴的保险费和利息，合同继续有效。

第十六条　借款

本合同生效一年后且在累积有现金价值的情况下，投保人可以向本公司申请借款，借款金额最高不得超过本合同当时现金价值的 85%，每次借款的时间最长为 6 个月。

第十七条　欠款的扣除

本合同在给付各项保险金、现金价值时，若合同有欠缴保险费（包括自动垫缴的保险费）及利息、借款及利息，则本公司应先扣除上述款项后给付各项保险金、现金价值。

第十八条　合同效力的恢复（以下简称复效）

本合同及附加合同效力中止后的二年内，投保人可以向公司提出复效的书面申请，并提供被保险人的健康声明书或本公司指定或认可的医疗机构出具的体检报告书，在经审核通过并缴清欠缴保费及利息后的当日 24 时，本合同及附加合同效力即恢复。

第十九条　保险品种的变更

本合同生效二年后，在缴费期限的每个保单周年日，若符合本公司当时的规定，投保人可提出变更保险品种的申请。

第二十条　基本保额的变更

在合同有效期内，投保人可以依本合同规定增加或减少合同的基本保额。

第二十一条　年龄的计算与错误处理

被保险人的年龄以周岁计算，投保人在申请投保时，应在投保单上按被保险人的真实年龄及性别填明，若发生错误，按下列规定办理：

一、投保人申报的被保险人年龄不真实，且其真实年龄不符合本合同接受的年龄限制的，本公司有权解除合同，并在扣除手续费后退还保费给投保人。但本合同生效超过二年或自本合同最后复效日起超过二年者除外。

二、投保人申报的被保险的年龄或性别不真实，致使投保人实缴保险费少于应缴保险费的，本公司有权更正并要求投保人补交保险费，若已发生保险事故的，本公司按实缴保费和应缴保费的比例折算给付保险金。

第二十二条 住所或通信地址的变更

投保人的住所或通信地址变更时，应及时以书面形式通知本公司，若未及时通知，本公司按本合同及附加合同上所载的最后住所或通信地址发送的通知，视为已送达投保人。

第二十三条 争议的处理

本合同或附加合同争议解决方式由当事人投保时在投保单上约定从下列两种方式中选择一种：

（一）仲裁；

（二）诉讼。

第二十四条 释义

本合同及附加合同中具有特定含义的名词，其定义如下：

周岁：以法定身份证明文件中记载的出生日期为计算基础。

本合同已缴的保险费总额：等于投保人实际缴费的保单年度乘以本合同按标准体年缴费率计算所应缴付的保险费。

全残：指具有下列情况之一项目或多项者：

一、双目永久完全失明的（注1）；

二、两上肢腕关节以上或两下肢踝关节以上缺失的；

三、一上肢腕关节以上及一下肢踝关节以上缺失的；

四、一目永久完全失明及一上肢腕关节以上缺失的；

五、一目永久完全失明及一下肢踝关节以上缺失的；

六、四肢关节机能永久完全丧失的（注2）；

七、咀嚼、吞咽机能永久完全丧失的；

八、中枢神经系统机能或胸、腹部脏器机能极度障碍，终身不能从事任何工作，为维持生命必要的日常活动，全需他人扶助的（注4）。

【注】：

1. 失明包括眼球缺失或摘除，或不能辨别明暗，或仅能辨别眼前手动者，最佳矫正视力低于国际标准视力表0.02，或视野半径小于5度，并由保险公司指定有资格的眼科医师出具医疗诊断证明。

2. 关节机能的丧失系指关节永久完全僵硬，或麻痹，或关节不能随意识活动。

3. 咀嚼、吞咽机能的丧失系指由于牙齿以外的原因引起器质障碍或机能障碍，以致不能做咀嚼、吞咽运动，除流质食物外不能摄取或吞咽的状态。

4. 为维持生命必要之日常生活活动，全需他人扶助系指食物摄取、大小便、穿脱衣服、起居、步行、入浴等，皆不能自己为之，需要他人帮助。

5. 所谓永久完全丧失系指自意外伤害之日起经过180天的治疗，机能仍然完全丧失，但眼球摘除等明显无法复原之情况，不在此例。

艾滋病（AIDS）：是后天性免疫力缺乏综合征的简称。

艾滋病病毒：是后天性免疫力缺乏综合症病毒的简称。后天性免疫力缺乏综合症的定义按世界卫生组织所定的定义为准。若在被保险人的血液样本中发现后天性免疫力缺乏综合症病毒或其抗体，则可认为此人已受艾滋病或艾滋病病毒感染。

恐怖主义行为：包括但并不仅限于以下行为：任何人或群体、以个人名义单独所为或代表组织、政府，出于政治、宗教、意识形态和种族等原因，使用武力（暴力）或以武力（暴力）相威胁，从而影响政府或使公众陷入恐惧。

现金价值：各保单年度末的现金价值如保险单或合同批注上所示，若因其他条款的约定而发生变更，则现金价值将重新计算。

借款利率、利息：借款利率是参照银行六个月期流动资金贷款利率（以此为基础利率可上下浮动10%），并向主管单位报备后，由本公司每年宣布两次，时间分别为1月1日和7月1日。

借款利息按当时本公司已宣布的借款利率计算，并沿用至该次借款期期满。欠缴保险费（包括自动垫交的保险费）的利息和保险金逾期给付的利息均按当时本公司已宣布的借款利率计算。

不可抗力：指不能预见、不能避免并不能克服的客观情况。

手续费：指本合同对本合同已承担的保险责任所收取的费用及每份保险合同平均承担的营业费用、佣金的总和，其金额为实缴保险费总额减去退保金额后的余额，退保金额的计算方法在保险单上列明。

材料二：洪福定期两全保险简易核保规程

一、缴费期限及承保年龄

表 1.1　缴费期限及承保年龄

缴费期限	承保年龄
缴费 10 年	18~65 周岁
缴费 15 年	18~60 周岁
缴费 20 年	18~55 周岁
缴费 25 年	18~50 周岁
缴费 30 年	18~45 周岁
缴费至 50 周岁	18~35 周岁
缴费至 55 周岁	18~40 周岁
缴费至 60 周岁	18~45 周岁
缴费至 65 周岁	18~50 周岁

二、承保金额：最低承保金额 10 000 元人民币。

【注】：

1. 投保金额需为 10 000 元人民币的整数倍；

2. 可附加意外伤害保险、住院医疗补贴保险和住院医疗补偿保险。

材料三：洪福定期两全保险保险费率表（20年缴费）

表1.2　每万元基本保额　　　　　　　　　　　　　　单位：元

年龄	男性（20年缴费）			女性（20年缴费）		
	年缴	半年缴	季缴	年缴	半年缴	季缴
18	170.0	88.0	45.0	99.0	51.0	26.0
19	173.0	90.0	45.0	102.0	53.0	27.0
20	177.0	92.0	46.0	106.0	55.0	28.0
21	181.0	94.0	47.0	111.0	58.0	29.0
22	186.0	97.0	49.0	116.0	60.0	30.0
23	193.0	100.0	51.0	121.0	63.0	32.0
24	201.0	105.0	53.0	128.0	67.0	34.0
25	210.0	109.0	55.0	136.0	71.0	36.0
26	220.0	114.0	58.0	144.0	75.0	38.0
27	232.0	121.0	61.0	153.0	80.0	40.0
28	245.0	127.0	64.0	164.0	85.0	43.0
29	260.0	135.0	68.0	176.0	92.0	46.0
30	275.0	143.0	72.0	188.0	98.0	49.0
31	292.0	152.0	77.0	202.0	105.0	53.0
32	309.0	161.0	81.0	217.0	113.0	57.0
33	327.0	170.0	86.0	232.0	121.0	61.0
34	346.0	180.0	91.0	249.0	129.0	65.0
35	366.0	190.0	96.0	267.0	139.0	70.0
36	385.0	200.0	101.0	285.0	148.0	75.0
37	405.0	211.0	106.0	304.0	158.0	80.0
38	426.0	222.0	112.0	324.0	168.0	85.0
39	446.0	232.0	117.0	344.0	179.0	90.0
40	466.0	242.0	122.0	365.0	190.0	96.0
41	486.0	253.0	127.0	386.0	201.0	101.0
42	507.0	264.0	133.0	407.0	212.0	107.0
43	528.0	275.0	138.0	429.0	223.0	112.0
44	551.0	287.0	144.0	450.0	234.0	118.0
45	574.0	298.0	150.0	471.0	245.0	123.0
46	599.0	311.0	157.0	492.0	256.0	129.0
47	624.0	324.0	163.0	514.0	267.0	135.0
48	651.0	339.0	171.0	536.0	279.0	140.0
49	678.0	353.0	178.0	561.0	292.0	147.0
50	707.0	368.0	185.0	585.0	304.0	153.0

表1.2(续)

年龄	男性（20年缴费）			女性（20年缴费）		
	年缴	半年缴	季缴	年缴	半年缴	季缴
51	737.0	383.0	193.0	612.0	318.0	160.0
52	767.0	399.0	201.0	639.0	332.0	167.0
53	800.0	416.0	210.0	667.0	347.0	175.0
54	832.0	433.0	218.0	697.0	362.0	183.0
55	867.0	451.0	227.0	728.0	379.0	191.0

六、实验方法和操作步骤

通过对人身保险产品体系的回顾以及对各险种特点进行分析的基础上，认真研读给定的实验材料，提取相关信息，按照实验要求为给定产品设计产品说明 PPT，并将最终完成的 PPT 打印出来作为实验结果附在实验报告中。具体的实验步骤如下：

步骤1：学习人身保险产品分析的内容，掌握产品分析方法；

步骤2：认真研读给定的两全保险产品的条款、核保规程和费率表等资料；

步骤3：从所选实验内容的相关资料中选取所需信息，为制作产品说明 PPT 做准备；

步骤4：整合搜集的素材，制作产品说明 PPT，阐述所选产品的目标客户群、产品特色、与行业同类产品相比的优缺点等；

步骤5：填写实验报告，打印 PPT 并上交。

七、实验注意事项

1. PPT 设计的内容应包含观念导入以及利益演示部分；

2. 产品说明中的所有内容可扩展，但应以给定的材料为基础。

八、参考文献

[1] 吴岚，张遥. 人身保险产品 [Z]. 广州：广州信平市场策划顾问有限公司，2009.

[2] 刘冬娇. 人身保险 [M]. 2版. 北京：中国金融出版社，2015.

[3] 张旭升，周灿. 人身保险理论与实务 [M]. 北京：电子工业出版社，2010.

[4] 网易财经 http://money.163.com.

实验二　人寿与健康保险理财规划的制定

一、实验目的

(1) 了解人寿保险和健康保险的用途；

(2) 掌握人寿与健康保险理财规划制定的方法以及应注意的问题；

(3) 能对制定的人寿与健康保险理财规划进行分析说明。

二、实验要求

(1) 能够了解人寿和健康保险对个人及家庭的用途；

(2) 熟练掌握测算个人寿险需求的"家庭需求法"和"生命价值法"；

(3) 能根据给定的案例资料，科学合理地制定寿险规划和健康保险规划；

(4) 能对制定的人寿保险和健康保险规划方案分组进行说明。

三、实验环境（仪器、软件和材料）

(1) 电脑；

(2) Internet 网络连接；

(3) Office 办公软件；

(4) 家庭人寿保险规划案例材料；

(5) 家庭健康保险规划案例材料。

四、实验前知识准备

（一）人寿与健康保险的用途

生活安定，家庭幸福是人们普遍的愿望，然而"月有阴晴圆缺，人有旦夕祸福"，人们有时难免会陷入各种人身危险之中。例如：家庭成员罹患重大疾病，不仅给家庭带来巨额医疗费用支出，而且影响家庭收入，进而影响家庭生活；在子女尚未独立生活前，作为家庭支柱的劳动者突然死亡，不免使家庭陷入生活困境；随着子女逐渐长大，教育、婚嫁等费用亦会使家庭经济负担加重；生活条件的改善，医疗水平的进步，使得人们的寿命不断延长，养老金的需求也为每个家庭所关注。因此，人寿和健康保险凸显了它们在保障家庭安定生活中的重要作用。个人和家庭购买人寿与健康保险的决策多数出于以下原因，具体见表 1.3。

表 1.3　消费者购买人寿与健康保险的原因

购买人寿与健康保险的原因	说明
建立个人和家庭储蓄基金	人寿和健康保险可以用来防止出现人们因早逝或伤残而无力继续其储蓄的风险，从而为遗属的未来保障提供合理的确定性

表1.3(续)

购买人寿与健康保险的原因	说明
安全的投资手段	人寿保险和年金保险可以提供一个安全获利的投资工具,人寿保险还使保单所有人能保护其保单的死亡收益和价值,使保单所有人和受益人免受债权人的追索。同时,通过保险人专业的投资决策,能及时化解个人投资者无法克服的投资风险,最大限度地保证资金投资的安全性和收益性
享受税收优惠	税收优惠型保险的保单所有人和受益人可以享受税收的减免。例如,自2017年7月1日起,全国范围内购买税优型健康险可以在当年(月)计税时,按照2 400元/年(200元/月)的限额标准,对个人应纳税所得额予以税前扣除
保全遗产	在一些国家,高额的遗产会带来高额的遗产税,人寿保险可以提供缴纳遗产税所需的资金,继承人可以确保自己从死亡给付中得到足够的资金来缴纳税赋,并由此获得遗产的完全所有权

（二）人寿与健康保险在理财规划中的作用

保险是可以同时适用于消费理财、保障理财以及投资理财的万能工具,保险规划是实现个人（家庭）财务安全最科学有效的现代理财方式,保险规划在理财中的作用主要体现在其对保障理财、消费理财和投资理财的作用上。

1. 寿险规划在理财中的作用

每个人的生命都包含两份资产,一是现在已经拥有的资产,二是有待未来创造的潜在资产,两者之和则是一个人的身价。潜在资产所反映的是人的生命价值,早逝和疾病会摧毁人们的潜在资产。而保障是人寿保险最本质的功能,购买人寿保险可以保障生命价值,延续个人的经济生命,保障家人的生活。

相较于银行储蓄,人寿保险的消费理财目标更加明确。例如,子女教育金两全保险和养老保险等功能具体,指向明确,十分有利于个人（家庭）开展理财规划活动。而且,人寿保险采用均衡保费,有利于人们根据财务周期的变化调节收支,以丰补歉,大大降低人们财务上的波动。

除了具有保障功能外,人寿保险还具有投资功能。储蓄型的回报率固定;分红型寿险可以分享公司经营的成果;投资连结型寿险回报率跟随市场投资收益的变化而变化,上不封顶,下不保底。

2. 健康保险规划在理财中的作用

健康是人类追求的永恒主题,突如其来的疾病会给个人（家庭）带来收入的中断和大额医疗费用的支出。据统计,人的一生中要花费的医疗费用至少需要25万元,居住在大中城市则要翻番,如果发生重大疾病,则这个数字可能突破到80万元甚至100万元。随着时间的推移和医疗技术的不断发展,医疗费用还在呈现不断上涨的趋势。而且这些医疗费用支出的分布是极不均衡的。统计资料显示,人的一生医疗费用的80%将在最后20%的时间内花费。而人一生中的钱基本是在前80%的时间里赚取的。这种赚钱和花钱之间的时间差和数量差,以及意料之外的重大疾病都需要个人在年轻健康时就必须未雨绸缪，通过购买健康保险来转移一生的健康风险。

（三）制定人寿与健康保险规划的流程

1. 制定保险理财规划的一般流程

保险理财规划的一般流程包括：理财需求的调查、理财问题的分析、确定理财的目标、制定理财的方案、实施理财方案以及理财方案的修正与调整，具体如图1.4所示。

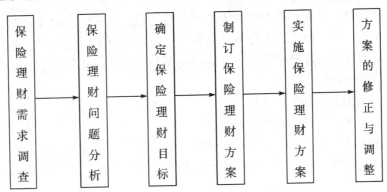

图1.4 保险理财规划的一般流程

（1）保险理财需求调查

对保险客户理财需求的调查可以通过调查问卷的形式进行，调查问卷又称"调查表"或"询问表"，是以问题的形式系统地记载调查内容的一种文件。问卷可以是表格式、卡片式或簿记式。保险理财规划师在对客户进行理财需求调查时，由客户在保险公司事先印制的问卷调查表上对相关问题进行填写，然后由理财规划师进行整理分析，最终得出客户保险理财需求的结论。

（2）保险理财问题分析

对保险客户理财问题的分析包括客户财务信息的分析，例如个人（家庭）资产负债表、个人（家庭）收入支出表、个人（家庭）已有保险情况等；客户非财务信息的分析，例如客户的年龄、性别、工作单位性质、工作稳定程度、健康状况、子女数量和风险偏好程度等；客户财务状况的分析，例如个人（家庭）流动性资产与净资产比、个人（家庭）资产负债率、个人（家庭）收入负债比率、个人（家庭）投资资产与净资产比等；客户不同生命周期的特点与保险需求的分析以及客户保险需求量的测定。

（3）确定保险理财目标

保险理财目标的制定应该清晰和明确，目标越清晰合理，越具有现实的可操作性，也更容易实现。合理的理财目标一般具有三个特征：一是目标是量化可行的，例如刘先生的儿子现年10岁，儿子18岁时刘先生需要80万元送他去国外读大学；二是目标是合理的，即目标设定建立在个人（家庭）的预期收入水平和预期消费水平基础上；三是要设定目标实现的期限，例如王先生希望60岁退休，退休后每月领取4 000元的年金作为补充养老金，并且至少可以连续领取20年。

（4）制订保险理财方案

根据前期了解到的客户财务信息和客户的理财目标，分析客户的财务问题，结合客户的收入预算约束制定保费预算和保单规划，撰写并向客户提交书面的保险规划建议书。

（5）实施保险理财方案

根据客户认可的保险理财规划建议书，办理相关保险产品和产品组合的投保手续，实施保险理财方案。

（6）方案的修正与调整

随着客户年龄、收入、职业和投资心理等的变化，原有的保险理财方案在执行过程中必然会出现一定的偏差或不合适。保险理财规划师有必要定期对服务客户的保单进行审视，对原有的保险理财方案进行适当的调整与修正，从而更好地帮助客户实现其人生各个阶段的理财目标。

2. 人寿保险规划的流程和方法

（1）分析个人（家庭）的寿险需求

根据生命周期理论，可以将家庭生命周期划分为青年单身期、家庭形成期、家庭成长期、家庭成熟期、家庭空巢期和退休养老期。处于不同生命周期的家庭，对寿险的需求亦不同，具体如表1.4所示。

表 1.4　生命周期各阶段的人寿保险需求

生命周期的阶段	特点	对人寿保险的需求
青年单身期	经济收入较低但花费较大，健康状况良好，无家庭负担，面临的风险主要是意外死亡或意外伤残	可考虑低保费高保障的定期寿险，以减少意外早逝或伤残带来的经济损失
家庭形成期	也称"筑巢期"，是指从结婚到子女出生这一阶段。该阶段家庭支出面临巨大压力，结婚、购房和购车等，一般负债较高；夫妻双方较年轻，健康状况良好	家庭支柱可考虑低保费高保障的定期寿险转移早逝或伤残风险，可选择购买意外伤害保险和重大疾病保险
家庭成长期	也称"满巢期"，是指从孩子出生到其完成学业这一阶段。该阶段家庭成员增加，家庭支出主要集中在子女教育费用和医疗保健费用，家庭的财务负担加重	夫妻双方可考虑储蓄性质较强的分红型两全保险和年金保险；可考虑为孩子购买两全型教育金保险。若家庭资金充裕，可考虑万能寿险和投资连结保险等投资类险种
家庭成熟期	也称"离巢期"，是指子女完成学业到夫妻均退休这一阶段。该阶段家庭成员随子女的独立而减少，家庭资产随收入的增加和支出的减少而大幅度增加，达到收入最高峰期。夫妻双方年岁已大，健康保健费用支出增加，退休养老问题迫在眉睫	夫妻双方可考虑终身寿险、养老年金保险和健康保险
家庭衰老期	也称"空巢期"，是指夫妻均退休到二人中一人过世这一阶段。该阶段家庭收入较退休前减少，除了养老金外，主要是理财收入或转移性收入。在支出方面，休闲旅游、医疗费用支出增加。该阶段的保险理财重点应放在医疗保健和财产传承上	夫妻双方可考虑投保终身寿险、短期分红寿险以及老年长期护理保险。对前期投保的投资型保险，也应调低股票类投资的比例，调高固定收益类投资比例

（2）确定个人（家庭）适宜的保险金额

多数个人（家庭）购买人寿保险的目的是通过死亡保险金的给付，使在经济上依赖被保险人的家庭成员在被保险人离世后保持原有的生活水平不下降。根据此原则，可通过"家庭需求法"和"生命价值法"来科学合理地测算被保险人适宜的保险金额，详细的测算方法和步骤见第四部分"寿险需求的测算方法"。

（3）确定个人（家庭）适合的保费

个人（家庭）可以支出的保费受到收入预算的约束，一般来说，支出的保费约占年收入的 10%～20%。

（4）选择个人（家庭）合适的寿险产品

保险市场上寿险产品琳琅满目，种类繁多，选择适合个人（家庭）的寿险产品，可以从以下四个方面进行对比分析：一是保障范围。选择人寿保险产品不能单纯对比价格，一定要结合保险条款中的保障责任范围来看，在保障范围相同的情况下，选择价格较为便宜的产品。二是产品价格。由于不同保险公司的经营管理水平和投资水平不同，同类保险产品的价格会有差异，因此，在选择人寿保险产品时，在同等保障范围条件下，一定要货比三家。三是除外责任范围。除外责任又称责任免除，是保险公司不承保保险责任的范围。除外责任对未来的理赔有重要的影响，因此选择人寿保险产品时，一定要仔细阅读除外责任范围。四是投资收益的结算水平。如果要购买分红保险、万能保险和投资连结保险等具有投资理财功能的险种，除比较上述因素外，还要额外关注产品的投资收益水平。投资收益水平越高，未来的收益可以抵消的购买成本的数额越大，相较之下产品的价格就更加便宜。

（5）合理确定保险期限

保险期限是保险责任开始到保险责任终止的期间，是保险合同的有效期限，是合同的重要内容之一。保险期限并非越长越好，而是应该根据客户寿险风险存在的时间、实际需求状况以及缴费能力状况加以合理的确定。

3. 健康保险规划的流程和方法

（1）明确保障范围

在过去的 20 年中，中国疾病谱发生了快速转变，目前高发的疾病主要有心血管疾病、肺癌和 COPD[1]、交通意外损伤及精神障碍和骨骼肌肉疾病等。2018 年 2 月国家癌症中心发布的"2014 年中国癌症的发病率和死亡率"统计数据显示，城市癌症发病率排名前 10 的分别是肺癌、结直肠癌、胃癌、肝癌、乳腺癌、甲状腺癌、食管癌、胰腺癌、脑癌和子宫颈癌。此外，癌症发病呈地域分布明显，其中，食管癌高发区主要集中在河南、河北等中原地区；胃癌高发区主要集中在西北及沿海各省（市），如上海、江苏、甘肃、青海等较为突出；肝癌高发区集中在东南沿海及东北吉林等地区。健康保险中的重大疾病保险只针对合同中列明的重大疾病进行保障，除了《重大疾病保险的疾病定义使用规范》规定必保的 6 种疾病外，其余 34 种重大疾病都是可选项目。一

---

① COPD 是指慢性阻塞性肺疾病，是一种破坏性的肺部疾病，是以不完全可逆的气流受限为特征的疾病，气流受限通常呈进行性发展并与肺对有害颗粒或气体的异常炎症反应有关。

般情况下，重大疾病保险承保的疾病范围与投保人缴纳的保费是成正比的。因此，在进行健康保险的规划时，应结合被保险人所处的区域，结合被保险人自身的健康情况，选择高发、易发或社会医疗保险未能覆盖的疾病投保。

（2）确定选择投保的险种

健康保险主要包括重大疾病保险、医疗保险、失能收入损失保险和护理保险，其中客户投保最多的是重大疾病保险和医疗保险。重大疾病保险和医疗保险又有很多种类可供客户选择。例如，按照承保方式的不同，重大疾病保险有主险和附加险，客户既可以单独投保重大疾病保险，又可以在投保其他险种的基础上以附加险的形式投保；按照保险的对象不同，重大疾病保险可分为针对男性和女性的重大疾病保险；按照保险期限的不同，重大疾病保险还可以分为定期型和终身型的重大疾病保险。医疗保险的类型则主要有费用补偿型、费用补贴型和综合型三种。商业医疗保险的承保范围常常和社会医疗保险重合，在进行医疗保险规划时，应结合社会医疗保险的保障内容进行选择。例如，对于社会医疗保险保障全面、报销比例高的客户，可选择购买费用补偿型医疗保险，以弥补生病带来的误工费、看护费和营养费等支出。

（3）确定合适的保险金额

合适的保险金额可以在被保险人罹患重大疾病或发生医疗费用时提供适时的保障，重大疾病保险和医疗保险的保险金额的确定可参考常见的疾病治疗费用和家庭年度医疗费用支出金额。2010—2015 年，我国人均卫生总费用从 1 490 元增长到 2 952 元，年均复合增长率高达 14.7%。重大疾病的治疗费用少则需要 8 万元，多则高达 40 万元，甚至 50 万元。在确定重大疾病保险金额和医疗费用保险金额时可结合被保险人的健康状况，参考上述标准进行设定。

表 1.5　25 种常见重大疾病治疗康复费用一览表

序号	疾病名称	治疗康复费用	备注
1	恶性肿瘤（癌症）	12 万～50 万元	CT、伽马刀、核磁共振等治疗项目为社保不报销或部分报销项目，同时 80% 以上进口特效药不在社保医疗报销范围内
2	急性心肌梗死	10 万～30 万元	需要长期的药物治疗和康复治疗
3	脑中风后遗症	10 万～40 万元	需要长期护理和药物治疗
4	重大器官移植术或造血干细胞移植术	20 万～50 万元	心脏移植、肺移植不属于社保报销项目，器官移植后均需终身服用抗排斥药物
5	冠状动脉搭桥术（冠状动脉旁路移植术）	10 万～30 万元	冠状动脉造影属于社保部分费用报销项目，搭桥每条约 4 万元，需长期药物治疗和康复治疗
6	终末期肾病	10 万元/年	换肾或长期依赖透析疗法，透析费用属于社保部分报销项目
7	多个肢体缺失	10 万～40 万元	假肢 3～5 年需更换一次，并需要长期康复治疗
8	急性或亚急性重症肝炎	4 万～5 万元/年	该病并发症多，并且需要长期药物治疗
9	良性脑肿瘤	5 万～25 万元	需要长期的诊疗及药物治疗

表1.5(续)

序号	疾病名称	治疗康复费用	备注
10	慢性肝功能衰竭失代偿期	3万~7万元/年	需要长期药物和护理治疗
11	脑炎后遗症或脑膜炎后遗症	3万~5万元/年	需要长期药物和护理治疗
12	深度昏迷	8万~12万元/年	需要长期药物和护理治疗
13	双耳失聪	20万~40万元	安装电子耳蜗15万~30万元,每年还需要1.5万元维护费
14	双目失明	8万~20万元	移植角膜费用2万~4万元
15	瘫痪	5万~8万元/年	长期护理及药物、康复治疗
16	心脏瓣膜手术	10万~25万元	需终身抗凝药治疗
17	严重阿尔茨海默病	5万~8万元/年	需终身护理及药物治疗
18	严重脑损伤	4万~10万元/年	需终身护理及药物治疗
19	严重帕金森病	5万~10万元/年	终身护理及药物治疗,进口特效药不属于社保报销范围
20	严重Ⅲ度烧伤	8万~20万元	需多次手术整形
21	严重原发性肺动脉高压	10万~20万元/年	心肺移植及终身药物治疗
22	严重运动神经元病	6万~15万元/年	长期护理及药物治疗
23	语言能力丧失	8万~15万元	依据病因治疗费不同
24	重型再生障碍性贫血	15万~40万元	骨髓移植及长期药物治疗
25	主动脉手术	8万~20万元	

资料来源:东方头条,http://mini.eastday.com/a/170531020217851.html.

(4)避免重复投保

健康保险中的医疗保险一般包含费用补偿条款,保险公司的赔付仅以被保险人所花费的医疗费用为限。因此,与投保人寿保险不同,医疗保险的投保以个人(家庭)医疗费用的需求为基础,要避免重复投保。

(四)寿险需求的测算方法

寿险需求是被保险人死亡所导致的家庭经济需求,寿险需求的测算表现为对死亡保险金额的计算。通常可用两种方法来对寿险需求进行测算,一种方法是家庭需求法,另一种方法是生命价值法。

1.家庭需求法

(1)测算原理:家庭主要收入来源者不幸死亡后,其经济依存者维持原有经济开支水平所需费用的测算方法。

(2)操作流程:

步骤1:计算维持目前家庭生活水平的财务需求,其中包括:家庭需还清的债务、依存者的生活费支出、子女教育费支出、商业保险费支出等;

步骤2：查明已有财务资源，其中可能包括的项目有：社会保险金、金融资产、实物资产、预期收入等；

步骤3：扣除已有的财务资源，得到家庭财务净需求即寿险需求；

步骤4：安排购买与家庭寿险需求相当的寿险保额。

（3）测算因子（如表1.6所示）：

表 1.6　家庭需求和家庭已有资源的测算因子

家庭保障需求	家庭已有资源
①家庭债务（包括房贷）	①银行存款、现金
②身后丧葬费用	②投资
③遗属生活费用	③社保账户余额
④子女教育金	④已拥有的团体寿险
⑤父母赡养费用	⑤已拥有的个人寿险
⑥其他费用	⑥其他资源
总计家庭保障需求	总计家庭已有资源
需要增加购买寿险＝家庭保障需求总额－家庭已有资源总额	

（4）测算公式：家庭必要生活金是指用于满足吃、穿、住、行等生活必需的费用，可以分成三块来进行测算：

①子女22岁大学毕业参加工作前配偶与子女的必要生活金。

$$Q_1 = E_1 \times 0.7 \times \frac{\left(\frac{1+c}{1+i}\right)^n - 1}{c-i} \tag{1}$$

上式中，Q_1 为子女22岁前经济依存者必要的生活金需求；E_1 为目前全家月生活费；c 为每月生活费上涨率，i 为必要生活金月投资收益率；n 等于（22-子女目前年龄）×12月。

②子女22岁大学毕业参加工作后配偶的必要生活金。

$$Q_2 = E_2 \times 0.5 \times \frac{\left(\frac{1+c}{1+i}\right)^n - 1}{c-i} \tag{2}$$

上式中，Q_2 为子女22岁后配偶必要的生活金需求；E_2 为子女22岁时全家生活费；c 为每月生活费上涨率；i 为必要生活金月投资收益率；n 等于子女22岁时配偶的平均余命×12月。

③赡养父母的费用。

$$Q_3 = E_3 \times \frac{\left(\frac{1+c}{1+i}\right)^n - 1}{c-i} \tag{3}$$

上式中，Q_3 为赡养父母的费用；E_3 为目前赡养父母的月生活费；c 为每月生活费上涨率，i 为必要生活金月投资收益率；n 等于父母的平均余命年数×12月。

2. 生命价值法

（1）测算原理：家庭主要收入来源者不幸死亡后，其家庭纯收入减少金额的测算方法。

（2）操作流程如下：

步骤1：确定个人的工作或服务年限；

步骤2：估计未来工作期间的年收入；

步骤3：从预期年收入中扣除个人"衣、食、住、行"等生活费用，得到净收入；

步骤4：选择适当的通货膨胀率计算预期净收入现值，得到个人经济价值即保险需求；

步骤5：安排购买与个人寿险需求相当的寿险金额。

（五）参考案例

1. 家庭需求法案例

（1）背景资料：张斌，42周岁，银行职员，月收入10 000元；妻子王芳，39周岁，家庭妇女，无固定收入；儿子张明，13岁，初中一年级。张斌一家三口在一起生活，目前每个月生活费5 000元，经过多年积累，目前张斌家有一套100平方米的自住用房，10万元的银行存款和30万元的股票，2006年以60万元的价格购买了一套商品房用来出租，每月可收入租金2 000元，该房目前还有38万元的贷款没有偿还。张先生的父母在老家生活，父亲65岁，母亲60岁，每月依靠张斌寄800元赡养费生活。张斌所在的银行为其购买了社会保险，目前张斌社保养老账户的余额有8万元。假设生活费每年上涨3%，生活备用金的年投资收益率为5%，请采用家庭需求法计算张斌的寿险保额。

（2）测算过程及步骤如下：

第一，家庭生活保障总需求的计算。

偿还债务备用金需求＝380 000元

丧葬善后等其他费用＝50 000元

儿子教育备用金需求＝100 000元

遗属必要生活备用金需求＝1 385 677.75元

其中，遗属必要生活备用金测算过程如下：

①儿子22岁前王芳（张太太）必要生活备用金需求现值（假设张先生身故后，家庭月生活费用为原来的70%）。

$$Q_1 = 5\,000 \times 70\% \times \frac{\left(\dfrac{1+3\%/12}{1+5\%/12}\right)^{108} - 1}{3\%/12 - 5\%/12} = 344\,225（元）$$

②儿子22岁后王芳（张太太）必要生活备用金需求（假设张明大学毕业后，家庭月生活费用下降为原来的50%）：

先求出儿子22岁时张太太每月必要生活费标准。

儿子22岁时张太太每月必要生活费＝5 000 × 50% × (1 + 3%)^9 = 3 261.93（元）

假设张太太 55 岁后准备 25 年的必要生活费，则必须在儿子 22 岁时为张太太准备 32 年即 384 个月的必要生活费。

$$Q_2 = 3\ 261.93 \times \frac{\left(\frac{1+3\%/12}{1+5\%/12}\right)^{384} - 1}{3\%/12 - 5\%/12} = 917\ 753.6\ （元）$$

求出 Q_2 在目前阶段的现值：$PV = \dfrac{917\ 753.6}{(1+5\%)^9} = 591\ 602.91\ （元）$

③遗老必要生活备用金需求（以张先生为父母准备 15 年的赡养金计算）。

$$Q_3 = 800 \times \frac{\left(\frac{1+3\%/12}{1+5\%/12}\right)^{180} - 1}{3\%/12 - 5\%/12} = 123\ 699.15\ （元）$$

④遗属必要生活备用金总需求。

$$\sum Q = 344\ 225 + 917\ 753.6 + 123\ 699.15 = 1\ 385\ 677.75\ （元）$$

⑤家庭生活保障总需求 $= 380\ 000 + 50\ 000 + 100\ 000 + 1\ 385\ 677.75$
$$= 1\ 915\ 677.75\ （元）$$

第二，计算家庭生活保障已有资源。

①个人养老账户余额 80 000 元

②存款 100 000 元

③股票 300 000 元

④房产投资 600 000 元

⑤丧葬补助和一次性抚恤金 10 000 元

⑥家庭生活保障已有资源 $= 80\ 000 + 100\ 000 + 300\ 000 + 600\ 000 + 10\ 000 = 1\ 090\ 000$（元）

第三，计算家庭生活保障净需求。

家庭生活保障净需求 $= 1\ 915\ 677.75 - 1\ 090\ 000 = 825\ 677.75\ （元）$

根据测算结果，为了确保家人未来生活幸福平安，张先生现在应该购买大约 80 万元保险金额的人寿保险。

2. 生命价值法案例

（1）背景资料

孙来福，35 岁，某金融机构中层管理人员，月收入 10 000 元，其个人消费每年 50 000 元，如果他正常工作，预计将来每年收入增长率为 5%，其未来退休的时间预计为 65 岁。假定通货膨胀率为 3%，请用生命价值法计算孙来福在 36 岁时的寿险保额需求。

（2）测算过程及步骤如下：

$$寿险需求 = (12 \times 10\ 000 - 50\ 000) \times \frac{\left(\frac{1+3\%}{1+5\%}\right)^{30} - 1}{3\% - 5\%} = 1\ 534\ 400\ （元）$$

根据测算结果，为了实现孙先生的生命价值，保障家人生活幸福，孙先生应该购买大约 155 万元保险金额的人寿保险。

五、实验内容

1. 实验形式：个人实验。

2. 实验用时：2 学时。

3. 指定实验内容：

（1）刘阳 38 岁，就职于一家基金公司，月收入 25 000 元；妻子陈红 35 岁，企业文员，月收入 4 000 元；儿子刘帅 10 岁，读小学 4 年级。刘阳和陈红所在单位，均为他们购买了社会保险，现社保个人账户累计金额为刘阳 10 万元，陈红 8 万元，夫妻双方还各购买了 10 万元保额的人寿保险。经过多年积累，刘阳家有银行存款 20 万元，证券投资基金 60 万元，2007 年，刘阳家除自住房外，还贷款购买了一套价值 70 万元的房屋用于出租，每月租金 2 000 元，目前还有 30 万元的贷款没有还清。

刘阳一家三口单独居住，每月家庭生活开支约为 6 000 元，父母在同一城市独立居住，但每月需要刘阳给 2 000 元的赡养费，刘阳的父亲今年 65 岁，母亲也是 65 岁。

刘阳夫妇非常疼爱儿子，想给他提供最好的教育，希望在儿子 18 岁的时候送他出国读大学和研究生，通过咨询，刘阳夫妇知道在儿子 18 岁时就要准备好 80 万元的出国留学费用。

假定刘阳所在城市月平均工资的年增长率为 4%、生活费每年上涨率为 3%、社保养老金的收益率为 2%、投资收益率为 5%，则刘阳应购买多少保额的寿险来保证家人生活？请用生活备用金法和生命价值法两种方法进行测算，并给出测算步骤。在计算出寿险保额后，请运用已学知识，尝试推荐具体的保险产品给刘阳，相关产品可登录保险公司网站或第三方网络保险平台搜寻。

（2）李梓木，女，现年 40 岁，家住广州市荔湾区，某民营企业中层管理人员，月收入 10 000 元；丈夫何国华 42 岁，是一名中学老师，月收入 9 000 元；女儿何珊 12 岁，读小学 6 年级。李梓木家有一套 100 平方米的自住用房和一辆代步用汽车，目前房贷和车贷已经还清，每月只需缴纳 200 元的物业管理费和 800 元的停车费即可。夫妻二人和孩子每月的基本生活费用为 2 500 元，夫妻二人交际应酬的费用每月 2 000 元，家庭服装、交通等费用的支出在 1 500 元左右，孩子的教育费用平均每月需 1 500 元。夫妻双方的父母均已经退休，依靠自己的退休金生活，目前不需要李梓木他们赡养。

在医疗保障方面，李梓木和何国华所在的单位，均为其购买了城镇职工医疗保险，女儿何珊则是在学校参加了城镇居民医疗保险。除了社会医疗保险外，夫妻双方未在任何保险公司投保过疾病保险或补充医疗保险。夫妻二人所在的单位每年都有安排身体检查，两人的身体状况较为良好，李梓木患有轻微的乳腺增生。

随着单位内部竞争越来越激烈，李梓木的工作压力日渐增大。加上孩子面临中考，平时要花更多的时间照顾孩子，李梓木锻炼的时间越来越少。丈夫何国华从上年开始担任学校毕业班班主任的工作，经常需要加班。夫妻二人觉得已经步入中年，而且生活和工作的压力也越来越大，担心健康方面的问题，希望购买一些健康类保险。请根据上述资料，为李梓木的家庭设计一份健康保险规划书，并尝试推荐具体的保险产品或产品组合，相关的产品可登录保险公司网站或第三方网络保险平台搜寻。

4. 可选实验内容：

（1）刘丽现年 28 岁，海外留学归来后在某跨国公司谋到了一份销售代表的职务，月收入 10 000 元。丈夫丁翔 35 岁，在一家外贸公司做市场主管，月收入 15 000 元。刘丽回国后，和丈夫贷款 150 万元买了 1 套价值 300 万元的房子用来居住，并用积蓄 30 万元买了一辆车，目前夫妻二人还剩下银行存款 20 万元，股票投资 15 万元。夫妻俩目前还没有孩子，每月生活费需要 8 000 元。丁翔的父亲 65 岁，母亲 60 岁，在老家生活，夫妻俩每月需要寄 1 000 元的生活费给两位老人。假设未来通货膨胀率为 4%，投资收益率为 7%，夫妻俩想在丁翔 60 岁的时候一起退休，请用生活备用金法和生命价值法分别测算刘丽和丁翔的寿险保险金额，并运用已有知识，尝试推荐具体的保险产品给刘丽夫妻二人，相关产品可登录保险公司网站或第三方网络保险平台搜寻。

（2）孙申通和钱红霞夫妻都是"80 后"，孙申通现年 33 岁，妻子钱红霞 29 岁，两人大学毕业后就一直留在成都工作和生活。孙申通是一家软件公司的工程师，每月收入 8 000 元，年终时会有 20 000 元的年终奖金；钱红霞之前在一家民营企业做出纳，月收入为 4 500 元。不久前，他们的宝宝出生了，为了更好地照顾孩子，妻子钱红霞辞去了出纳的工作，准备在孩子 3 岁上幼儿园之前在家全职照顾宝宝。夫妻二人结婚时，在双方父母的资助下全款购买了 1 套 90 平方米的住房。宝宝出生后，为了方便出行，孙申通和钱红霞计划在今年内贷款购买 1 辆 10 万元左右的汽车。

在家庭支出方面，夫妻二人每月的基本开销为 1 500 元，孙申通的交际应酬每月支出为 900 元，钱红霞购买衣服和化妆品每月支出 600 元左右，为宝宝购买玩具、衣服和奶粉等每月支出 1 000 元，其他休闲花销每月为 1 000 元左右，家庭总支出约计每月 5 000 元。孙申通的投资渠道主要是股票和债券，目前股票市值约 8 万元，债券价值约 5 万元。另外，两人还有 3 万元的银行活期存款。

孙申通所在的单位为其购买了城镇职工医疗保险，钱红霞由于辞职回家照顾宝宝，单位便不再为其缴纳城镇职工医疗保险保费，出生不久的宝宝也没有购买任何医疗保险。孙申通属于有一定保险意识的年轻人，他在 5 年前为自己和妻子分别购买了保险金额为 15 万元和 10 万元的终身寿险，年缴保费总计约为 4 000 元。

孙申通和妻子还比较年轻，目前身体状况也很好，但考虑到宝宝的出生和钱红霞的辞职，孙申通感觉家庭的重担全部压在自己身上，担心自己生病，尤其是患重大疾病会使家庭财务陷入困境，因此希望为自己购买一些重大疾病保险。此外，由于宝宝年龄小，抵抗力弱，孙申通也希望为孩子购买一些医疗保险。请根据上述资料，为孙申通的家庭设计一份健康保险规划书，并尝试推荐具体的保险产品或产品组合，相关的产品可登录保险公司网站或第三方网络保险平台搜寻。

六、实验方法和操作步骤

采用理论结合实践的方法，在对实验素材进行详尽分析的基础上，提取相关信息，运用"家庭需求法"和"生命价值法"两种方法对给定案例中的家庭进行寿险理财规划；根据健康保险规划的流程和方法，为案例中的家庭进行健康保险规划。

步骤1：认真研读寿险理财规划和健康保险理财规划的背景资料；

步骤2：从案例的家庭情况中，提取相关信息；

步骤3：小组内进行可行性的分析和论证；

步骤4：根据寿险理财规划的流程和方法，为案例中的家庭测算寿险保额；

步骤5：根据测算的寿险保险金额，结合家庭收入水平，为客户推荐合适的保险产品；

步骤6：根据健康保险理财规划的流程和方法，为案例中的家庭测算健康保险保额；

步骤7：根据测算的健康保险保险金额，结合家庭收入水平，为客户推荐合适的健康保险产品；

步骤8：填写实验报告，形成书面的保险理财建议并提交。

七、实验注意事项

1. 保险理财规划的制定必须以案例中提供的材料为基础；

2. 推荐的具体的保险产品请参考各保险公司官方网站或第三方网络保险平台上相关产品内容给予推荐。

八、参考文献

［1］赵立航，肖丰，夏雪芬. 保险理财规划理论与实践［M］. 北京：中国财政经济出版社，2010.

［2］张智勇，朱晓哲. 保险理财规划［M］. 北京：清华大学出版社，2018.

［3］徐爱荣. 保险理财学［M］. 上海：复旦大学出版社，2009.

［4］陈婷. 一生花费知多少医疗费：60 岁前至少 25 万元［EB/OL］. 新浪财经，http：//finance.sina.com.cn/money/lczx/20090805/16526575541.shtml.

［5］李秋萌. 全国每分钟 6 人确诊癌症 地域分布明显［EB/OL］. 新浪健康，http：//health.sina.com.cn/news/2013-01-10/074967399.shtml.

第二章 寿险公司的客户服务

实验三 寿险公司客户服务技能基础

一、实验目的

(1) 了解寿险公司客户服务的概念和内涵；

(2) 掌握寿险公司如何为客户提供有效的客户服务；

(3) 掌握寿险公司客户服务的内容；

(4) 熟悉寿险公司客户服务的技能；

(5) 掌握电话沟通的技巧。

二、实验要求

(1) 研读给定案例，分析电话沟通中存在的问题；

(2) 根据给定场景，设计场景中电话沟通的内容；

(3) 双方同学分别扮演客户与客服人员的角色，现场模拟电话沟通演练；

(4) 根据所学的内容，结合现场模拟中出现的问题，就如何提高电话沟通技巧进行总结，并作为实验结果的一部分附在实验报告后提交。

三、实验环境（仪器、软件和材料）

(1) 电脑；

(2) Office 办公软件；

(3) 网络连接；

(4) 案例和模拟场景素材；

(5) 电话。

四、实验前知识准备

任何一个组织、机构都有自己服务的"客户"。客户是企业交易的对象，也是企业赖以生存发展的基础，客户服务和管理在现代营销中日益占有重要的地位和作用。

（一）寿险公司客户服务的概念和内涵

客户服务是寿险公司及其员工为使客户满意而从事的广泛的活动，从而使客户能与公司有持续的业务往来，并向潜在的客户宣传公司。寿险公司的客户服务人员通常被称为客户服务代表（Customer Service Representative，CSR），其主要的工作职责是通过面对面的交流或通信媒介对外部客户提供支援。

有效的客户服务是保险公司成功的基石，越来越多的寿险公司将客户服务作为核心竞争力，并主动把服务前置。目前寿险公司的客户服务不仅体现在产品销售后提供的售后服务中，而且体现在其经营的各个环节，是寿险公司为满足客户需求提供的售前、售中和售后的各项服务。寿险公司客户服务的内涵主要包括：

1. 核心性服务

寿险公司的核心性服务是提供保险保障，体现的是保险合同的价值，是寿险公司为了保护投保人和被保险人的相关利益，维护人身保险合同价值所做出的保单承保、保全和理赔等保单相关服务。寿险公司核心性服务的目标是扩大保险产品的保障与服务功能，提高客户购买保险产品的便利性和客户服务质量，吸引更广泛的客户群体，增强公司的业务竞争力。

2. 延伸服务和附加值服务

延伸服务是指寿险公司利用自身的资源优势、技术优势为保户提供的保险责任以外的服务，是附加价值的服务。例如，保险公司建立客户咨询与申诉制度，为客户提供预防保健服务，提供健康咨询和健康管理服务，提供免费或价格优惠的护理、康复服务，为家庭理财提供建议等。

（二）寿险公司客户服务的重要意义

1. 树立良好的企业形象，增强公司的竞争力

优质的客户服务可以赢得客户对寿险公司的信任，特别是在激烈的市场竞争环境中，寿险公司通过优质的客户服务可以提高客户的满意度和认可度，不仅能够维系已有的老客户，培养老客户对公司的信赖度，提高其对公司的忠诚度，而且还可以通过老客户的宣传和口口相传，为公司赢得更多的新客户，不断提高公司的市场占有率，进而增强公司的市场竞争力。

2. 提高客户满意度，建立良好的客户关系

客户满意是客户的期望被满足或超越的感知。满意的客户会多次购买，并且会经常购头，不仅如此，他们还会向家人和朋友推荐。调查数据显示，一家公司60%的业务来自重复性的生意，多次惠顾的客户会比初次购买的客户为公司贡献40%~75%的利润。因此，寿险公司通过良好的服务提高客户的满意度，建立和维持公司与客户之间的良好关系，不仅能提高老客户的忠诚度，而且能吸引更多的新客户，有利于公司扩大市场份额，降低新产品的推广费用，增加寿险公司的利润。

3. 形成寿险公司品牌优势，提升品牌竞争力

打造鲜明的服务品牌是提高寿险公司核心竞争力的有效手段，特别是在产品同质化的今天，客户的购买行为更加受到品牌、质量、价格、服务、功能、形象等为核心的产品综合实力的影响。寿险公司只有将产品和客户服务有机结合起来，借助先进的客户服务管理系统的支持，才能最大限度地发挥产品特色，形成自身鲜明的品牌优势。

（三）寿险公司如何为客户提供有效的客户服务

有效的客户服务才能使被服务的对象满意，只有客户满意才能增强寿险公司自身

的实力，提高在业内的竞争地位。何为有效的客户服务？一般认为，有效的客户服务应该是迅速、礼貌、周全、便捷、准确以及信守机密的服务。具体如表 2.1 所示。

表 2.1　寿险公司有效客户服务的特征

特征	具体描述
迅速（Prompt）	及时送达的客户服务即为迅速的客户服务。通过确保客户需要的服务被及时处理可以提高客户服务质量。相反，服务拖延会降低客户的满意度，导致新业务的减少、保单失效、退保，甚至会为寿险公司带来一些法律纠纷
礼貌（Courteous）	递送客户服务的客服人员谦恭得体，关注客户的感受和处境即为礼貌的客户服务。礼貌的客户服务可以增加寿险公司与客户之间的凝聚力，并有助于维持长期的客户关系
周全（Complete）	客户提问或咨询的每一方面都能得到满意解决的客户服务即为周全的客户服务。提供周全的客户服务不仅可以节省客户和客户服务代表的时间，还可以减少寿险公司不必要的后续联系费用的支出
便捷（Convenient）	如果客户能够比较便利地获得所需服务即为便捷的客户服务。例如，客户可以通过自己喜欢的各种通信方式（如电话、网络等）来获得服务，可以随时办理自己需要的服务
准确（Accurate）	如果能为客户提供正确的信息并准确无误地处理客户所需的业务即为准确的客户服务。大多数的保险公司通过制定工作准则和工作指导手册来指导客户服务代表准确办理业务
信守机密（Confidential）	客户的隐私受到保护的客户服务即为信守机密的客户服务。客户服务的机密性有助于寿险公司赢得客户的信任，加强客户与公司之间的联系，提高客户对服务的满意度

（四）寿险公司客户服务的内容

寿险公司的客户服务主要包括售前、售中和售后服务三个方面，每个方面又包括具体而详细的内容，如图 2.1 所示。

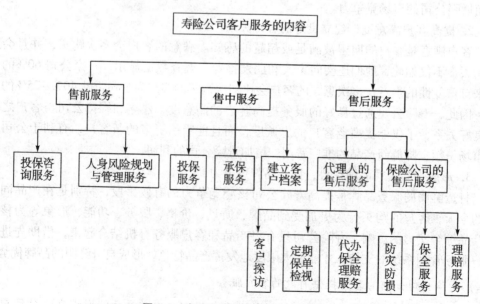

图 2.1　寿险公司客户服务的主要内容

1. 售前服务

寿险公司的售前服务是在保险产品销售之前，为激发客户的购买欲望而为其提供的各项服务，一般包括向客户递送产品资料、设计保障方案、电话预约投保等。售前服务具体包括以下内容：

（1）投保咨询服务

客户在选择投保之前，需要了解保险产品的相关信息，如保单条款、产品价格、投保条件等，这些信息主要通过保险公司和保险代理人两个渠道传递。保险公司一般通过广告和公关活动向客户提供资讯服务，保险公司通过广告向客户说明公司发展的辉煌历史和美好未来、说明公司的经营宗旨和核心价值观、说明各险种的承保对象、保险期限、保险金额、保险费率、保险责任、责任免除及保险金的理赔程序等。保险公司通过公关活动，例如召开新闻发布会、赞助公益活动等向客户传递公司的实力、信誉和诚信等。保险代理人向客户提供的投保咨询服务更加具体和细致，代理人通过与客户面对面的交流，向客户准确传递每个险种的特点、保险责任、保险费率和投保条件等，同时对于客户提出的产品问题给予明确和详尽的解答。

（2）人身风险规划和管理服务

首先，帮助客户识别面临的人身风险。人在一生中面临着生、老、病、死、残的风险，这些风险的发生会危及人的生命和身体，造成生活的不便和经济困难。保险代理人可以凭借丰富的人身风险管理经验和专业知识帮助个人和家庭识别人身风险，并寻求每类风险转移的最佳对策。其次，在风险识别的基础上帮助客户选择风险防范的措施。保险代理人在对客户资料收集、整理和分析的基础上，为客户进行家庭财务规划，在对家庭资产、家庭收入、家庭支出进行准确计算和分析的基础上，为客户设计家庭子女教育金、健康医疗金、养老金等保险方案。

2. 售中服务

售中服务是指在保险产品销售过程中，直接为销售活动提供的各种服务，它是销售实现的关键环节。售中服务具体包括以下内容：

（1）投保服务

投保服务主要体现在对拟投保客户的保险业务指导上，主要是保险代理人指导客户填写投保单。为了维护客户利益，反映客户真实投保意愿，避免将来理赔纠纷为客户带来不必要的损失，保险代理人需要指导投保人如实、准确、完整地填写投保单。

（2）承保服务

承保服务是寿险公司为保单的顺利承保所提供的审核、制单、收取保费、复核签章、清分发送、归档保管等一系列服务活动。

（3）建立客户档案

客户投保后寿险公司要为客户建立档案，包括投保的险种、被保险人、受益人、投保时间、缴费期限、保险期限、客户回访和保全服务的记录等。

3. 售后服务

（1）保险代理人的售后服务

①客户探访。保险代理人在成功签单后，应通过周全的售后服务与客户保持密切

的联系，以获得客户加保和转介绍的机会。保险代理人可以定期探访客户，特别是在逢年过节、客户生日之时，为客户送上贺卡和礼物以示问候。只有真心实意地对待客户，才能与客户之间建立充分的信任，获取更多的签单机会。

②定期保单检视。人身保险合同，尤其是人寿保险合同通常是长期保障的合同，保险期限甚至长达终身。购买人身保险后，由于被保险人的职业、年龄、收入、财务状况、家庭成员等发生了改变，客户的保险需求也会发生相应的变化。因此，保险代理人定期地为客户进行保单检视就十分必要。通过保单检视，代理人可以帮助家庭发现保障的缺口，并提醒投保人及时调整保单，以更好地防范人生每个阶段的风险。

③代办保全理赔服务

保单保全和理赔服务是客户售后服务的重要内容。客户在申请保全和理赔服务时需要按照保险公司的要求填写相关单证并提交证明资料，由于客户对于寿险公司的作业流程不熟悉，因此在申请办理保全和理赔业务时特别需要保险代理人的协助和指导，帮助客户代办保全理赔服务是保险代理人提供优质售后服务的表现，有利于赢得客户的信任，减少客户退保和保单失效的可能性。

（2）保险公司的售后服务

①防灾防损服务。防灾防损是指保险公司为了减少保险事故的发生，以及保险事故发生后尽量减少损失，对所承保的标的可能发生的各种风险进行识别、分析和处理。防灾防损能够降低保险赔付率，提高寿险公司的经济效益。

②保全服务。保全是指确保保单不失效，使保单尽量长久地留存在寿险公司的过程，是售后服务的一个重要目标。保全服务包括保单信息变更、续期保费收入、增保附约、保单贷款以及向保单持有人寄送缴费通知等。

③理赔服务。理赔是寿险公司在被保险人发生保险事故后，对被保险人或受益人提出的索赔要求，按照有关法律、法规的要求和保险合同的规定进行赔偿处理并支付保险金的行为。保险理赔服务涉及合同双方当事人权利义务的实现，是寿险公司售后服务的重要内容。

（五）客户服务技能实务——有效的沟通

沟通（Communication）是人们分享信息、思想和情感的任何过程。这种过程不仅包含口头语言和书面语言，也包含形体语言、个人的习气和方式、物质环境—赋予信息含义的任何东西。工作和生活中每个人都需要沟通技巧，尤其对于以服务为主的保险业而言，有效沟通对于寿险公司的成功经营极为重要。所谓有效沟通，是通过听、说、读、写等思维的载体，通过演讲、对话、会见、讨论、信件等方式，准确、恰当地表达出来，让信息接收者及时、准确、完整地获得提供者所想表达的信息。有效沟通的特点如图2.2所示。

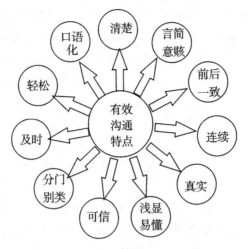

图 2.2 有效沟通的 11 个特点

资料来源：姜文刚. 卓越员工有效沟通［M］. 北京：北京工业大学出版社，2012：3.

沟通可以分为语言沟通和非语言沟通，语言沟通包括口头语言和书面语言，非语言沟通包括声音、语气和形体语言。衡量一个人的沟通能力，7%来自他说话的内容，38%来自他说话的方式，而55%来自他的形体语言，非语言沟通在沟通中的地位十分重要。

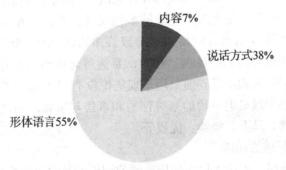

图 2.3 沟通时信息传递的方式

1. 语言沟通

语言沟通是指以词语符号为载体实现的沟通。书面语言沟通的方式主要有信函、电邮、备忘录、报告、记录、通知、文件和计划等。书面语言是组织以及个人之间进行沟通的基础，其具有相对持久性且便于使用，是一种被广泛使用的沟通方式。口头语言沟通的方式主要有面谈、会议、电话、讨论、听取汇报、演说等，其中面谈和电话交谈是寿险公司日常客户服务工作中最主要的沟通方式。在使用语言进行沟通的过程中应注意如下事项：

（1）尽量使用肯定的语气

寿险公司的客户服务代表在与客户进行语言沟通时应尽量使用肯定的语气，不同的语气会传达出不同的信息，肯定的语气可以避免被客户误解，并表达正面积极的信息。

请认真阅读下列短句，并体会肯定句与否定句对信息传递的不同。

①否定：这件事情我做不了主，只有我的主管能延长宽限期。

肯定：我会把您的情况及时向我的主管汇报，他有权延长您的宽限期。

②否定：这件事情我不知道，我要去问一下其他同事，您等一会儿再打电话过来吧。

肯定：对不起，保单贷款的事宜由另外一位同事负责，今天下午4点之前我再给您答复。

③否定：由于您没有提交书面的受益人变更申请书，因此我们无法为您办理变更业务。

肯定：为了提高效率，我会把受益人变更申请表以电子邮件的方式发送给您，我们收到您亲笔签名的变更申请书后，会第一时间为您办理变更手续。

④否定：不，您还没有完全理解。您年满65周岁后定期寿险就不能再续保了。

肯定：很抱歉，刚才我解释的还不够清楚。您的定期寿险如果要续保的话，在您65周岁生日之前我们都可以为您办理。

（2）语言表达要清晰和准确

在日常生活中，我们经常会使用含义模糊的语句，如对方说"回头给你打电话"，这句话可能意味着对方"今天晚些时候给我打电话""下周给我打电话"或"过段时间再给我打电话"。这些表达在生活中是能够被接受的，然而，在寿险公司的客户服务中，此类不清晰和不准确的语言的使用会导致许多沟通问题。因此，在客户服务中，我们一般不建议使用相对词和抽象词，相对词是通过对比而词义相反的词语，如贫和富、快和慢、新和旧、大和小等。抽象词是现实中没有一个或一类具体事物与之相适应，而仅以依存于某个或某类事物的某种性质和事物与事物之间的某种关系为其指称对象的词语，如经常、马上、经验、优质等。

（3）使用通俗易懂的词语

在进行语言沟通时，不少人以为使用生僻的词汇就是自己有学问、有水平的表现，其实，这样表达不仅别人听不懂，还可能会弄巧成拙，引起对方的误会。行话和专业术语不适合在不同职业的两个人之间使用，在面对客户时，寿险公司的客户服务人员要特别注意摒弃保险专业术语的使用，如保证续保、免责期间、等待期、保险期间、最低保证年金等，而选择使用客户能够理解的词汇和语句进行通俗的阐述，让沟通清晰、明白。

（4）善于倾听

倾听（Listening）是接收口头及非语言信息、确定其含义和对此做出反应的过程（国际倾听协会）。倾听是寿险公司客户服务的一项重要技能，可以帮助客户服务人员获取客户需求的信息。表2.2列出了好的倾听者和差的倾听者的不同特性。

表 2.2　好的倾听者和差的倾听者的不同特性

序号	好的倾听者	差的倾听者
1	适当地使用目光接触	打断客户的讲话（显示出不耐烦）
2	对客户的语言和非语言行为保持注意和警觉	不与客户进行目光接触
3	容忍且不打断（等待客户讲完）	心烦意乱，坐立不安
4	使用语言和非语言表达来表示回应客户	对客户所讲的内容不感兴趣，不关心
5	用不带威胁的语气来提问	很少给客户反馈或者根本没有（语言或非语言）反馈
6	解释、重申和概述客户所说的内容	改变沟通的主题
7	提供建设性（语言和非语言）的反馈	自己做判断
8	适当地移情	思想封闭
9	展示出关心的态度，并愿意倾听	自己抢先
10	不批评、不判断	给出不必要的忠告
11	敞开心扉	忙得顾不上听

（5）学会赞美

俗话说"良药苦口利于病，忠言逆耳利于行"。但真正能听得进忠言的人并不多，对保险客户来说亦是如此。因此，寿险公司的客户服务人员在与客户沟通时应尽量注意，不妨多说些赞美对方的话，这样客户才能愿意倾听你的想法，接受你的建议。赞美不是拍客户的马屁，也不是阿谀奉承，赞美是处世之道。寿险公司的客户服务人员在学会赞美的同时，也要注意把握分寸，要审时度势，要掌握赞美的技巧，才能成为一个受客户欢迎的人。表 2.3 列出了赞美的 10 个要诀。

表 2.3　赞美的 10 个要诀

序号	要诀	序号	要诀
1	赞美要出于真诚	6	间接恭维
2	赞美要不失时机	7	背后赞美
3	力争是第一次发现	8	引其向善的赞美
4	与对方的内心好恶相吻合	9	含蓄性的赞美
5	寻找对方最希望被人赞美的内容	10	直观性的赞美

资料来源：姜文刚. 卓越员工有效沟通［M］. 北京：北京工业大学出版社，2012：55.

（6）注意跨文化的沟通

跨文化沟通（Intercultural Communication）即两个或两个以上来自不同文化的人在任何时候相互作用而产生的沟通。不同文化涉及种族、民族和社会经济方面的差异。寿险公司在提供服务时应了解客户的文化背景以保证沟通的顺利进行。例如，美国、英国、加拿大、法国等是个人主义文化，他们注重自我，把说出来作为解决问题的一种方法，并用对抗策略来处理问题；阿拉伯、非洲、亚洲和拉丁美洲的国家是集体主义文化，人们忠于群体，当出现冲突时，他们采用避免、调节和其他保全面子的方法来处理问题；在巴西人面前不要讨论阿根廷并避免开种族玩笑，避免讨论政治、宗教或其他有争议性的话题。"OK"的手势在巴西被认为是粗俗的、淫秽的，拇指向上表示同意观点。

2. 非语言沟通

非语言沟通（Nonverbal Communication）是不使用任何词语的信息沟通。研究发现，高达93%的沟通是非语言的，其中55%是通过面部表情、形体姿势和手势传递的，38%是通过音调传递的。非语言沟通在服务沟通中非常重要。非语言沟通的特点包括：①很多非语言沟通对每个人所隶属的文化或亚文化是独有的；②语言信息和非语言信息可能是相互矛盾的，例如服务人员说的是"我非常关心您的健康状况"，而其非语言行为传递的却是"我关心的是这单能从你那里赚取多少钱"；③很多非语言沟通是下意识进行的，我们常常意识不到自己的非语言行为，例如我们双臂交叉，可能表明自己持反对意见；④非语言沟通展现出情感和态度。我们的面部表情、手势、形体动作及使用目光的方式，都向客户传递了我们的情感和情绪，如果我们想向客户表达更多的热情和亲密，就需要表现出愉快的面部表情、热情的姿势、更近的人际距离和友好的接触。

非语言沟通主要包括辅助语言、眼神信息、服装、空间和距离、接触和时间等。

（1）辅助语言

美国传播学家艾伯特·梅拉比安提出，沟通时信息的全部表达=7%语调+38%声音+55%肢体语言。特别是在电话沟通中，肢体语言占0%，声音占82%，用语占18%。辅助语言（Paralanguage）是指言语形式的多种变化（并非实际的言语内容），辅助语言中包含多种意义，尤其是情感意义。音调、音量、语速、发音和停顿等都带有一定的信息。

音调（Pitch）是指声音频率的高低。研究者发现，如果说话者使用较高和有变化的音调，则被视为更有能力。较低的音调难以听到，用低音说话的人似乎是底气不足，可能会被人认为没把握和害羞。音量（Volume）又称响度，是指人耳对所听到的声音大小强弱的主观感受。当我们急躁和不耐烦时，往往音量会增大。在与客户沟通时，特别是进行电话沟通时应特别注意音量适中，避免让对方厌烦。语速（Rate）是指文字或人类表达意义的语言符号在单位时间内呈现的词汇速度，其能对接收信息的对方产生影响。每分钟130~185个字的语速通常被认为是最有效的。说话比较快的人被看成更有能力、更可靠、更聪明，而说话慢的人常被认为更诚实和更值得信赖。在提供服务时，客服人员可以调节自己的语速来适应客户的语速，这被称为趋同性（Convergence），与客户的语速保持一致会被认为更有吸引力和说服力。发音是指语言的发声和读音，拙劣的发音不仅使语言难于理解，而且会造成对讲话者的不良的印象。寿险公司的客户服务人员发音一定要标准，吐字要清晰，语言表达含糊不清会影响其与客户之间的沟通。

依据重读和音调的变化，一句简单的表达会传达不同的含义，请大声朗读下面的句子，将重音放在划有横线的词语上，并尝试用不同的音量重复这句话，认真体会每句话表达的不同意思。

我如何帮助你？

暗示你不能为客户提供服务，或者客户需要给更多的提示，告诉你应如何才能帮助到他。

②我<u>如何</u>帮助你？

暗示你个人非常愿意帮助客户解决问题。

③我如何<u>帮助</u>你？

暗示你愿意首先帮助客户解决问题而不是做其他任何事情。

④我如何帮助<u>你</u>？

暗示你愿意为这名客户而不是其他人提供服务。

（2）眼神信息

眼神信息（Eye Message）包括所有由眼睛单独传递的信息，眼神信息最重要的就是眼神接触。在很多文化中，没有眼神接触的交谈被认为是粗鲁的，表明缺乏兴趣、不予关注或揭示了含羞或欺骗。在交谈过程中大多数人会不时地看着他人的眼睛以确保他们在倾听、理解并对其话题感兴趣，作为回应，对方也频频用眼神传达其兴趣与领悟，适当的眼神接触是寿险公司客服人员必须掌握的基本技能。

阅读以下场合中对眼神接触的剖析，仔细体会眼神接触的重要性。

①你吩咐行政助理给一位客户邮寄新产品的宣传资料，她盯着电脑点头说她会邮寄的。

你会觉得行政助理毫不在意这件事，她可能不会及时邮寄资料给客户。

②一位重要客户打电话给你说没有收到你邮寄的保险建议书，你去收发室确认邮件是否寄出，收发室的工作人员说信件已经按时寄出了，但他避免和你的眼神接触。

你会觉得收发室的工作人员不可靠，可能信件根本就没有寄出去。

③你的主管对你说希望由你负责此次的产品说明会，当他叙述需要完成的工作和注意事项时，他有意识地直接凝视你的眼睛。

你会认为主管非常重视这项工作，并十分信任你，希望你能圆满完成这项工作。

（3）服装

服装会使人们对穿着者产生非常强烈的和直观的印象，是非语言沟通中非常重要的方面。服装可以分为制服（Uniform）、职业装（Occupational Dress）、休闲服（Leisure Clothing）和化妆服（Costumes）。制服是最专业化的服装形式，它标明属于一个特定的组织。职业装是要求雇员穿着的服装，职业装可以使服务人员与客户间的沟通更加有利。休闲服是在工作结束后穿着的，可以通过它来表明自己的个性。化妆服则是高度个性化的衣着方式。

（4）空间和距离

空间和距离涉及使用周围空间的方式，以及坐或站时与他人保持的距离。爱德华·T. 霍尔提出了四个层次的距离：亲密距离（Intimate Distance）、人际距离（Personal Distance）、社会距离（Social Distance）和公共距离（Public Distance）。各种距离的范围及适用如表 2.4 所示。

表 2.4　不同类型距离的范围及适用

距离类型	距离范围	适用情况
亲密距离	直接接触或相距不超过 46 厘米左右	恋爱关系或亲密的朋友，当无权进入亲密距离的人进入这个范围时，我们会感到不安，例如在拥挤的公交车、地铁和电梯中
人际距离	0.46~1.2 米	进行非正式的个人交谈时最经常保持的距离
社会距离	1.2~3.6 米	适合于非个人事务、社交性聚会和访谈
公共距离	超过 3.6 米	适合于公共演讲，该种距离的沟通更正式

（5）姿势

人们的姿势在很大程度上表达着他们自己和他们的见解。评估自己的姿势很重要，尤其是紧张和生气时的姿势。通常，变换姿势，我们的态度和语调也会随之变换，从而使服务人员与客户的沟通更有效。当面对比较麻烦的客户时，可以放松自己的身体姿势，让双肩放松，有意识地缓慢呼吸并放松自己的面部肌肉，这样你的语气也会放松，而你语气的放松也会使得客户改变其语气。

（六）常用的客户服务技能——电话沟通技巧

寿险公司从营销、承保、保全、理赔到回访服务的各个环节都要使用到电话服务，电话沟通是寿险公司客户服务人员与客户沟通的主要方式之一。

1. 电话沟通的准备工作

表 2.5 展示了电话沟通前的准备工作。

表 2.5　电话沟通的准备工作及说明

准备工作	说明
整理工作空间，保持有序	整理好工作空间，清理桌子上不必要的杂物；准备好合适的便签、表格、笔和相关资料；准备好在对客户的服务中可能需要的每一样物品并使之在离电话的一臂之内
选择安静空间，排除干扰	远离你可能受到干扰的地方，或在自己工作空间处放置"请勿打扰"的牌子，以便电话沟通中不被其他事物干扰
全神贯注交谈，精神集中	良好的电话服务要求客服人员全神贯注于同客户的谈话中，在进行电话沟通时不应有其他事情分心

2. 电话沟通中的语言要求

在寿险公司客户服务的电话沟通中，要求服务人员态度礼貌友善，传递的信息简洁明了，语调温和，语气、语速适中。此外，在电话沟通中，要多使用礼貌用语（见表2.6）。

表2.6　电话沟通中常用的礼貌用语

不恰当的用语	礼貌的用语
喂！	您好！
喂，找谁？	您好！这里是××寿险公司，请问有什么可以帮助您？
给我找一下××	请帮我找下××好吗？
等一下	请稍等
他不在这里	他在另一处办公，我现在在为您转接电话过去 或者（他在另一处办公，您可以直接给他打电话，电话号码是××××××××）
他现在不在	对不起，他不在，如果您有急事，我能否代为转告？或者请您过一会再打电话过来
您是谁呀？	对不起，请问您是哪一位？
您说完了吗？	您还有其他事吗？您还有其他需要吗？
什么？再说一遍！	对不起！请您再说一遍
把您的地址、姓名告诉我	对不起，您能否将您的姓名和地址留给我？
您大声点	对不起，我听不太清楚

3. 接听电话的技巧

（1）迅速接听

寿险公司客户服务人员在接听电话时首先应做到迅速，应在电话铃响三声之前就接听，如果电话铃响三声后才接听，会使客户焦急不安或不愉快。在接听电话时，要首先报公司、姓名，然后确认对方。例如，"您好！这是××寿险公司客户服务中心，工号008的客户服务专员，很高兴为您服务。""王先生，麻烦您报一下您的保单号码或身份证号码好吗？"

（2）积极反馈

在与客户通话过程中，要仔细聆听对方的讲话，并及时做出回答，给客户以积极的反馈，如遇通话听不清楚或意思不明白时，要立即告诉对方，请求对方重复或解释说话内容。

（3）礼貌地为客户转接电话

如果客户请求代转电话，应弄清楚客户的身份，需要找谁，以便与接电话的人联系。此时，应告诉对方"请稍等片刻"①，并迅速找人。如果不放下话筒叫距离较远的

---

① "请稍等片刻"一般不超过30秒，否则会引起客户的不快。

人，可按话筒的保留键或用手轻捂话筒；如果客户找的人在其他部门，应客气地告诉对方，在征得客户同意后将其电话转接到其他部门。例如，"很抱歉，这件事是由保全部门负责处理的，如果您愿意，我将您的电话转接过去好吗?"

（4）做好电话记录

如果客户要找的人不在，应为其做好电话记录，记录完毕，需要向客户复述一遍，以免遗漏或登记错误。

（5）电话沟通结束时应确认行动过程

在沟通结束时，服务人员应向客户核实此次电话服务内容。例如，"王先生，如您所要求的，从下一个保单年度开始，您的死亡保险金额将由 50 万元降低为 40 万元，您每年缴纳的保费将减少 800 元。"

（6）原则上由客户先挂电话

3. 拨打电话的技巧

除接听电话之外，寿险公司的服务工作中还有很多时候是打电话给客户的。通常，打出电话的最佳时间是在周二至周五的上午，服务人员应按照重要程度进行排序，安排好每天拨打电话的客户名单。拨打电话的基本技巧如下：

（1）拨出时间要适宜

拨打电话的时间应尽量避开早上 7 点前、中午 12 点到下午 2 点、晚上 10 点以后的时间。此外，电话交谈的时间不宜过长，一般以 3~5 分钟为宜，交谈时间过长，会影响办公室其他同事接听和拨打电话。

（2）拨打电话前应做好准备

拨打电话之前应仔细核对客户的姓名、电话号码或所在公司的名称等，提前写好通话的要点及询问要点，准备好在通话过程中可能会使用到的笔和备忘录，以及必要的文件和资料。

（3）注意拨打电话的礼节

电话接通后，应主动友好地向客户表明自己的身份。应首先报上自己的姓名，除非对方跟你很熟悉，否则就需要同时报出自己所在的公司及部门名称。通话过程中要注意使用礼貌用语，"您好"开头，"请"字在中，"谢谢"收尾，态度温文尔雅。若需要联系的人不在，可礼貌地请接听电话的人代为转告，例如，"对不起，麻烦您转告李先生"，然后将需要转告的话告诉对方。最后应向对方致谢，并问清对方的姓名。打电话结束时，要道谢和说再见，以表示对对方的尊重。

五、实验内容

（1）实验形式：小组实验（2 人/组）。

（2）实验用时：2 学时。

（3）指定实验内容：

①请认真阅读以下电话沟通的案例，然后回答问题。

案例：通过客户米姗的转介绍，陈星认识了在电信公司工作的李小姐。星期三开完二次早会后，陈星准备电话邀约李小姐面谈，向其介绍公司最新推出的年金保险。陈星拿起手机走到公司楼梯口给准客户李小姐拨打电话。

陈星："喂，李小姐，您好！"

李小姐："您是谁呀？"

陈星："您猜猜我是谁？"

李小姐："我猜不出来，您到底是谁？"

陈星："您听不出来呀，您再想想！"

李小姐："我真的猜不出来，我现在在上班呢，您不说我就挂电话了。"

陈星："李小姐，我是星星呀，我们之前联系过一次，刚才只是和您开个玩笑。"

李小姐："星星，哪个星星呀，我马上要去开会，先不跟您说了。"

陈星："李小姐，先别挂电话，我是爱迪生寿险公司的陈星呀，我今天想跟您约个时间见面，您什么时候有空？"

李小姐："我今天很忙，没时间，先挂了！"（客户生气地挂了电话）

陈星："怎么这样呀，这个李小姐太没有礼貌了。"

问题1：保险代理人陈星此次的电话沟通是否成功？若不成功，其主要原因是什么？

问题2：如果你是保险代理人陈星，你准备怎样电话邀约李小姐面谈？

②请根据以下场景设计电话沟通的技巧，并两人一组进行现场角色扮演的模拟演练，其中一人担任客户服务人员，另一人模拟客户角色。

场景一：2018年6月20日，根据工作计划，上午要安排对20日之前已成立生效的保险合同客户进行回访。请根据以下资料，将自己定位为泰华人寿的客户服务专员，工号：G08，设计回访的问题，并模拟现场电话沟通场景。

投保人（回访对象）：张先生/太太

被保险人：张先生/太太的女儿：张玲（6岁）

保单生效日期：2018年6月18日，犹豫期：10天

保单号码：0020345678

保险金额：100 000元，分20年缴清，年缴保费8 210元，首期保费发票已随合同送达。

投保险种：福满一生两全保险

服务代理人：林小江，工号：P08010020

场景二：2018年6月20日上午10点，一客户拨入电话，就保单贷款一事进行咨询，请根据以下资料，将自己定位为泰华人寿的客户服务专员，工号：G08，根据客户提出的问题设计答复，并现场模拟电话沟通场景。

公司电脑中查询到的赵明保单主要信息如表2.7所示：

表2.7 赵明保单信息情况一览表

保单号码	生效日期	保单状态	投保人
00203456789	2014年1月15日	有效	赵明 4402011975×××0051
被保险人	受益人	主险	主险保额
赵明 4402011975×××0051	赵雨点 4402012006×××0083	幸福一生还本 两全保险	100 000元

表2.7(续)

主险保费	附加险	附加险保额	附加险保费
8 200元/年	附加交通意外伤害保险	200 000元	320元/年
已缴年期	保单现金价值累计	投保人联系电话	投保人通信地址
5年	29 800元	137×××6678	广东省广州市天河区天河北路412号B1206

　　根据公司规定,保单贷款的金额最高可为现金价值的90%,贷款利率按公司最近一次公布的利率为准,贷款的期限最长为6个月,逾期未还将把贷款的利息滚入本金计算本利和,当本利和等于或超过现金价值时,保单失效。公司最近一次公布的贷款利率为4.5%的年利率。

　　赵先生在得到满意答复后,提出要转接其代理人张虎的电话,就其他一些事情与其沟通。张虎在公司的分机号为:5678。转接电话后,是张虎同一个办公室的同事接听的,告知张虎已外出展业,不在办公室,张虎的手机号码为:138××××2309。

六、实验方法和操作步骤

　　该实验采用案例分析与现场模拟演练相结合的方法进行。参加实验的同学每两人一组,先认真对案例进行研读,掌握电话沟通的技巧,然后由一名同学担当客户的角色,另一名同学担当寿险公司客户服务人员的角色,根据演练素材中提供的内容,通过道具电话现场模拟演练电话沟通技能。

　　步骤1:熟悉寿险公司客户服务的主要内容及技巧;
　　步骤2:认真研读给定的案例和场景;
　　步骤3:根据所学的知识和实践经验,设计场景中客户与客服人员的对话内容;
　　步骤4:现场演练场景一和场景二;
　　步骤5:根据现场演练中的问题进行客户服务技能工作的总结;
　　步骤6:汇总相关资料,填写实验报告并上交。

七、实验注意事项

　　(1)注意电话沟通中接听电话的技巧,注意问候语及结束语的使用;
　　(2)在电话沟通中注意保险术语的使用;
　　(3)注意在接听电话的过程中笔录的重要性。

八、参考文献

　　[1]桑德拉·黑贝尔斯,理查德·威沃尔二世.有效沟通[M].李业昆,译.7版.北京:华夏出版社,2005.

　　[2]姜文刚.卓越员工有效沟通[M].北京:北京工业大学出版社,2012.

　　[3]中国人寿保险股份有限公司教材编写委员会.职业形象与礼仪[M].北京:中国金融出版社,2011.

实验四 寿险公司客户服务技能——职业形象塑造和职业礼仪

一、实验目的

（1）了解职业形象的概念和内涵；

（2）掌握职业形象塑造的实务技能；

（3）掌握几种常见的职业礼仪；

（4）尝试将职业形象塑造和职业礼仪技能运用到工作实践中。

二、实验要求

（1）根据仪态和职业礼仪的规范分小组进行演练；

（2）根据给定案例对职业形象进行分析和设计；

（3）根据所学内容，结合给定的背景资料，设计合适的职业形象和职业礼仪，模拟客户拜访的过程。

三、实验环境（仪器、软件和材料）

（1）电脑；

（2）Office 办公软件；

（3）网络连接；

（4）案例和模拟场景素材。

四、实验前知识准备

（一）职业形象的塑造

1. 职业形象的概念与内涵

职业形象（Professional Image）是指在职场中给他人的印象，具体包括外在形象、品德修养、专业能力和知识结构。主要通过穿衣打扮、言谈举止反映出职业人员的专业态度和技术技能等。职业形象是一个行业或组织的精神内涵和文化理念在从业人员身上的具体体现，是行业或组织的形象与具体从业人员个体形象的有机结合。

2. 塑造良好职业形象的重要性

（1）职业形象影响个人的业绩

个人的人性特征特质通过专业形象表达，并且容易形成令人难忘的第一印象，第一印象在人际交往、社会活动中起到至关重要的作用，特别是对于寿险公司的保险代理人和客户服务人员来说，如果职业形象不能体现专业度，就不能给客户带来信赖感，就不能在客户面前得到高度认可，极有可能令其服务效果大打折扣，从而影响到个人的业绩。

（2）良好的职业形象能够增进交往，改善人际关系

人际交往的能力对个人的职业生涯有着重要的影响，为了使人际交往的能力有效和高效，我们必须善于建立良好的交往渠道，克服人际交往的障碍，通过一定的职业形象塑造、职业礼仪规范来消除矛盾、化解分歧、解决纠纷，从而有效地改善和增进人际关系。

（3）良好的职业形象可以提高自身的修养

在与客户的交往和沟通中，留给客户的第一印象是由服务人员的相貌、仪表和风度举止等综合因素组成的。通过职业形象的塑造，社交礼仪的学习，可以提升服务人员内在的素质，展现职业风度，从而在同客户沟通中展现其个人魅力。

（4）良好的个人职业形象有利于塑造良好的企业形象

职业形象和职业礼仪是寿险公司企业文化、企业精神的重要内容，是企业形象的主要附着点。而企业文化、企业精神又是通过企业员工的言谈举止、行为规范传递的，尤其是寿险公司的代理人和客户服务人员，他们面对客户提供服务，其个人职业形象和职业礼仪更是代表了所在企业的整体素质和形象。

3. 职业形象塑造技能实务

（1）仪容

仪容指的是人的外观、外貌。仪容是个人形象的重要组成部分，它不仅关系到一个人是否能带给对方赏心悦目的感受，还会让人联系到个人的处事风格。整洁、美好的仪容往往与办事认真踏实、有条理、一丝不苟联系起来。因此，在寿险公司的服务中，服务人员的仪容会引起客户的特别关注。

①仪容的基本规则

仪容的基本规则包括干净、整洁和修饰避人。为保持个人的干净和卫生，要做到勤洗脸、洗头、洗澡、洗手和刷牙。为保持个人的整洁，要做到定期理发、剃须以及修毛。所谓的修饰避人原则指的是塑造、维护个人形象，应当避免在大庭广众之前，尤其是在陌生人和异性面前进行。

②女士仪容

面部清洁：清洁面部是为了去除因新陈代谢所产生的老化物质、面部灰尘和卸妆残留物等。一般早晚两次对面部进行清洁，若皮肤为油性或偏油性，可适当增加洗脸次数。洗脸时从 T 字区开始，到鼻翼及鼻梁两侧和鼻子下方，再到脸颊、嘴巴四周和下巴。

补充营养：为保持面部的润泽光洁，洗脸后要使用基础护肤品对面部进行保养，一般包括洗面奶、柔肤水和乳液。

面部化妆：女性的面部化妆主要包括六个步骤：打粉底、画眼线、涂眼影、描眉型、涂腮红以及涂口红。

头发养护：首先，头发要适时清洗，去除落在头发上的灰尘和头皮的分泌物。一般来说，中性发质的人，冬天可4~5天，夏天可3~4天左右清洗一次头发；油性发质和干性发质的人，要分别缩短或延长1~2天。其次，要梳理头发。梳理头发可以促进头部血液循环，保持头发的光泽和柔软。三是对头部进行按摩，以促进头部的血液循

环，促进头发的生长，防止头发的脱落。最后要注意不同的季节对头发的护理方法不同。例如，冬季气温低，头发的新陈代谢会减弱，应减少洗头的次数，并给头发补充营养。

选择合适的发型：发型的选择要符合个人的职业、气质和风度，符合个人的年龄、身材和脸型。发型的选择首先要适合脸型，强调个人脸部的个性，突出脸部的轮廓，而在适合脸型的发型中，则要选择符合个人气质的。最后，要注意发型要适合不同的场合，一般来说，出席正式场合的发型应比较严谨，出席朋友聚会的发型应平易活泼，在普通生活中的发型则应轻松随和。

合适地使用香水：使用香水时首先应选择气味淡雅清新的，并使之与自己同时使用的其他化妆品香型大体上一致。其次，使用香水的量应该适宜，切勿过量。再次，香水喷洒的位置主要在手腕、颈部、耳后、太阳穴、腋下等，不要喷洒在面部、毛衣、皮衣、首饰等地方，否则会加速皮肤老化。最后，香水喷洒时，应将香水瓶放在距离身体 20 厘米处，喷洒的量以超过 3 米闻不到为宜。

③男士仪容

保证面部清洁：男性的皮肤比较粗糙，毛孔也较为粗，黑头粉刺相对较多，其皮肤护理的基础是清洁，应使用洁面产品仔细地按摩脸部、鼻翼、额头，重点清洗容易生粉刺的地方。

简洁的发型：男士最好半个月左右理一次发，其发型应当干净整齐、长短适当、庄重大方、自然得体，切不可蓬乱不堪。男士发型的选择还应与脸型、年龄以及体型相配。

不得蓄须：除了具有特殊的宗教信仰或风俗习惯，男士一般不得蓄留胡须，这既是为了清洁，也是对交往对象的一种尊重，切记不可胡子拉碴地去上班或会见客户。

修剪鼻毛：在与客户交往的过程中，如果有鼻毛探出鼻孔之外，会破坏客户对自己的印象，因此，男士在上班和会见客户之前应检查和修剪鼻毛。

遮掩腋毛：男士在着装时应避免穿会使腋毛容易突显的款式，如背心、无袖装等（见表 2.8）。

表 2.8 仪容修饰细节自查表

部位	不恰当的行为	正确的行为
面部	眼角、鼻孔、耳朵上带有分泌物就上班或出席社交活动 鼻毛探头探脑 眼镜的镜片上出现多余物 在公共场所化妆，在背后议论他人的化妆，借用他人的化妆品	男性每天坚持剃一次胡须，不宜使用太多化妆品 女性日常社交活动适当化妆，并且注意及时补妆，避免残妆，以示对他人的尊重
发型	头发粘连、板结、有头屑、有汗馊气味 直接用手梳理头发，当众梳理头发，断发头屑随手乱扔 男士剃光头或头发太长 女士在工作场合、重要活动场合披头散发	每周清洗头发 2~3 次 通常每半个月修建一次头发，至少要确保每个月修剪一次 每天必须梳理头发，特别是上班出门前，换装上岗前，摘下帽子时，下班回家时

表2.8(续)

部位	不恰当的行为	正确的行为
口部	口部留有多余物，如口角周围有唾液、飞沫、食物残渣和牙缝间的牙垢等 在食用蒜、葱和韭菜等带有刺激性气味的食物后与他人接触 与人交流时嚼口香糖	坚持每天早晚刷牙，清除口腔异味，维护口腔卫生，有可能的话，在每餐饭后都刷一次牙
肢体	职业女性留长指甲，染彩色的指甲 手部红肿粗糙、长疮、生癣、皲裂时与他人握手 在正式场合光着脚穿鞋，或穿拖鞋、凉鞋 脚指甲露在鞋外 脚部未保持干净卫生，有气味 女性在正式场合穿短裤或超短裙 女性穿着无袖上衣时腋毛外露 女性在有浓密腿毛时穿浅色透明丝袜	每天洁肤、护肤，让皮肤呈现滋润不油腻、清洁不松弛的状态 可适当用一些淡香型化妆品，使自己的体味更为清新宜人，但味道不可杂或浓烈

资料来源：中国人寿保险股份有限公司教材编写委员会. 职业形象与礼仪 ［M］. 北京：中国金融出版社，2011：24-25.

（2）仪表

仪表即人的外表，包括容貌、举止、姿态和风度等。一个人的仪表不但可以体现他的文化修养，也可以反映他的审美趣味，穿着得体，不仅能赢得客户的好感，给客户留下良好的印象，而且能够提高与客户交往的能力。

西装是一种国际性的服装，是寿险公司服务人员首选的正统服装，下面以西装为例介绍男性和女性的西装类型及选择技巧。

①男士西装的款式

男士西装款式分三大流派：欧式、美式和英式。欧式西装的特点是面料厚、剪裁贴身、腰身中等、胸部收紧突出、袖笼和垫肩较高，领型狭长，注重外形，多为双排扣。美式西装的特点是面料薄、有弹性，造型自然，腰部稍微收缩，胸部不过分收紧，垫肩适度，领形宽度适中，多为单排扣。英式西装的轮廓与欧式相似，但垫肩较薄。

②男士西装的选择

首先，男士在选择西装时，要充分考虑自己的身高和体型，力求合体，中等身材且比较单薄的男士应穿着单排扣西装，方可显得俊逸、挺拔；身材高大的男士应穿着双排扣西装，方显雄健端庄。其次，男士西装的选择要适合不同的场合。在正式场合，套装应以深色为主，在宴会、招待会、酒会、正式会见、工作会议、庆典仪式、出访、迎宾等正式场合可穿着两件套西装；在春秋季可穿着三件套西装；在半正式场合，如办公室、午宴、一般性会见、访问等，适宜选择较明亮的深色、中性冷色或浅色调的西装，也可穿单色、条纹及暗色小格的套装；在非正式场合，如外出游玩、参观、逛街、购物、探亲访友或餐厅聚餐等，可穿着休闲西装或普通的单件西装便服。最后，男士穿正规的西装套装，必须系领带，不同的场合，适用不同款式的领带。斜纹领带代表果断权威、稳重理性，适合于谈判、主持会议、演讲的场合；圆点和方格领带代表中规中矩、按部就班，适合初次见面和面见长辈及上司时用；不规则图案领带代活泼、有个性、创意和朝气，较随意，适合酒会、宴会和约会场合使用。

③男士西装穿着的要求和原则

男士西装的穿着应遵循：选好和穿好衬衣、系好领带、扣好纽扣、裤缝熨烫挺直以及鞋袜配套的基本要求，并遵循七大原则。具体如表2.9和图2.4所示。

表2.9　男士西装穿着的基本要求

男士西装穿着的基本要求	具体说明
选好和穿好衬衣	西装应搭配硬质"V形"衬衣 正式场合衬衣搭配西装的最好颜色为白色和纯色，其中纯色以蓝色为佳，不宜穿杂色或格子衬衣 应根据脖子的粗细选择合适的领围，合适的维度是穿后能伸进两个手指 脖子短粗者不宜选用宽领衬衣，脖子较长者不宜选用窄领衬衣 衬衣领口比西装高出1厘米左右，袖子比西装袖子长出2厘米左右 硬质衬衣必须扎进西裤腰内 西装搭配的衬衣必须扣起袖子的扣子
系好领带	领带必须系在硬质"V形"衬衣上 领带尖一般盖住腰带扣 有穿背心或羊毛衫的，领带一定放在背心或羊毛衫的里面
扣好纽扣	双排扣西装一定要全部扣上纽扣 单排扣可以扣，也可以不扣，两粒扣的可以只扣上面，三粒扣的可以扣中间的一个
裤缝挺直	男士西装裤应熨烫挺直
皮鞋和袜子要配套	皮鞋的颜色和西装要搭配，一般要深于或接近于西装的颜色 西装裤一般颜色要略深，在西装和皮鞋之间出现一种过渡，忌穿白色运动袜、半透明丝袜、花式棉袜等

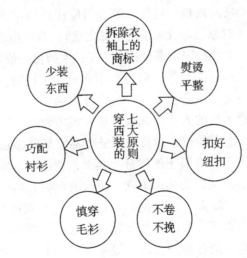

图2.4　男士西装穿着的七大原则

西装套裙是深受女性喜爱的服装之一，更是职业女性的最佳选择。

④女士西装套裙的种类

女士西装套裙有两件套和三件套，其中两件套可以配套成套的裙子，也可以搭配其他的裙子。

⑤女士西装套裙面料、色彩和造型的选择

女士西装套裙的面料适合选择质地上乘的女士呢、薄花呢、法兰绒以及丝绸、亚麻、毛涤等均可，但一定要弹性好，不易起皱。西装套裙的色彩以冷色、素色为主，可以为藏蓝、炭黑、烟灰、雪青、黄褐、茶褐、蓝灰、紫红等，另外也可以选择明暗分明、有格子与条纹图案以及带有规则的圆点图案。西装套裙的裙子不宜过长，上衣不宜过短。现代女性的穿着可分为四种造型，上长下长、上短下短、上长下短、上短下长。体型苗条或过瘦，可以将紧身上衣与喇叭裙搭配；体型肥胖可选择松身上衣与筒裙；裙子的选择除正统的西裙外，可选择裹裙、一步裙、筒裙、百褶裙、喇叭裙、旗袍裙等。

⑥西装套裙的穿着要点

一是合身得体；二是衣扣要到位；三是内衣不可外现；四是注意配穿衬裙；五是不可自由搭配；六是讲究鞋袜配套。

⑦首饰的选择与配套

现代社会中，凡戒指、项链、耳环、手镯等均称为首饰，首饰不仅女性佩戴，男性佩戴也比较流行，男性一般佩戴戒指和项链。

戒指：首先，戒指要与指型相配。修长型手指宜佩戴宽阔的戒指，单粒宝石或粗线款式，如方戒、榄戒及钻戒；丰满型手指宜佩戴圆形、梨形和心形的戒指；肥短型手指宜佩戴细小的指环或梨形、椭圆形的单粒宝石；纤秀型手指适合任何类型的戒指。其次，戴戒指应与场合、季节相适应。男士赴宴或参加典礼，身着礼服应佩戴一枚镶有珠宝的戒指；平时穿着便服时可佩戴简单而普通的戒指。无论男性还是女性，都不宜配搭较多的戒指，尤其是女性，应选择一枚喜欢的做重点，再用一个作陪衬，夏季衣服单薄，应佩戴较为小巧的戒指。最后，戴戒指应注意约定成俗的习惯。戒指戴食指表示无偶或正在求婚（对原已婚者来说是守寡之意）；戴中指表示有意中人并在热恋中；戴无名指表示已婚；戴小指表示奉行独身主义；大拇指一般不戴戒指。

项链：首先，项链的佩戴应与年龄和脸型相适应。年轻的女性适宜佩戴细型、花色丰富的项链，中年女性适宜佩戴粗型、传统设计的项链；年龄较大的女性适宜佩戴金银项链中的马鞭链。脖子长的人适宜佩戴短项链或方丝链，不适宜长项链；脖子短的人选择尺寸大的项链，适宜颗粒小而长的项链，不宜佩戴多层、短而宽的项链；圆脸又矮小的女性，最好戴细长有坠子的项链。其次，项链应与服装的色彩、款式、质地相协调。衣着较薄以金银项链为佳；柔软、飘逸的丝绸长裙，宜佩戴精致、细巧的项链；单色、素色服装，宜佩戴色泽鲜艳的项链；黑色连衣裙可搭配金项链；红色、玫瑰红套装可配象牙色项链；低领口的衣服配短项链；穿高领羊毛衫、绒衫时项链应戴在衣服外面。最后，应根据各种场合选择佩戴项链。正式、隆重、身着礼服的场合适宜选择金银、钻石项链；休闲或旅游场合适宜选择仿金、贝壳、陶质项链；上班可选择体积不大的金或银项链；音乐会场合可选择长项链；舞会场合可选择精巧细致、发光发亮的项链；男士的项链应大方得体，不要过于花哨。

耳环：首先，佩戴的耳环应与脸型相协调。圆脸女性适合佩戴长方形、叶形、

"之"字形等各种款式的长耳环及有坠耳环；瓜子脸适合佩戴各种造型的耳环；方形脸适宜选择精致细巧、造型柔和的中小型耳环；三角形脸的女性适宜佩戴星点状的贴耳式耳环。其次，耳环应与脖子及肤色相协调。脖子长的不适宜戴小长坠子耳环，耳朵纤细瘦小的戴小巧玲珑的耳环。肤色黑的适宜戴色调柔和的白色、浅蓝、天蓝、粉红色的耳环，以银色为最好；肤色较白的，适宜戴淡红色、暗红色、绿红色、翡翠色等色彩鲜艳的耳环；肤色较黄的，适宜戴白色或铜色的耳环；金色耳环适合各种肤色。最后，耳环还应与服装和所处的场合相协调，一般在正规的社交场合，应选择高档的，如钻石、翡翠、宝石镶嵌的耳环。

手镯：手镯一般只佩戴右手，成对的才同时佩戴在双手上；宝石镶的手镯应紧贴手腕上部；短胖的手形不宜佩戴手镯；戴手表不宜同时佩戴手镯；手臂长的可戴宽的或多个细线型手镯，手臂短的可佩戴细一点的手镯；穿什么颜色的衣服可佩戴什么颜色的手镯。

（3）仪态

仪态是指人在行为中的姿势和风度，姿势是指身体所呈现的样子，风度则是人内在气质的外在表现。仪态在与客户沟通和交往的过程中有着特殊的作用，潇洒的风度、优雅的举止，都会给客户留下深刻的印象，进而取得客户的信任和尊敬。仪态主要是通过站姿、坐姿、走姿、蹲姿、面部表情、手势礼仪等方面表现出来的。

①站姿

标准的站姿要求头正，双目平视，嘴角微闭，下颚微收，面容平和自然；双肩放松，稍向下沉，人有向上的感觉；躯干挺直，挺胸，收腹，立腰；双臂自然下垂于身体两侧，中指贴拢裤缝，两手自然放松；双腿立直、并拢，脚跟相靠，两脚尖张开约45°~60°，身体重心落于两脚正中。

男士的基本站姿：男士在站立时既可以采用标准站姿，也可以采用后搭手站姿，所谓的后搭手站姿是两脚平行开立，脚尖展开，挺胸立腰，下颚微收，双目平视，两手在身后相搭，贴在臀部。

女士的基本站姿：女士除了标准站姿外，还可以选择丁字步站姿，即双脚呈丁字形站立，分左右丁字步。丁字步站姿可以巧妙地掩饰 O 形腿女士的缺点，并使腿和脚看起来更加纤细。此外，女士还可以采取前搭手式站姿，即两脚尖展开，左脚脚跟靠近右脚中部，重心平均置于两脚上，也可置于一只脚上，通过重心的转移可减轻疲劳，双手置于腹前。

站姿训练应注意的问题：一是切忌双脚内八字形站立，双腿交叉站立、歪头、斜眼、缩脖、耸肩、塌腰、挺腹、屈腿的现象；二是切忌有叉腰、抱头、两手抱胸或插入衣袋的现象；三是男士可双脚适当分开站立，女士不能分腿直立，切忌有身体倚靠物体站立的现象；四是不要挺肚子，切忌有身体歪斜、晃动或脚抖动的现象；五是不要倚靠在墙上或椅子上，切忌面无表情，精神萎靡；六是切忌身体僵硬，重心下沉。

②坐姿

标准的坐姿要求：一是入座时要轻、稳、缓。走到座位前，转身后轻稳地坐下。女性穿裙装，入座时要用手将裙子稍微拢一下再入座。正式场合中一般从椅子的左边入座，离座时也要从椅子左边离开。如果椅子位置不合适，则应先挪动椅子的位置，然后入座，切忌坐在椅子上再移动位置。二是入座时神态要从容自如，嘴唇微闭，下颚微收，面容平和自然。三是双肩要平正放松，两臂自然弯曲放在腿上，也可放在椅子或是沙发扶手上，以自然得体为宜，掌心向下。四是坐在椅子上，要立腰、挺胸，上体自然挺直。五是双膝自然并拢，双腿正放或侧放，双脚并拢或交叠或成小"V"字形。六是坐在椅子上，应至少坐满椅子的 2/3，宽座沙发则至少坐 1/2。七是谈话时应根据交谈者方位，将上体双膝侧转向交谈者，上身仍保持挺直，不出现自卑、讨好的姿态。

男士的基本坐姿：男士的基本坐姿有正坐式和重叠式，正坐式即上身正直上挺，双肩平正，两手放在两腿或扶手上，双膝并拢，小腿垂直地落在地面，两脚自然分开成45°。重叠式即右小腿垂直于地面，左腿在上重叠，左小腿向里收，脚尖向下，双手放在扶手上或放在腿上。

女士的基本坐姿：女士的基本坐姿有正坐式、架腿式、双腿斜放式和双腿交叉式。正坐式即双腿并拢，上身挺直，两脚尖并拢略向前伸，两手叠放在双腿上，略靠近大腿根部。正坐式要求大腿和小腿都应当形成直角，小腿垂直于地面，双膝、双脚包括两脚的脚跟都要完全并拢。架腿式即并腿、叠手、坐直。先将左脚向左踏出45°，然后将右腿抬起放在左腿上，大腿和膝盖紧密重叠，重叠后的双腿没有任何空隙，犹如一条直线。双腿斜放式即并腿、叠手、坐直，双腿平行斜放于一侧。双腿交叉式即并腿、叠手、坐直。双腿在脚踝处交叉。

坐姿的注意事项：一是入座轻缓，起座稳重；二是女士落座双膝必须并拢，双手自然弯曲放在膝盖和大腿上；三是切忌分腿、前伸、平放；四是切忌双脚或单脚抬放在椅面上；五是切忌双手抱头、叉腰；六是切忌摇腿、抖脚，坐立时，腿部不可上下抖动，左右摇晃；七是女士乘坐小轿车时，要先坐在车座上，然后再将双腿并拢收进车内。

③走姿

走姿又称"步态"，走姿的要求是"行如风"，是指人行走时，如风行水上，有一种轻快自然的美。

走姿的基本要求：一是双肩应平稳，以肩关节为轴，双臂前后自然摆动，摆幅以30°~35°为宜，手臂外开不超过30°。二是上身挺直，头正、挺胸、收腹、立腰，重心稍向前倾，提臀由大腿带动小腿向前迈。三是要注意步位。脚尖略开，起步时，身体微向前倾，脚跟先接触地面依靠后腿将身体重心送到前脚掌，使身体前移，两脚内侧落地时，行走的轨迹应是一条直线。四是行走的步幅要适当。跨步时，两脚之间相距约一只脚到一只半脚，步伐稳健，步履自然，要有节奏感。一般情况下，男士每分钟行走 108~118 步，女士每分钟行走 118~120 步。

常见的走姿：常见的走姿包括标准步、平行步和一字步。走标准步时应尽量避免前俯、后仰或脚尖向外、向内呈"外八字"或"内八字"的走步，步幅太小或双手反背。平行步则是收腹、两眼平视前方、下颌微收、两臂前后摆动，两手离支撑腿的距离约15~20厘米，肘关节微曲。一字步走姿是女性常见的走姿，其行走时两脚内侧在一条直线上，两膝内侧相碰，收腰提臀，挺胸收腹，肩外展，头正颈直，微收下颌。

男士的走姿：男士穿西装行走时要保持身体挺拔，后背平正，走路的步幅可略大些，手臂自然放松、伸直摆动，手势要简洁和大方，步态要舒展和矫健。

女士的走姿：女士穿裙装行走时步幅不宜太大，两脚内侧要落到一条直线上。脚尖略向外开，两手臂自然摆动，幅度不宜太大，臀部可随着脚步和身体的重心移动而自然左右摆动。女士穿高跟鞋时，身体重心应自然前移，要挺胸、收腹、提臀，膝盖绷直，全身挺拔向上。行走时步幅要适当，膝盖不要过弯，两腿并拢，两脚内侧落到一条线上，脚尖略向外开，足迹形成柳叶状，俗称"柳叶步"。

④蹲姿

在日常生活和工作中，捡东西或系鞋带时会涉及蹲姿，蹲姿也是体现良好职业形象的一个重要方面，应保持大方、端庄的蹲姿。

常见的蹲姿：常见的蹲姿有高低式和交叉式，高低式在下蹲时，左脚在前，右脚在后，两腿靠近向下蹲。左脚全脚着地，小腿基本垂直于地面，右脚脚跟提起，脚掌着地。右膝低于左膝，右膝内侧靠于左小腿内侧，形成左膝高右膝低的姿势，臀部向下，靠一条腿的力量支撑身体。交叉式较为适合女性，在下蹲时，右脚在前，左脚在后，右小腿基本垂直于地面，全脚着地。左腿在后与右腿交叉重叠，左膝由后面伸向右侧，左脚跟抬起，脚掌着地。两腿前后紧靠，合力支撑身体，臀部向下，上身稍前倾。

蹲姿的禁忌：一是不要正对或背对客户蹲下，应尽量使身体的侧面对着客户，保持头、胸和膝关节自然、大方、得体；二是忌下蹲时露出背后的皮肤和内衣裤；三是女士无论采用何种蹲姿，切忌两腿分开；四是下蹲时不要弓背撅臀；五是不要突然下蹲；六是下蹲时不可离人过近；七是不要蹲着休息。

⑤面部表情

面部表情是人面部的情感和人们心理活动的外在表现。心理学家认为人类感情的表达＝言语（7%）＋声音（38%）＋表情（55%），面部表情在客服人员与客户的沟通中占有相当重要的地位。面部表情的核心是目光和笑容。

目光：与客户沟通或交流时应正视客户的眼部，视线应与其保持相应的高度。在目光运用中，正视和平视的视线更显得礼貌和诚恳，容易引起客户的好感。而俯视和斜视则会被认为为人轻佻，傲慢不恭。心理学家研究表明，在沟通交流中，人们视线相互接触的时间通常占交谈时间的30%~60%。在视线接触时，一般连续注视对方的时间最好在3秒钟以内。目光凝视的区域一般可分为三种，公务凝视区域是以两眼为底线，额中为顶角的三角形区域，适用于洽谈业务、磋商问题和协商谈判。社交凝视区是以两眼为上线，唇心为下顶角的倒三角形区域，适用于聚会的场合。亲密凝视区域在双眼到胸部之间，适用于亲人或恋人之间。

笑容：笑容一般可以分为三种：一是微笑，微笑是一种不露齿的笑，嘴巴不张开，也不发出声音；二是轻笑，嘴巴略微张开，不露出下牙，发出轻微的声音；三是大笑，大笑时嘴巴张得较大，上下牙齿均露出，并发出较大的声音。国际标准微笑是"三米六齿"，即对方在离你三米的时候就可以看到你标准迷人的微笑，面容祥和，嘴角微微上翘，露出上齿的六颗牙齿。

⑥手势

手势表现的含义十分丰富，要想正确地运用手势，应了解、熟悉交往对象和环境的文化特征，不同文化背景下手势的含义也不同。例如，跷起大拇指一般表示顺利或夸奖别人，但在美国和欧洲部分地区则表示要搭车。OK手势在美国表示同意、很好的意思，而在法国则表示"零"或"毫无价值"。

标准的手势规范：五指伸直并拢，腕关节伸直，手与前臂成直线，肘关节弯曲140°，男性可使用平行手，掌心斜向上方，手掌与地面成45°，身体稍前倾，肩下压，眼睛随手走，位于头和腰之间。

常见的手势：一是横摆式，在表示"请"的意思时经常采用横摆式。采用横摆式时，五指并拢伸直，掌心向上，手掌平面与地面呈45°，肘关节弯曲140°左右，腕关节要低于肘关节。做横摆式动作时，手从腹前抬起，至上腹部处，然后以肘关节为轴向右摆动，摆到身体右侧稍前的地方停住，同时身体和头部由左向右微倾斜，视线也随之移动，双脚并拢或成右丁字步，左臂自然下垂或背在身后，目视客人，面带微笑。二是直臂式，在给客户指示方向时可采用直臂式，采用直臂式时，五指并拢伸直，曲肘由身前向左斜前方抬起，抬到约与肩同高时，再向要指示的方向伸出前臂，身体微向左倾。三是曲臂式，曲臂式多见于服务人员一只手拿东西或扶住电梯门时使用。采用曲臂式时，五指伸直并拢，从身体的右侧前方，由下向上抬起，抬至上臂离开身体105°时，以肘关节为轴，手臂由体侧向体前的左侧摆动，摆到距身体20厘米处停下，掌心向上，手指尖指向左方，头部随着客户的移动从右转向左方。四是双臂横摆式，当来宾众多，向多人表示"请"的动作时可使用双臂横摆式。采用双臂横摆式时，两手五指分别伸直并拢，掌心向上，从腹前抬起至上腹部处，双手上下重叠，同时向身体两侧摆，摆至身体的侧前方，肘关节略弯曲，上身向前倾，面带微笑，头向来宾微点致意。

三位手势：一是高位手势，高位指头，适合于距客户5米以外；二是中位手势，中位指肩，适合于距客户2~5米左右，中位手势的使用最为普遍，在"请"客户进场，引导客户时均采用中位手势；三是低位手势，低位指腰，适合于距客户1米左右，在请客户坐下时，一般使用低位手势。

（二）职业礼仪

1. 介绍的礼仪

（1）自我介绍

与客户的沟通和交往常常从自我介绍开始。如寿险代理人首次打电话联系客户时应自我介绍，初次前往客户的办公室或登门拜访客户时也要自我介绍。自我介绍一定要力求简洁、清晰，以半分钟为宜，面带微笑，眼神淡定。想要结识对方，需要对方进行自我介绍时应注意一定要使用敬语，如"您贵姓？""请问如何称呼您？"。对方在做自我介绍时一定要仔细聆听，如果没有听清楚，应请求对方再重复一遍。

（2）介绍他人

为他人介绍通常是双向的，一般由社交活动中的东道主、社交场合中的长者、家庭聚会中的女主人、公务交往活动中的公关人员等进行。在正式场合，介绍内容以双方的姓名、公司、职务等为主。在宴会、会议桌、谈判桌上，介绍人和被介绍人可不必起立，被介绍双方可点头微笑致意。如果被介绍的双方相隔较远，中间又有障碍物，可举起右手致意，点头微笑致意。

（3）介绍的基本规则

一是先将男士介绍给女士。二是先将年轻者介绍给年长者。三是先将未婚女子介绍给已婚女子。四是先将职位低的介绍给职位高的。五是先将家庭成员介绍给对方。六是在集体介绍时，在被介绍者双方地位、身份大致相似，或难以确定时，应先介绍人数较少的一方或个人，后介绍人数较多的一方或多数人。若被介绍者在地位、身份之间存在明显差异，则身份、地位尊贵的人最后加以介绍。

2. 握手的礼仪

在寿险公司的营销活动和客服活动中，见面、道别、答谢、慰问等时均会用到握手，因此，熟悉握手的礼仪十分必要。

（1）握手的基本方法

握手的基本方法是在距离对方1米处，双腿立正，上身略向前倾，伸出右手，四指并拢，拇指张开与对方相握。在握手时，力度一定要适中，上下稍许晃动三四次，随后松开手，恢复原状。

（2）握手的基本规则

一是男女之间握手时，男士要等女士先伸出手后才握手，如果女士不伸手或无握手之意，男士只能向对方点头致意或微微鞠躬致意。二是宾客之间握手时，主人应先向客人先伸出手。三是长幼之间握手时，年幼的一般要等年长的先伸手。四是上下级之间握手时，下级要等上级先伸出手。五是当一个人需要与多个人握手时，应遵循一定的先后顺序，先年长者后年幼者，先长辈后晚辈，先老师后学生，先女士后男士，先已婚者后未婚者，先上级后下级，先职位、身份高者，后职位、身份低者。

（3）握手的禁忌

一忌用左手与人握手；二忌交叉握手；三忌戴手套握手（社交场合中女士着晚礼服，戴手套除外）；四忌戴着墨镜握手；五忌握手时另一只手插在衣袋中；六忌握手时上下抖动；七忌握手时面无表情，不置一词。

3. 交换名片的礼仪

（1）递送名片

①名片递送的方法

名片应放在名片夹中，并放置在易于掏出的口袋或皮包中。如果是坐着，应起立或欠身，然后用双方拇指和食指执名片两角，让文字正面朝向对方，面带微笑，注视对方，一边递送名片一边做自我介绍。

②名片递送的顺序

客先主后；身份低者先，身份高者后；当与多人交换名片时，应依照职位高低或年龄大小的顺序，由尊到卑，若无法确定对方的职务高低或年龄大小时，则可以和自己对面左侧方的人交换名片，然后按顺序进行。

（2）接受名片

接受对方名片时，无论男女都应该起身，面带微笑，双方接过名片并说"谢谢"，然后要阅读名片信息，阅读时可将名片上的重要内容，如姓名、职务、职衔念出声。如遇到不认识的字，应当场请教对方，随后将名片放进名片夹或皮包内。在接受对方名片后，应回敬一张自己的名片，如果没有带名片，则应向对方表示歉意。

4. 乘坐电梯的礼仪

（1）乘坐电梯的注意事项

一是在等待电梯到达时，应站在电梯按钮的一侧。二是与其他陌生人一起搭乘电梯时，进入电梯应遵循先到先进的原则。三是与熟人同乘电梯，尤其是与尊长、女士、客人同乘电梯时，应先进去，控制好电梯后，再礼貌地请其他人员进入。如果电梯是配有管理人员控制的，则应主动后进入电梯。在出电梯时，应先控制好电梯，待所有人出电梯后，再走出电梯。四是应该有序地按楼层按钮。如果距离按钮较远或电梯拥挤，可请就近的乘客帮忙按楼层按钮，碰到有人快步向电梯口走来时，应及时按住"开门"按钮等他人进来。五是进出电梯应遵循快进快出的原则。

（2）乘坐电梯的禁忌

一是忌在电梯内吸烟；二是忌在电梯内做一些私人行为，如化妆、吃东西等；三是忌在电梯交谈，应尽量保持安静。

5. 乘车的礼仪

（1）乘车时的座次

在正规的场合中，乘坐轿车时一定要分清座次的尊卑，在适合自己的地方就座。轿车座次的尊卑如表2.10所示。

表2.10　轿车座次的尊卑

座位由尊而卑依次	双排五人座轿车	双排六人座轿车
主人亲自驾驶轿车	副驾驶座、后排右座、后排左座、后排中座	前排右座、前排中座、后排右座、后排左座、后排中座
专职司机驾驶轿车	后排右座、后排左座、后排中座、副驾驶座	后排右座、后排左座、后排中座、前排右座、前排中座

资料来源：中国人寿保险股份有限公司教材编写委员会. 职业形象与礼仪［M］. 北京：中国金融出版社，2011：107.

（2）乘车时上下车顺序

如果是主人亲自驾车，一般都应该后上车，先下车，以便照顾客人。如果是专职司机驾车，则坐在前排时，应后上车先下车；若与其他人同坐于后一排，则应请尊长、女士、客人从右侧车门先上车，自己再从车后绕到左侧车门后上车，下车时应自己先从左侧下车，再绕行车后来帮助其他人；若乘坐带有折叠座位的轿车，则坐折叠座位上的人，应最后上车，最先下车；若乘坐三排九座的车，一般应是低位者先上车，后下车，高位者后上车，先下车；若乘坐多排轿车，则通常以距离车门的远近为顺序上下车。

五、实验内容

（1）实验形式：小组实验。

（2）实验用时：2 学时。

（3）指定实验内容：

①分小组进行仪态和职业礼仪的演练，并做好相应的记录（见表 2.11、表 2.12）。

表 2.11 仪态演练记录表

演练项目		演练人	观察员	存在的问题及建议
站姿	标准式站姿			
	后搭手式站姿（男士）			
	前搭手式站姿（女士）			
	丁字步站姿（女士）			
坐姿	正坐式坐姿			
	重叠式坐姿（男士）			
	架腿式坐姿（女士）			
	双腿斜放式坐姿（女士）			
	双腿交叉式坐姿（女士）			
蹲姿	高低式蹲姿			
	交叉式蹲姿（女士）			
面部表情	目光接触（公务凝视区）			
	笑容（三米六齿）			
手势	横摆式手势			
	直臂式手势			
	曲臂式手势			
	双臂横摆式手势			
	高位手势			
	中位手势			
	低位手势			

表 2.12　职业礼仪演练记录表

演练项目		演练人	观察员	存在的问题及建议
介绍	自我介绍			
	介绍他人			
握手	男士和男士握手			
	男士和女士握手			
	女士和女士握手			
交换名片	递送名片			
	接受名片			

②请认真阅读以下职业形象的相关案例，然后回答问题。

李玲馨是一家寿险公司团体保险业务部的业务人员，前段时间朋友为其提供了一企业需要购买团体定期寿险的信息，得到此信息后李玲馨立即与客户取得联系，客户应允三天内安排好时间后再打电话联系李玲馨。星期四的上午李玲馨身穿休闲服陪成都来的同学在北京路游玩，11 时 10 分接到了客户的电话，客户约其下午 2 点 30 分到其所在的办公大楼面谈。李玲馨接到电话后兴奋不已，在安排好同学后立即前往客户所在的办公大楼。刚见面时，此次团体保险购买业务的负责人张瑞泽主动递出了名片，李玲馨是直接从外面过来的，名片在公司，没有带在身上，场面有些尴尬。接到名片后，李玲馨直接将其塞到皮包中，然后坐在张瑞泽身边，同其谈起公司的团体定期寿险。张瑞泽面露不悦，而李玲馨则丝毫未有察觉，滔滔不绝地介绍公司的产品。3 点 30 分张瑞泽准备去开会，李玲馨想与其约定下一次面谈的时间，被张瑞泽直接拒绝了。

问题 1：业务员李玲馨此次的客户拜访是否成功？若不成功，其主要问题出在哪里？

问题 2：如果你是业务员李玲馨，你如何准备此次面谈？

③请认真阅读以下场景资料，并根据要求进行现场演练。

张欣欣是寿险公司的保险代理人，近期通过同学的介绍，认识了一家科技公司人力资源部的经理李海。在了解李海所在公司的基本情况后，张欣欣决定向李海推荐公司的一款团体补充医疗保险，张欣欣提前准备好建议书，并与李海约定在本月 20 日下午 2 点到达其所在的办公大楼去讲解团体补充医疗保险建议书，李海的办公室位于大楼的 16 层 08 号房。请根据以上信息，为代理人张欣欣塑造合适的职业形象和职业礼仪，现场模拟演练张欣欣拜访客户李海的过程。

六、实验方法和操作步骤

该实验采用案例分析与现场模拟演练相结合的方法进行。参加实验的同学每 6 人一组，先分项目对职业仪态和职业礼仪进行演练，掌握职业仪态和礼仪的实务技能，然后认真研读给定的案例资料，对案例中出现的职业形象塑造和职业礼仪问题进行分析，最后各小组根据给定的场景资料分角色进行客户拜访的演练。

步骤1：熟悉职业形象塑造的内容和技巧；

步骤2：掌握职业礼仪的相关知识和技能；

步骤3：认真研究给定的演练项目、案例和场景资料；

步骤4：根据职业仪态和职业礼仪的相关规范，分项目进行职业仪态和礼仪的演练；

步骤5：根据所学的职业形象和职业礼仪的相关知识，对案例中出现的职业形象塑造和职业礼仪问题进行分析；

步骤6：各小组根据给定的资料，为寿险公司的保险代理人设计合适的职业形象和职业礼仪，分角色模拟代理人拜访客户的场景；

步骤7：汇总相关资料，填写实验报告并上交。

七、实验注意事项

（1）注意仪态中男士与女士站姿、坐姿、走姿及蹲姿的不同；

（2）注意控制目光接触的时间；

（3）注意演练中要根据角色的身份设计合适的职业形象和职业礼仪。

八、参考文献

［1］韩婷. 职业形象与社交礼仪［M］. 北京：北京理工大学出版社，2017.

［2］李雪，饶静安. 职业形象礼仪［M］. 成都：西南交通大学出版社，2010.

［3］邵斌，张春雨. 商务礼仪与职业形象［M］. 南昌：江西高校出版社，2011.

［4］中国人寿保险股份有限公司教材编写委员会. 职业形象与礼仪［M］. 北京：中国金融出版社，2011.

实验五　客户咨询与投诉处理

一、实验目的

（1）了解客户咨询与投诉的概念和意义；

（2）掌握客户咨询的内容和业务处理流程；

（3）掌握客户投诉的类别和处理原则；

（4）掌握客户投诉的作业流程。

二、实验要求

（1）根据给定的客户咨询填写咨询登记表，须详细记录回答内容；

（2）结合教材中给出的案例填写申诉件受理、处理的相关表格。

三、实验环境（仪器、软件和材料）

（1）电脑；

（2）网络连接；

（3）Office 办公软件；

（4）实验素材。

四、实验前知识准备

（一）客户咨询和投诉的概念及意义

1. 客户咨询和投诉的概念

寿险公司的客户咨询是指目前已经在寿险公司购买保险产品的客户和未来可能在寿险公司购买保险产品的潜在客户就保险产品、展业服务、投保、承保和理赔等业务环节向寿险公司的客户服务人员进行咨询的过程。

寿险公司的客户投诉是指在寿险公司购买了保险产品的客户在公司展业、承保、核保、理赔等服务过程中认为保险公司侵犯其合法权益，对寿险公司提供的保险服务不满或有争议，通过各种渠道将不满或争议向保险公司表达其诉求，要求寿险公司予以协调处理的行为。

2. 客户咨询和投诉的意义

客户的咨询和投诉是寿险公司客户服务的重要组成部分，从售出保单到保单所有人和保险人关系终结，保单所有人可以就任何与保障有关的问题向寿险公司咨询，客户服务代表可以通过了解最常被问到的问题的答案向客户提供有价值的信息和帮助。投诉的资格人可以是保单的投保人、被保险人和受益人，客户投诉是维护和保障客户自身合法权益的一种合法、合理的途径。通过向客户服务中心投诉，客户可以向寿险公司提出产品销售或服务方面的建议，保险公司通过客户投诉管理可以改善和提升自身的客户服务质量。

（二）客户咨询的内容和作业流程

1. 客户咨询的类别和项目

客户咨询的类别和项目如表 2.13 所示。

表 2.13　客户咨询的类别和项目

编号	客户咨询的类别	各类别客户咨询的具体项目
A	保险条款	投保前保险条款的说明 保险责任和责任免除
B	展业承保	投保须知 犹豫期保单撤回的申请手续 投保单的填写规范 业务员的态度及行为
C	续期收费	缴费状况查询 首期及续期缴费的流程 收费人员的态度及行为
D	契约保全	保单状况查询 各项保全作业办理的流程和规则 保全服务人员的态度及行为
E	核保核赔	核保的情况 体检的条件 理赔申请手续 理赔时效 理赔争议
F	其他	附加价值服务 社会公益活动

2. 客户咨询的处理流程

客户咨询的处理流程如图 2.5 所示。

（1）客户咨询

客户向寿险公司的咨询主要可以通过四种方式：电话、信函、网络和亲访，其中电话是较为常见的方式。

（2）咨询受理

客户服务人员在接到客户咨询时，首先应核实对方的身份，若已在公司购买保险，则应在电脑中查询客户保单的状态及相关资料；然后依照咨询的先后顺序在"客户咨询登记表"（见附件 2.1）上进行登记；如果需要书面答复客户的，应呈送客户服务部门的主管审核后才进行相应的处理；若受理后发现是客户投诉件，则转入客户投诉的作业流程进行处理。

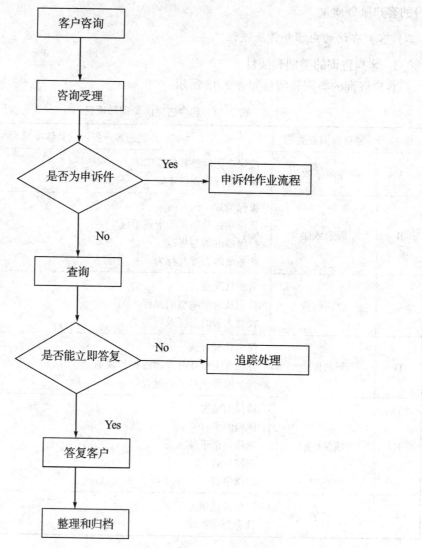

图 2.5　客户咨询处理流程图

（3）查询

客户服务人员进行电脑资料查询。对于客户咨询的问题，若在客户服务人员处理的权限内或能立即答复客户的，需立即答复客户。非咨询受理的客户服务人员权限所能答复或无法立即答复客户的，应由接件的客户服务人员向相关部门或人员咨询后进行答复。

（4）答复客户

对客户咨询的答复要及时和准确。不能立即答复客户的，应向客户说明理由，待了解清楚后，再主动联系客户进行答复。对于需要转请他人答复的咨询件，应由接件的客户服务人员负责追踪，以免因处理时间过长而引起客户的投诉。

（5）整理和归档

客户服务部定期按照客户咨询登记表对咨询件进行整理归档，按照公司规定次月对上月的咨询受理件按照咨询类别进行统计，填写客户服务咨询分类统计表。对于客户经常咨询的问题或典型的有代表性的咨询问题，客户服务部门将其整理编入"客户服务咨询处理范例"，以备日后查用。

（三）客户投诉的内容和作业流程

1. 寿险公司处理客户投诉的原则

寿险公司在处理客户投诉时，应秉持五个基本原则。一是合法原则。所谓合法，指的是在处理客户投诉时应遵照法律、法规和监管政策的要求，以保险合同内容为依据，查明事实、分清责任，公平协商。二是合理原则。所谓合理，指的是在处理客户投诉时应以客观事实为依据，综合考虑各种影响因素，合理妥善地处理各类投诉。三是诚信原则。所谓诚信，指的是不曲解合同的内容，不损害客户及保险代理人的正当权益，不向客户做出无法实现的和超越权限的服务承诺。四是效率原则。所谓效率指的是处理客户投诉时应遵循公司规定的时限，在限期内恰当、迅速地处理争议。五是保密原则。所谓保密是指寿险公司应对投诉人及相关案件信息进行严格的保密。

2. 寿险公司客户投诉的主要类型

寿险公司的客户投诉类型可分为十二个类型，具体如表2.14所示。

表 2.14　寿险公司客户投诉的分类

编号	投诉类型	具体表现
A	展业类	展业类投诉主要是与寿险公司的营销员展业服务和展业规范相关的投诉。具体表现为营销员在展业过程中未按公司相关业务规定向客户宣传或提供投保服务，以及在展业中误导、欺骗客户等非诚信行为引起的投诉
B	营销人员/营销机构服务类	营销人员/营销机构服务类投诉主要是客户对营销人员/营销机构的保单服务等内容不满意。具体表现为由于公司未按照服务承诺为客户提供相应的售后服务，泄露客户信息以及因营销员专业素质和服务态度无法满足客户要求等原因而引起的投诉
C	柜面形象类	柜面形象类投诉主要产生在柜面服务场所。具体表现为由于对公司柜面设施不完善、不能按公司规定时间营业、柜面服务人员态度/礼仪/专业素质差、柜面秩序混乱等原因不满意而产生的投诉
D	承保类	承保类投诉主要产生于保单承保环节。具体表现在由于保险合同录入/打印及装订错误、未按规定及时为客户出具保单、遗失客户投保和核保资料、出单时间过长或核保结果客户不满意等原因而引起的投诉
E	保全类	保全类投诉主要产生于保全环节。具体表现在由于未按公司规定处理保全业务或处理错误、保全业务处理效率低、保单转移时间过长、附加险不能续保或被要求加费续保等原因而引起的投诉
F	理赔类	理赔类投诉主要产生于理赔环节。具体表现在客户对理赔处理时间过长不满意、理赔结果不满意、理赔资料烦琐、理赔金计算错误以及公司遗失客户理赔资料等情况不满意，要求公司予以处理的投诉件

表2.14(续)

编号	投诉类型	具体表现
G	电话类	电话中心类投诉主要是客户对寿险公司的电话服务不满意。具体表现为对电话客户服务代表的专业素质/服务态度不满意、自动语音服务不满意、服务内容有限、问题处理效率不高等问题不满意而引起的投诉
H	保险产品类	保险产品类投诉主要是投保人对寿险公司的保险合同条款表示不满意。具体表现为对重大疾病定义范围/理赔规定不满意、对费用补偿性保险产品的条款责任/补偿范围不满意、对代理业务条款规定不满意、对保单借款规定或条款等不满意而引起的投诉
I	收付费类	收付费类投诉主要是对寿险公司的各种收付费服务不满意。具体表现为客户对寿险公司的收付费处理时间过长、收付费错误、银行转账、交费发生差错、客户不能及时领取款项、交费后不能及时领取发票、收付费票据内容错误等表示不满,要求公司予以处理的投诉件
J	通知服务类	通知服务类投诉主要是对寿险公司的各种通知不满意。具体表现为客户对公司各类通知不及时、通知内容有误、收不到公司的有关通知导致保单失效等原因而要求公司予以处理的投诉件
K	系统类	系统类投诉主要是客户对系统差错以及系统效率慢不满意。具体表现为投诉人对系统准确性有误、系统问题导致业务处理效率慢等原因而要求公司予以处理的投诉件
L	其他类	其他类投诉件主要是指除了上述类型以外的其他情况、包括客户对公司的各类宣传途径不满意、对公司的投资收益率不满意、对泄露客户隐私的部门、对公司或代理机构网点少不满意等而引起的投诉

资料来源:孙祁祥,周新发. 健康保险客户服务〔M〕. 北京:中国财政经济出版社,2018.

3. 客户投诉的处理流程

(1)客户投诉

客户向寿险公司投诉主要通过电话、传真、信函、网络以及亲访等方式。

(2)受理客户资料

客户服务人员在接待投诉的过程中,对于电话投诉,应对投诉人的投诉事由进行复述确认,同时在客户投诉管理系统内详细记录投诉类服务单(见附件2.2),投诉类服务单主要包括客户投诉事项及反映的主要问题、客户保单的基本信息、客户联系电话等。对于客户亲访投诉,应详细记录投诉人的诉求,并请投诉人在来访受理表(见附件2.3)上签名加以确认。对于电子邮件或信函投诉件,客户服务人员应在1个工作日内联系告知客户,并在客户投诉管理系统中详细记录投诉类服务单。对于重大、疑难等敏感投诉案件以电话方式回复的,应注意保存相关的录音文件。

(3)投诉立案

对于按照公司规定出具相关证明文件和资料的,接案的投诉处理人员给予立案,并向投诉人确认公司已经受理其投诉。对于上级公司、监管部门和其他部门投诉处理协调员转办的和本机构非客户服务部门受理的客户投诉案件,由本级公司投诉处理人员在1个工作日内向投诉人确认公司已经受理其投诉。

投诉立案后，投诉处理人员应在受理当日在客户投诉管理系统中对投诉涉及的主要部门进行任务分派，主要处理部门认为需要其他部门协助处理的，由主要处理部门发出客户服务投诉会办单（见附件2.4）请求其他部门协助处理。

（4）反馈案件处理进展

投诉处理经办人员一般每5个工作日就需要向客户反馈案件处理进展。对于复杂的案件，通常来说，每7个工作日需向客户反馈1次案件进展情况或案件的最终处理意见。

如果需要书面向客户反馈处理意见，则由投诉部门填写客户投诉处理意见书（见附件2.5），客户服务部门会签，当地公司法务审核，确认无误后方可将处理决定及时送达客户，并督促相关部门及人员实施。

（5）反馈处理结果

调查核实投诉案件后，投诉处理人员应将处理结果及时向客户反馈。对于接受公司处理意见的投诉案件，相关涉案部门协助客户办理相关后续处理手续；对于不接受公司处理意见、影响较大的投诉案件，应提交客户投诉工作协调委员会，本级公司客户服务部门则做好客户的解释和安抚工作。客户对处理结果不满意的，可以向上级公司或保险监管部门进行申诉，申请复议。

（6）结案

客户投诉的结案分为有责投诉、无责投诉和转诉讼投诉。寿险公司与客户达成一致意见，投诉得到处理，客户认可公司的处理意见时，可进行结案。客户不同意投诉处理结果的，经当地公司客户投诉工作协调委员会认定，确认公司的处理结果是合法合规的，也可以结案。寿险公司总部对于已结案的投诉案件将不定期开展抽查。结案的投诉件应填写结案报告（见附件2.6），结案报告内容应当全面，内容包括客户保单基本信息、投诉事项及反映的主要问题、根据投诉问题所进行的调查情况，涉及经济利益纠纷或有违法违规金额的要列明具体数额等。

（7）重大投诉案件上报

对于当地分支公司确实无法处理，需要省公司甚至总部给予支持的重大疑难投诉，可上报至上级公司进行处理，同时在客户投诉管理系统中记录流转及处理意见。

4. 客户投诉的时限规定

通常情况下，属于客户服务部门内部处理的投诉案件，必须在3个工作日内处理完毕；需其他部门处理的投诉案件，必须在7~15个工作日内完成；重大疑难案件需在30个工作日内完成。

客户投诉处理的具体流程如图2.6所示。

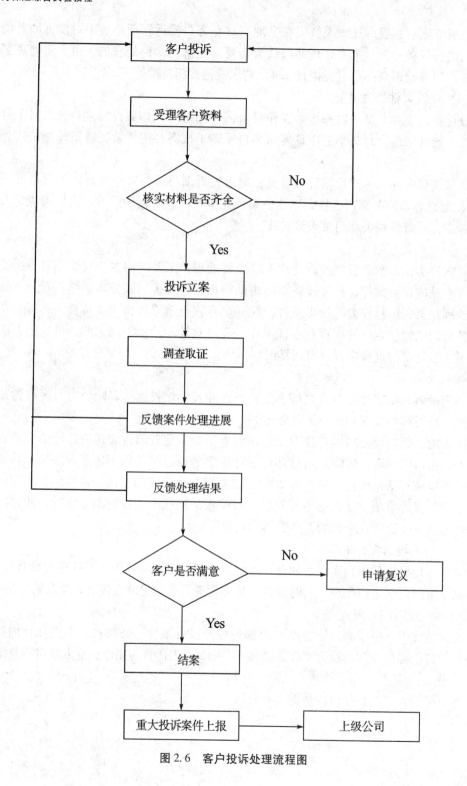

图 2.6 客户投诉处理流程图

五、实验内容

（1）实验形式：个人实验

（2）实验用时：2 学时

（3）指定实验内容如下：

①保单咨询

根据表 2.15 提供的素材资料，模拟保单咨询处理过程，并填写相关单证。

表 2.15 客户咨询的相关资料

咨询日期	咨询者姓名	保单号码	咨询主要内容
2019-01-5	张玲		购买洪福定期两全保险可以有什么保障？我是一名23岁的女性，在公司做文员，像我这种情况买该保险大概要多少钱？
2019-01-15	张飞	20190113568745	我三天前在你们公司购买了一份洪福定期两全保险，现在不想买了，能不能退掉？会不会扣什么费用？
2019-01-20	王翔	20160201056897	48岁那年我投保了你们公司的康泰重大疾病保险，保险金额为100 000元，现在已经缴了3年的钱了，能不能查询下目前我保单的现金价值是多少？
2019-01-22	孙强	201305086987456	5年前我在你们公司投保了一份保险，保险期是20年，今年搬家的时候保险合同不小心丢失了，现在该怎么办？以后我发生保险事故还可以理赔吗？
2019-01-28	刘春林	201809258963754	2018年9月25日我在你们公司投保了一份保险金额为10 000元/年的住院补偿医疗保险。2019年1月18日，我因病住院治疗了7天，现在想向公司申请这笔医疗费用的报销，请问应怎么办理？
2019-01-29	张新锐	201809125689743	2018年9月12日我在你们公司购买了一份分红保险，现在准备退保，请问有没有红利分？若有，是多少？
2019-01-29	王华	201508259635874	2015年我在你们公司购买了一份终身寿险，保险金额为150 000元，2月份我要结婚了，想申请增加20%的基本保额，请问能否办理？若能，需要提交哪些资料？

②申诉案件处理

根据给定的案例资料，模拟保单申诉处理过程，并填写相关单证。

2010 年 12 月客户陈明珠通过代理人张晓霖购买了一份分红型两全保险，保险金额为 35 952 元，年缴保费 40 000 元，缴费期限 3 年，陈明珠已经按照合同约定缴清了 3 年保费共计 120 000 元，合同处于正常有效状态。但合同成立并生效以来，陈明珠发现该险种的生存金领取是以基本保险金额 35 952 元为基础，而非自己认为的已缴保费 120 000 元为基础，如此计算，平均年收益率仅有 1.49%（35 952×10%÷2÷120 000），此收益率和业务员销售时所讲的 5% 的收益率完全不吻合。陈明珠购买该保单的目的主要是为了用保单收益来补贴自己父亲的养老费用，既然现在的保单不能达到预期的收益，因此陈明珠要求保险公司退保，但现在退保，将会损失 44 000 元。陈明珠认为在产品销售时业务员夸大了收益，用"年收益不低于5%"和"百分之百分红"的说法进行误导销售，要求保险公司全部退还保费。

陈明珠认为：①保险公司利用客户不熟悉保险专有名词做高利息的虚假宣传来吸引消费者上当；②利用客户不熟悉保险合同条款和保险专有名词玩弄文字游戏，偷换概念以达到误导消费者签署合同并错过犹豫期；③保险公司的电话回访流于形式，没有对关键字眼做提示和解释；④保险公司对业务员是否合格没有严格的考核机制，使业务员在利益的驱使下急功近利误导消费者。

保险公司调查后发现"个人保险投保单"和"人身保险投保提示书"为投保人陈明珠亲笔签名，投保单上的风险提示语为投保人抄写并签名。公司客户服务人员在犹豫期内完成后了回访，投保人在接受回访时，对相关保单信息、保险责任、除外责任、10天犹豫期、退保规定及投保资料签名等主要保单权益均表示了解或无异议。保险公司认为该业务投保程序规范，销售过程中未发现销售误导行为。2014年4月20日保险公司给出处理意见：如果代理人承认销售误导，那么公司将全额退还保费给客户，退还费用后，公司将通过法律途径向业务员进行索要；如果业务员不承认销售误导，因所有保单均为陈明珠亲笔签名认可，且公司已经进行回访，保单过了犹豫期后，只能退还保单的现金价值，客户将损失 44 000 元。陈明珠接到处理结果后，对其处理结果不满意，于是又向上级公司申诉。

总公司纠纷处理员在与涉案各方沟通后，重点向业务员张晓霖了解情况。张晓霖承认在销售保单的时候对公司产品的了解还不充分，主管告诉其"两年收益10%，一年5%"，比银行利息还高，因此她也如此向客户描述，当时其也不知道两年收益10%，这个收益计算的基础是基本保险金额，而不是客户缴纳的保险费。张晓霖认为自己之所以会有这样的说法，完全是受到主管的影响，自己当时刚加入公司不久，主管说什么她就信什么，自己并没有责任，她不应该承担这笔损失，如果要她出具书面的证据，她也不会出具。

纠纷处理员在反复地同分公司、客户陈明珠和代理人张晓霖沟通，调查取证后，获得如下结论：①客户陈明珠在保单订立中有疏忽的责任，其本人也意识到这一点；②分公司亦考虑从客户的实际情况出发，愿意给予客户适当的安抚金，但作为公司业务员为公司带来的损失，公司支付的佣金（税后）需要业务员退回。因为业务员早已离职，因此由本人与业务员进行协商，协商后其同意退回代理佣金 4 400 元，但要求直接支付给客户。2014年6月4日最终形成了双方均满意的处理结果：保险公司补偿客户损失的30%，即 13 200 元，作为安抚金给予，其中 4 400 元由代理人直接支付给客户，剩余的 8 800 元由保险公司在客户退保时连同退保金一起给予，其余损失客户陈明珠自行承担。

该投诉的相关信息如表2.16所示。

表 2.16　保单投诉的相关信息

保单号码：	201101023589745	投保人：	陈明珠	被保险人：	陈明珠
投保险种：	福禄双喜两全保险（分红型）	合同生效日：		2011 年 1 月 2 日	
年缴保费：	40 000 元	保险金额：	35 952 元	缴费期限：	3 年
保险期间：	28 年	保单状态：	有效	缴费情况：	保费已交清
联系电话	135×××5890	联系地址：	广州市海珠区新港东路 358 号 1608 室		
邮政编码：	510230	电子邮箱：	chmin××××@ 163.com		
投诉人：	陈明珠	投诉方式：	亲访	投诉日期：	2014 年 4 月 8 日
立案日期：	2014 年 4 月 8 日		申诉日期：	2014 年 5 月 20 日	

（4）可选实验内容如下：

①保单咨询

根据表 2.17 提供的素材资料，模拟保单咨询处理过程，并填写相关单证。

表 2.17　客户咨询的相关资料

咨询日期	咨询者姓名	保单号码	咨询主要内容
2018-12-03	李林		购买康泰重大疾病保险有什么保障？我是一名 45 岁的男性，在煤气公司做抄表员，像我这种情况购买保险每年大概需要多少钱？
2018-12-03	赵玉霞	20181108568745	2018 年 11 月 8 日我老公在你们公司投保了一份两全保险，同时附加了意外伤害保险。现在我们不想买这份保险了，请问能不能退掉？会不会扣除什么费用？
2018-12-10	林凯	20181210056897	林凯所在的公司为其投保了团体健康保险，林凯被诊断患有重度肥胖并罹患有糖尿病，医生建议其进行胃肠分流手术，其向公司咨询这一费用是否属于团体健康保险的保障范围？
2018-12-15	孙武		我今年 38 岁，准备在你们公司投保一份终身寿险，保险金额 300 000 元，你们公司的体检规定是怎样的？像我这样的情况需不需要体检？
2018-12-25	徐庆		我准备在你们公司为我的女儿投保一份两全保险，我女儿今年 10 岁，3 年前已经在其他公司投保了 5 万元的寿险，听说小孩买保险的保额有限制，像我女儿这种情况还可以购买多少保额的保险？

②投诉案件处理

根据给定的案例资料，模拟保单申诉处理过程，并填写相关单证。

2009 年 7 月 13 日，客户王明到保险公司反映 2008 年其去银行办理业务时，保险公司业务员吴章华以银行职员的身份向其推荐"一年期理财产品"，王明在吴的劝说下投入了 60 000 元，合同生效日为 2008 年 10 月 5 日，等拿到合同后王明才发现这个所谓的理财产品是"投资连接保险"。得知理财产品的真相后，王明找吴询问，但听吴章华说保险合同可以提供 100 000～120 000 元的保障及其他多项利益，于是暂时搁置没有处理。在这之后，王明多次找吴，先后从账户里分几次提取了 43 000 元，王明以为自己还有 20 000 元在保险公司未提取，谁知一查询才知道实际只剩余约 3 000 元，王明遂找到公司，希望公司"开恩给予退钱"。接到王明的申诉后，保险公司立即找到相关人员调查情况，表 2.18 给出了该案件处理的进程。

表 2.18　王明投诉案件处理进程一览表

申诉人：	王明	保单号码：	0009876543566
申诉方式：	亲访	投保人：	王明
被保险人：	王明	申诉日期：	2009 年 7 月 13 日

处理情况汇总	
时间	处理情况
2009 年 9 月 14 日	(1) 通过客服部门与客户的沟通及客观情况得知以下信息：①客户是年过七旬的退休老人，对投资连结保险等复杂的保险产品根本没有理解能力，客户只知道存钱进来会有比银行利息更高的收入；②客户没有风险承受能力；③客户曾多次到公司咨询有关保单情况，均由吴某接触并做了安抚，也办了一些提取。 (2) 14 日下午 15：00，经过客户服务的查询，当时保单的基本状况是：①客户投保的投资连接保险，初始投资额为 60 000 元；②保单于 2008 年 12 月 31 日、2009 年 1 月 12 日、2009 年 2 月 13 日分别提取了 2 887.78 元、38 254.84 元、2 472.94 元，共 43 615.56 元，现账户余额约 3 300 元。 (3) 经查，原代理人吴章华已经离职，公司要求他与客户联系并做好安抚工作，其不配合，无果。
客户服务部分析与建议：经过 9 月 14 日的调查，客户服务部给出意见和建议是：①投保人王明投保时是 74 岁的老人，对投资连接这样的新型寿险根本没有理解能力，代理人在销售的时候明显存在目标客户选择错误及宣传误导的失误；②按照公司的核保规程，74 岁的老人购买投资连接保险，最高的金额是 50 000 元，承保时，核保部确实发出了照会，客户也回复了照会，同意降低到 50 000 元，核保按客户的回复文件同意以 50 000 元承保，但操作时仍按照 60 000 元承保，属于公司核保失误；③因客户情况特殊，加上公司在承保中存在失误，建议给予客户适当的补偿，补偿金额可与客户协商，请领导审批。	
公司批复：14 日 16：00，公司领导批复客户服务部申请文件："同意以上分析及处理意见，请总公司投诉部处理"。	
总公司投诉部处理意见：鉴于客户年龄较大，为避免矛盾扩大激化，同意投诉处理岗的处理意见，请先调取新单回访结果等相关证据，调查业务人员是否确有误导行为，然后分公司可依之再与客户协商后报总公司审批。	
2009 年 9 月 15 日	投诉岗请财务部查询该保单所发生的相关费用，经查询该笔银行保单银行手续费是 1 500 元，业务员佣金是 4 200 元。之后，投诉处理岗定好在 9 月 28 日与王明进行当面洽谈。
2009 年 9 月 28 日	投诉处理岗于 9 月 28 日在分公司办公室与客户王明进行了 3 个多小时的沟通，客户一再强调：①吴章华一直是以银行经理的身份对客户进行销售和服务的，客户记得有吴某任职该行经理的名片；②保单满一年的时候，王明曾向吴某提出满期退出该"理财产品"，但吴某说亏了 10 000 多元，劝客户不要着急退出，并说先给予其一些"利息"，实际上是帮客户进行了账户提取，一直拖延客户。

表2.18(续)

	投诉岗分析与建议：2009 年 10 月 9 日，投诉处理岗已基本查明案情，基本情况如下：①王明说吴某以银行经理而非保险公司职员身份向其销售产品，但无法提供其任职银行经理的名片；②2009 年年初，客户确实多次到公司亲自办理账户提取业务，但不能从书面证据上证实吴某误导其提取；③吴某已经离职，在此案处理的过程中其不予配合；④在此单的销售中，银行获取手续费 1 500 元，吴某获得佣金 4 200 元。鉴于本案中客户年岁已高，且公司核保中也存在失误，吴某在销售及售后服务中也存在误导，但其在此案中极不配合，无法取证。综合考虑下，建议公司给予客户（4 200+1 500=5 700 元）补偿，其中 4 200 元向吴某追回，1 500 元向银行扣回。请领导批示。
2009 年 10 月 9 日	公司领导指示投诉处理岗做一次客户的家访，详细了解客户情况，以便进行风险评估。
2009 年 10 月 11 日	投诉处理岗工作人员下午到达客户家进行了家访，了解到以下情况：①客户住所比较简陋，家具电器都很陈旧，居住环境不佳，两房一厅，王明同老伴及无劳动能力的儿子同住；②客户身体状况不佳，在该案处理中曾住院一次。
	投诉岗意见与建议：根据公司投资连接保险核保规定，65 岁以上人士仅能购买 5 万元，核保过程中曾发照会要求客户减保，客户也曾用补充文件更改为 5 万元，但核保失误仍按 6 万元承保，建议公司按照客户投保时的意愿为 50 000 元，公司将多收取的 10 000 元退还给客户，请领导批示。
2009 年 10 月 12 日	公司领导批复投诉岗处理意见：同意投诉岗处理意见，原因在于：①在与客户多次接触以及实地查访的情况分析中，我们判断客户的投诉是合情合理的；相反，将投资连接保险销售给资金实力单薄的年逾 70 的老人的做法是欠妥的，我们不能因为客户的理性投诉而态度强硬，客户的不理性而失去原则。②从内部流程及规则的执行情况看，核保有失误。为妥善处理此案，可追溯核保阶段，只承保 50 000 元，其中产生的投资损失由公司和客户分担，公司向客户退还多承保的 10 000 元。

六、实验方法和操作步骤

采用理论结合实际的方法，在认真研读相关给定资料的基础上提取相关信息，完成相关凭证的处理。

步骤 1：了解处理客户咨询的业务内容和业务处理流程；

步骤 2：了解客户投诉的类别、处理原则和业务处理流程；

步骤 3：认真研读给定材料的相关内容并提取必要信息；

步骤 4：在给定资料的基础上填写相关凭证并处理；

步骤 5：将凭证汇总，并提交实验报告。

七、实验注意事项

1. 所有表格填写的内容必须以本实验所提供的背景资料中提供的材料为基础；

2. 背景资料中未提及的部分，由学生根据已有知识经过小组协商后酌情填写。

八、参考文献

［1］孙祁祥，周新发. 健康保险客户服务［M］. 北京：中国财政经济出版社，2018.

［2］中国人寿保险公司网站：http://www.e-chinalife.com/.

［3］平安人寿保险公司网站：http://life.pingan.com/.

附件 2.1

客户咨询登记表

编号	咨询者姓名	受理时间	保单号码	咨询种类			内容摘要	答复内容
				A	B	C		
				D	E	F		
				A	B	C		
				D	E	F		
				A	B	C		
				D	E	F		
				A	B	C		
				D	E	F		
				A	B	C		
				D	E	F		
				A	B	C		
				D	E	F		
				A	B	C		
				D	E	F		
				A	B	C		
				D	E	F		
				A	B	C		
				D	E	F		
				A	B	C		
				D	E	F		

分类项目：A 保险条款、B 展业承保、C 续期收费、D 保单保全、E 核保核赔、F 其他

附件 2.2

投诉类服务单

保单基本信息	保单号码	生效日	投保人	被保险人	缴别	保费	近缴日

客户基本信息	投诉人	□投保人　□被保险人　□受益人　□其他_____	
	联系电话		手机	
	邮政编码		电子邮箱	
	联系地址		

投诉方式	□电话　□传真　□信函　□网络　□亲访

客户投诉的类型	□展业类投诉　　　□销售人员/销售机构服务类投诉 □柜面形象类投诉　□承保类投诉 □保全类投诉　　　□理赔类投诉 □电话类投诉　　　□公司产品类投诉 □收付费类投诉　　□通知服务类投诉 □系统类投诉　　　□其他类投诉

客户投诉的事项	1. 投诉对象： 2. 投诉摘要：

经办：_____　　审核：_____　　受理日期：___年___月___日

附件 2.3

来访受理表

编号：_____

来访日期：_____年____月___日

来访人	姓名	与保户关系	联系电话	联系地址		

保单状况	保单号码	生效日	投保人	被保险人	缴别	保费	近缴日

1. 投诉对象：

2. 投诉摘要：

3. 处理结果：

主管：_____   复核：_____   经办：_____

附件 2.4

客户服务申诉会办单

受文者		____年___月___日保单询字第_____号	
副本受文者		附件	共___页
投诉人	□投保人　　□被保险人　　□受益人　　□其他		
保单号码		投诉对象	

1. 投诉内容摘要：_____

_____

_____

_____

2. 要求协助处理事项：

□请贵单位查明详细经过，并联系客户进行说明处理，若客户并无追究，请出具撤回投诉同意书

以便结案。

□营销员：填写展业报告书及贵单位处理报告书，呈主管确认签章后回复。

□收费员：填写收费报告书、相关资料及贵单位处理报告书，呈主管确认签章后回复。

□保全作业经过报告书，呈主管确认签章后回复。

□其他

3. 为确保客户服务质量，请尽快处理并于_____年_____月_____日前回复，谢谢您的协助！

主管：		复核：		经办：	
受文单位答复事项			____年___月___日字第_____号		

1. 来文收悉。

2. 处理摘要及客户需求答复如下：

_____

_____

_____

_____

_____

主管：_____　　　　复核：_____　　　　经办：_____

附件 2.5

客户投诉处理意见书

投诉人:			投诉日期:	
投诉事由摘要:				
投诉处理意见:	复核:_____ 经办:_____ 日期:_____年___月___日			
客户服务部门意见:	签章:_____ 日期:_____年___月___日			
法务部门审核意见:	签章:_____ 日期:_____年___月___日			

附件2.6

结案报告

立案时间：_____年___月___日　　　　　　结案时间：_____年___月___日

保单基本信息	保单号码	生效日	投保人	被保险人	缴别	保费	近缴日

客户基本信息	投诉人	□投保人　□被保险人　□受益人　□其他_____		
	联系电话		手机	
	邮政编码		电子邮箱	
	联系地址			

投诉方式	□电话　　□传真　　□信函　　□网络　　□亲访
投诉事项内容	
调查取证情况	
主要处理经过	
处理结果	

报告人：_____　　　主管：_____　　报告日期：_____年___月___日

第三章　寿险公司的承保

实验六　人身保险投保单的认识及填写

一、实验目的

（1）熟悉投保单的填写方法及注意事项，能根据给定的材料填写人身保险投保单；

（2）掌握投保规则，能对填写的投保单进行审核；

（3）掌握代理人报告书的填写。

二、实验要求

（1）了解投保单这一保险合同初始文件的构造及功能；

（2）了解投保单与核保、售后服务和保单效力等相关知识的联系。

三、实验环境（仪器、软件和材料）

（1）电脑；

（2）Internet 网络连接；

（3）Office 办公软件；

（4）投保单填写素材；

（5）人身保险软件平台。

四、实验前知识准备

（一）投保单的构成及投保单涉及的主体

投保单又被称为"要保申请书"或"投保书"，是投保人向保险人申请订立合同的书面要约。投保单涉及的主体包括投保人、被保险人以及受益人，各主体的特征如表 3.1 所示。

寿险公司不同，其投保单的设计也会略有差异，但主要内容基本一致。寿险公司往往针对不同类别的产品设计不同的投保单，如人身保险投保单、万能险投保单、投资连结保险投保单及意外与健康保险投保单等，接下来我们将以人身保险投保单为例进行详细的填写说明。

表 3.1 投保单涉及的主体及其主要特征

投保单主体	主要特征
投保人	（1）具有完全民事权利能力与行为能力； （2）对被保险人具有保险利益； （3）具有持续缴纳保险费的能力； （4）是合同的当事人； （5）拥有合同规定的各项权益。
被保险人	（1）人身受保险合同保障的人； （2）是合同的关系人； （3）被保险人只能是有生命的自然人，不能是法人； （4）享有保险金请求权及合同规定的其他权益。
受益人	（1）必须由被保险人或投保人指定； （2）法律对受益人资格并无限制； （3）受益人多为投保人或被保险人，或与其有特定关系的自然人； （4）享有保险金请求权； （5）可为一人或数人； （6）是合同的关系人。

（二）投保单的填写

1. 填写基本要求

投保单上的每一栏目内容都必须填写，空项用斜线“/”表示。投保单填写一律使用正楷简体字，字体要工整，字迹要清晰，不得漏填。投保人的填写使用蓝黑色、黑色钢笔或签字笔填写。投保单要保持整洁，不可修改，不可撕开后重新粘贴。

2. 填写栏目及填写说明

（1）A 栏：被保险人资料。被保险人是在人身保险合同中人身受保险合同保障、享有保险金请求权的人。A 栏填写项目如图 3.1 所示。

A. 被保险人

姓名：	□男性□女性	身份证号码（护照号码）	
出生日期： 年 月 日	年龄： 周岁	□单身 □已婚 □鳏寡 □离婚	国籍：
住所：		邮编：	
电子邮件信箱：	联系电话： 日间：	夜间：	手机：
服务单位名称：		公司业务性质：	
工作地址：		电话：	邮编：
职业代码：		职位：	职务内容：

图 3.1 A 栏填写项目

A 栏填写说明如下：

①姓名：姓名的填写必须与被保险人身份证上的姓名一致，因此应在核对客户身

份证后再填写。

②性别：性别应按照实际正确填写，该项目的填写会影响被保险人所缴交的保费。

③身份证号码/护照号码：身份证或护照号码是证明客户身份的标识，从号码中的数字可以知道客户身份证的签发地、客户的出生年月日及性别等资料，保险公司一般都规定客户可通过该号码向其查询保单资料。客户提供的证件必须在有效期限内，应注意核查。此外，对于特殊客户，寿险公司的一般规定有：3周岁以下（含3周岁）未成年人投保需提供出生证明或户籍证明；所持证件类型为非中国大陆身份证的，如：港澳台胞、外籍人士、军队人员等需提供护照、身份证、军官证等；残疾人员投保需提供残疾证明；怀孕12周以上孕妇投保需提供产前检查报告。

④出生日期：被保险人保费的计算以实际周岁为准，出生年月日的填写对于核实客户的周岁很重要。如签单的次日客户才满35周岁，则该单以34周岁作为保费的计算年龄。若客户在35周岁生日当天签署投保单，则以客户的实际周岁，即35周岁为基准计算保费。在填写出生日期时，应核实出生日期的年月日是否与身份证号码上的出生日期相符，若有不同，应附上客户身份证复印件。

⑤年龄：被保险人的年龄按照身份证上的出生日期来计算，以实际周岁年龄为准。另外，需特别注意客户年龄是否符合所投保产品的年龄要求。

⑥婚姻状况：婚姻状况是寿险公司要了解的被保险人的事实资料之一，在相应选项中勾选即可。应注意婚姻状况和"投保人与被保险人关系"不能冲突，如关系为"配偶"，则婚姻状况不能为"未婚"。

⑦国籍：按被保人实际所属国籍填写，若提供的证件号码为身份证号，则国籍应为中国。

⑧住所：住所指被保险人现时的住所，填写时应尽量详尽，准确到街道和门牌号，以确保当其作为通信地址时，寿险公司的函件能及时准确送达。

⑨邮政编码、电子邮箱及电话：为了方便联系客户，应按实际情况填写清楚此部分内容。

⑩服务单位名称：填写被保险人现时就职单位的全称。

⑪公司业务性质：说明所从事的是哪个行业的工作，如服务单位是银行，则填写"金融服务"；服务单位是饭店，则填写"餐饮服务"等。

⑫工作地址：填写现时工作的地址，由于工作地址也可作为通信地址，所以填写要尽量详尽，准确到街道和门牌号。

⑬职业代码：职业代码可以帮助核保人员直接了解被保险人的职业风险等级，该代码的填写可查询保险公司的"职业等级表"。

⑭职位与职务内容：职位是指任职的岗位、头衔，如：律师、医生等。职务内容指所从事工作的具体内容。该部分的填写需详细明确，以方便核保人员确定风险等级。在职务内容一栏里，应详述客户的具体工作内容，如：工人的应注明是装配工、水电工、车床工等；司机应注明是救护车司机、出租车司机、工程卡车司机等。

（2）B栏：投保人资料。投保人是指与保险公司订立保险合同，并按照保险合同的规定负有支付保险费义务的人，投保人也可以是被保险人。B栏填写项目如图3.2所示。

B. 投保人（如投保人为被保险人本人，可免填本栏）

姓名：	身份证号码 （护照号码）													国籍：
														与被保险人关系：
住所：												邮编：		
电子邮件信箱：			联系电话：日间：				夜间：			手机：				

图 3.2　B 栏填写项目

B 栏填写说明如下：

①同一张投保单上，若投保人与被保险人为同一人，则此栏可不必填写。

②若被保险人与投保人非同一人，则将投保人的姓名以正楷填入此栏，正确填写身份证号码，并填写与被保险人的关系，如配偶、父女、母子等。

《保险法》第 31 条规定，投保人对下列人员具有保险利益：本人；配偶、子女、父母；前项以外与投保人有抚养、赡养或者扶养关系的家庭其他成员、近亲属；与投保人有劳动关系的劳动者。除前款规定外，被保险人同意投保人为其订立合同的，视为投保人对被保险人具有保险利益。

③其他项目填写要求与被保险人栏目要求一致。

（3）C 栏：通信地址。寿险公司对于通信地址的填写和确认十分重视，公司承保后信函的邮递将以该地址为准，同时，保险公司的承保业务有一定的区域范围，因此通信地址的填写需与此规定相吻合。C 栏填写项目如图 3.3 所示。

C. 通信地址（若未勾选，以投保人住所为准）

□同投保人住所　　　　　□同被保险人住所	为确保您的权利，请慎填此栏，以利本公司所发之通知及时送达。					
□同被保险人单位地址　□其他地址：	邮编：					

图 3.3　C 栏填写项目

C 栏填写说明如下：

填写通信地址时，投保人可以在栏目内勾选，可以选择与投保人住所地址相同，可以选择与被保险人住所地址相同，或者重新填写其他地址，填写其他地址时同样要求详尽，邮编填写要求准确，不接受以业务人员地址为通信地址的填写。在投保单上，若未对通信地址做勾选，则寿险公司默认以投保人住所为通信地址。

（4）D 栏：身故保险金受益人。受益人是指人身保险合同中由被保险人或者投保人指定的享有保险金请求权的人。一般寿险公司指定，身故保险金受益人必须是被保险人的父母、子女、配偶或法定监护人，法定监护人需提供法定监护证明。除另有声明外，若不填写受益份额，身故保险金将被平均分配。D 栏填写项目如图 3.4 所示：

D. 身故保险金受益人（必须是被保险人的父母、子女、配偶或法定监护人，除另有声明外；若不填写受益份额，身故保险金将被平均分配）

姓名	受益份额	年龄（周岁）	与被保险人的关系	身份证/护照号码

图 3.4　D 栏填写项目

D 栏填写说明如下：

①填写被保险人身故保险金受益人时，可指定第一顺位和第二顺位受益人。即当被保险人身故时，首先将保险金分配给第一顺位受益人，若第一顺序所有受益人因故失去受益权（例如死亡），保险金将分配给第二顺位受益人。需要注意的是：如果指定顺位受益人，必须要在受益人姓名旁边注明是第一顺位或第二顺位，如果只有第一顺位受益人，则不需要注明。另外，在同一顺位中指定二个或以上的身故保险金受益人，须注明受益份额，否则视为均等份额。同一顺位所有受益人的受益份额总和必须是 100%。

②为维护客户利益，受益人栏目避免填写"法定继承人"，因为没有指定受益人，身故保险金由法定继承人按照遗产来分割处理，在办理领取身故保险金时，寿险公司会严格要求每一受益人提供完整的法律文件，手续十分烦琐。

③受益人的身份证/护照号码也需正确填写，方便日后界定受益人身份。

（5）E 栏：年金领取。年金是对一系列按照相等时间间隔支付款项的付款方式的统称，年金保险中一般包含年金给付，若保险合同条款中有年金给付，则在此项选择；若未勾选，以后年金给付需客户再行确认。例如：某保险产品自被保险人 60 周岁后的首个保单周年日起，每个保单周年日，公司将给付等值于基本保险金额 10% 的生存年金给年金领受人，直至合同期满。E 栏填写项目如图 3.5 所示。

E. 年金领取（保险责任中不包括年金利益的免填本栏）

年金受领人	□投保人	□被保险人

图 3.5　E 栏填写项目

（6）F 栏：可申请保险项目。F 栏填写项目如图 3.6 所示。

F 栏填写说明如下：

①寿险主合同

寿险公司的产品通常分为主险和附加险，主险是可以单独承保的寿险产品，附加险是不可以单独承保，只能在主险承保的基础上承保的险种。这部分内容的填写，一般需要结合保险公司的核保规则进行，如：填写投保年龄时，若该产品有多种缴费年期，则必须填写清楚所投保的是何种缴费年期。例如：趸缴、10 年缴、缴费至 55 周岁等。

F. 可申请保险项目（月付年金金额和年金领取年限仅供投保年金保险时使用）

寿险主合同	保险品种： 缴费年期：	基本保险金额　　　　　　元； 月付年金金额　　　　　　元；年金额领取年限　　　　年		保费：　　　　元
	保险品种： 缴费年期：	基本保险金额　　　　　　元； 月付年金金额　　　　　　元；年金额领取年限　　　　年		保费：　　　　元
	保险品种： 缴费年期：	基本保险金额　　　　　　元； 月付年金金额　　　　　　元；年金额领取年限　　　　年		保费：　　　　元

附加合同	保额	保费	附加合同	保额	保费
	元	元		元	元
	元	元		元	元
	元	元		元	元
	元	元		元	元

附注：

图 3.6 F 栏填写项目

寿险主合同的填写中，保险金额即为客户的投保金额。例如：客户购买了 20 万元的保障，在此栏目内可填写 20 万元或 200 000 元。填写投保金额时，要参照该款产品的投保规则，留意最低和最高投保限额。投保金额一旦填写，不能够涂改，如书写有误，更改后，需要投保人和被保险人在更改处签名确认。

②附加合同

附加合同不可以单独购买，需要附加于寿险主合同上，且附加合同的投保一般与主合同之间具有一定的关系，所以在投保时要参照投保规则的相关规定。

填写附加合同的时候，在附加合同项目的空白栏处填写，并分别填上各个附加合同的基本保险金额。附加合同的投保金额一旦填写，也不可以涂改，若书写有误，更改规则同主合同的要求。

（7）G栏：被保险人保险项目的具体填写。G 栏填写项目如图 3.7 所示。

G. 以下各项未勾选者，以第一格为准

1. 缴费方式：□年缴　　　　□半年缴　　　　□季缴　　　　□一次性缴付　　　　□月缴（仅限于银行自动转账，首期需缴付首两个月保险费）
每期初算保险费：　　　元　　　保险专用收款通知书编号：
□通过银行转账(请填写随附保险费自动转账付款授权书)　□到本公司指定地点缴费
2. 保费过期未付选择：□自动垫交保险费　　　□中止合同　　（本项仅当保险合同载有该项利益及有现金价值时生效）
3. 生存现金/现金红利：□储存于本公司　　　　□直接领取 　　　　　　　　　□抵缴保险费　　（保险合同中未载有生存现金/现金红利利益者，免填此栏。误填者不享有相关利益）

图 3.7 G 栏填写项目

G 栏填写说明如下：

①缴费方式：寿险公司可供客户选择的缴费方式一般有以下五种：一次性缴付即趸缴、年缴、半年缴、季缴和月缴保险费。

②每期初算保险费：投保单未被接受承保前客户所递交的保费称为"初算保险费"。

③到保险公司指定地点缴费：通常指由业务人员上门收取，或客户自行到寿险公司客户服务前台缴交。

④通过银行转账（需留意授权书注释的注意事项）：是指初算保险费通过银行转账方式缴付。客户需填写一份"保险费自动转账付款授权书"，同时附上授权银行账户复印件，客户需在签署投保单后一天内将足额的初算保险费直接存入该账户。

⑤保费到期未付：可参照合同条款让客户选择，为保护客户利益，一般建议客户选择"自动垫交保险费"。

⑥生存现金/现金红利：保险合同载有该项利益的，需请客户勾选。

上述的 A～G 栏属于投保单第一部分内容的填写；投保单的第二部分是被保险人的财务和健康资料填写，寿险公司将会根据这部分的资料进行核保，并决定承保条件。如果被保险人就有关事项隐瞒或漏报，可能导致保单丧失效力，因此第二部分的填写要认真据实填写。此部分的设计，不同的寿险公司会略有不同，但基本内容大体一致，接下来进行第二部分的填写说明。

（8）第二部分 A 栏：被保险人告知事项的填写需要提醒客户"如实告知"，任何勾选"是"的部分，均需在投保单指示用于说明的地方详细说明。如填单过程中有笔误或更改，应将错误处划去，但不可使用涂改液或修正贴，并须请被保险人/投保人在更正处旁签名加以确认。第二部分 A 栏项目内容如图 3.8 所示。

第二部分

A. 被保险人告知各事项

1. 被保险人是否已购买人身保险合同？ 若"是"，公司名称_____ 保险金额_____ 日期_____	□是 □否
2. 被保险人的人寿保险、人身意外或健康保险申请是否曾被拒保、推迟、加费或作任何形式修改？ 若"是"，请说明。	□是 □否
3. 去年全年收入（包括基本工资和红利）¥ _____	
4. 是否曾向任何保险公司提出索赔申请？若"是"，请说明。	□是 □否
5. 是否现役军、警服役？若"是"，请详细说明_____	□是 □否
6. 正在或试图参加私人性质飞行，或携带氧气桶潜水，或登山，或有危险性的运动？ 若"是"，请填妥相关问卷，连同此投保单一并交回本公司	□是 □否
7. 在非洲、加勒比海地区、印度、缅甸及泰国等国家持续居住超过三个月或正拟往上述国家	□是 □否
8. 是否正计划往其他国家或海外地区旅行？若"是"，请详述旅行时间及具体前往旅行国家/海外地区。	□是 □否
9. 平均每年搭乘飞机在 250 小时以上	□是 □否
10. a. 摩托车为工作所必需之工具 b. 摩托车为上下班之交通工具	□是 □否 □是 □否

图 3.8　第二部分 A 栏填写项目

（9）第二部分 B 栏：被保险人健康资料填写，项目内容见图 3.9，该图中内容仅为实际项目内容一部分，全部内容参见附件"人身保险投保单"。

B. 被保险人健康告知（如为体检件，不需填写此部分）

1. a. 身高（厘米）	b. 体重（千克）	C. 过去一年内体重之增减：	千克	d. 原因：
2. 目前接受药物治疗，外科手术或服用药物				□是□否
3. a. 是否吸烟，若"是"，已吸烟＿＿年、＿＿支/天；曾吸烟，若"是"，曾吸烟＿＿年、＿＿支/天 □是□否 停止吸烟原因＿＿＿＿＿＿＿＿＿＿＿＿＿＿＿＿＿＿＿＿ b. 是否饮酒，若"是"，已饮酒＿＿年、种类＿＿；数量＿＿（克/周）； □是□否 曾饮酒，若"是"，曾饮酒＿＿年、种类＿＿＿＿； 数量＿＿（克/周）；停止饮酒原因＿＿＿＿＿＿＿＿＿ c. 曾接到医生对你饮酒、吸烟的建议和警告＿＿＿＿＿＿ □是□否				
4. 身体残障状况：a. 有无：四肢、五官、手指、足趾缺损 □是□否 b. 有无：视力、听力或中枢神经系统障碍 □是□否 c. 有无：脊柱、胸廓、四肢或手指、足趾畸形、跛行、脊髓灰质炎等其他缺陷 □是□否				
5. 过去五年曾a. 做过 X 光、电脑扫描、心电图、活体检查、血液、超声波、内窥镜等检查 □是□否 b. 接受诊疗、外科手术、住院治疗 □是□否				
被保险人健康告知项目中，若有回答为"是"者，请具体说明： 项目编号： 疾病名称： 患病时间： 医院名称： 治疗情况：				

图 3.9 第二部分 B 栏填写项目

第二部分 B 栏填写说明如下：

①身高及体重：身高和体重的计量单位分别是厘米和千克，而不是日常生活中常用的米和斤。

②过去一年体重之增减及其原因：如过去一年内体重有增减，则填写增减千克数并注明原因；如为"无"，则划"/"。

③对于是否接受过相关项目检查的，凡选择"是"的，必须在说明栏清晰告知"何时何原因接受过何种项目体检，结果如何。"若在填单过程中有笔误或更改，须请被保险人/投保人在更正处旁签名加以确认。

④被保险人健康告知项目中回答"是"的项目的说明需注意以下几点：一是在每个需要详述的健康问题前标明具体项目编号，如 B5b 项、B6a 项等；二是在描述意外或病情时，应包括事件发生或疾病就诊的具体时间（至少包括年月）、具体诊断（包括部位）、治疗方法（注明是否手术治疗）及恢复情况等，否则核保人员无法准确判断客户的健康风险，需要发照会给予确认；三是业务员提交投保单时需要同时提供被保险人完整病历的原件（包括：门诊病历、入院证明、出院小结、所有检查报告、病理报告等）。

例如：成人投保单第 B5b 项勾选了"是"，并于附注栏目治疗情况处说明：被保险人曾因车祸受伤，现已痊愈。此处填写的欠缺之处在于被保险人受伤的具体部位、治疗情况和恢复情况填写不够明确，比较完整的填写应该是：被保险人因车祸受伤，左锁骨骨折，行手术内固定，现内固定已拆除，骨折处已康复，肢体活动不受限。成人投保单第 B5b 项勾了"是"，并于附注栏目治疗情况处说明：2015 年因阑尾炎住院。

此处填写的欠缺之处在于没有详述具体治疗方法（是否行手术治疗？）及恢复情况。比较完整的填写应该是：2015 年 3 月因急性住院阑尾炎住院，行阑尾切除手术，术后恢复良好，现无不适。

⑤若被保险人满足公司体检的要求，需要体检的，则该部分无须填写。

（10）附注栏项目中，"附注"栏用于说明不在投保单提及内的其他注释。如果此保单保费需要由其他保单转入，也应在附注中说明。"公司批注条款"栏由寿险公司填写，应保留空白（见图 3.10）。

附注：_____ 公司批注条款：_____

图 3.10 附注栏填写项目

（11）投保人与被保险人声明与授权。声明与授权是被保险人和投保人签署投保单前必须认真阅读的内容，是保险人履行如实告知的体现，具有法律效力。项目内容如图 3.11 所示。

投保人与被保险人声明与授权

1. 本投保单、与投保单有关的各份问卷及文件，对本保险公司（以下简称"贵公司"）体检医生的各项声明与陈述确实无误。若不属实，本合同无效。
2. 本人已认真阅读并理解了保险合同条款，并知晓所有保险责任均以本合同所载为准，除由贵公司经正式程序修改或批注的内容外，其他任何人的口头及书面陈述、报告或合约，贵公司无须负责。
3. 对于本人所投保的分红保险产品，本人已认真阅读并理解了产品说明书。
4. 若本人授受贵公司签发的保险单及任何经本人签署的文件，均视为本人已承认贵公司在投保单内的批注或任何附加及更改。
5. 本人授权贵公司从任何内、外科医生、医院、诊所、保险公司或任何组织单位，就有关保险事宜，查询有关投保人及被保险人的资料或索取其他有关证明文件。
6. 本人在此授权贵公司从各种渠道收集与本保险申请有关的任何本人的个人资料，并同意贵公司特有、使用该个人资料或将其用作于处理本人保险合同、审核与保险产品及服务有关的申请，同时授权贵公司将该个人资料提供及披露予与贵公司有关联的个人或组织或任何被选择的境内外第三方，以便于处理本保险申请及提供有关售后服务及其他金融产品和服务，进行直接促销及资料处理、资料核对、资料挖掘，并为上述目的与本人联系。本人有权向贵公司查阅及申请更正本人的所有个人资料，该申请可在贵公司客户服务中心办理。
7. 本人已知晓在收到保险合同正本并书面签收后的十天内投保人可以行使合同撤销权而向贵公司申请终止保险合同，并可取回扣除保险合同工本费 10 元后其余已缴的保险费，但若本合同有理赔申请或在上述十天期限内有保险品种、保险金额或缴费方式等的变更，则投保人撤销本合同时将不享有取回上述已缴保险费的权利。
8. 本人已知晓在收到保险合同前三个保险单年度的退保金额。
9. 本人已知晓：即使本人已缴付部分或全部保险费，本合同也不必然生效，只有在贵公司依据本投保单批准或签发有关保险单，且于送交保险合同时本人身体仍为健康的前提下，本合同才生效，生效日以保险单所载日期为准。
10. 本人同意在投保单上载明的住所及通信地址及为保险合同约定的通信地址。本人的电子邮件信箱地址仅作为沟通的一种渠道，不做前述通信地址之一用途。

为维护您的利益，请勿在空白投保单上签名，签名前，请再次核对所填资料

见证代理人／直属主管签名 _____ 被保险人签名 _____
　　　　　　　　　　　　　　　　　　　　　　　年　　　月　　　日
投保人签名 _____ 申请日期 _____ 签署地 _____

图 3.11 声明与授权栏填写项目

填写说明如下：

①被保险人及投保人签名：投保人及被保险人在认真阅读填写完毕的投保单及清楚阅读并理解被保险人及投保人声明与授权后，方可签署姓名。

②见证代理人/直属主管签名：此处签上业务人员的姓名并请直属主管签名。倘若业务人员以自己为被保险人向保险公司投保，则业务员在见证代理人处签署本人姓名外，还需请其直属主管或其他业务人员签署见证代理人，业务人员本人的投保申请纳入其本人名下。

③签署地：保单签署地一般应是投保人购买保单所在的地区，申请日期不能涂改，要写清楚年月日。

④交单时间：保险单签署完毕后，业务员应尽快交到寿险公司，一般来说寿险公司会规定一个时限，如签单后的 3 个工作日内。

投保单的修改一般不得超过 5 处，涂改处必须加盖投保人印章或签名（应和投保单签章处之签名或印章相符）。下列填写项目一般不得涂改，如有涂改则往往需要重填投保单。

投保人、被保险人、受益人栏及投保人、被保险人法定代理签章处；

被保险人工作性质、职业代码和身份证号码；

投保事项之险种、缴费年期、保额、保费、缴费期限与缴费方式；

被保险人告知。

（三）投保单的审核

1. 投保单填写内容的审核：业务员应对客户签字后的投保单逐项认真审核，投保单上的保费应与计划书、收费凭证、委托银行代扣保险费协议书上的金额一致。

2. 投保规则的审核：投保单所填各项内容均应符合所投保产品的投保规则的要求。

3. 代理人报告书的填写：代理人报告书应如实反映业务员展业的过程，反映业务员与投保人和被保险人面晤的结果，是业务员对投保人如实告知表示确信的声明书。代理人报告书的填写应注意：①投保人和被保险人签订投保单后，业务员应依据投保单、健康告知及声明和对投保人及被保险人面晤的情况如实填写代理人报告书；②不得有漏项或填写不清，对代理人报告书中回答"有"的项目应做相应的说明；③代理人报告书填写后与投保单一起交由业务主管或营业部经理再次审核，确认无误后业务主管或营业部经理在投保单及代理人报告书中签字确认。

4. 业务员签单时如若碰到"高额保件"，即超过投保规则规定最高限额的要保件或超权限保件，则需要向客户索取更多的资料，如财务问卷、个人资产证明、缴税单等。在填妥投保文件后暂不收取保险费，待核保通过通知收费时方可收费。

五、实验内容

（1）实验形式：个人实验。

（2）实验用时：2 学时。

（3）指定实验内容：

请根据以下背景资料填写投保单。

材料一：投保人、被保险人和受益人相关背景资料

李泰山，身高 172 厘米，体重 85 千克，身份证号码为：2101021970×××××0324；住址：广州市天河区龙口东路 280 号 B1405 室；邮编：510625；家里的固定电话：0206103××××，手机：180×××5678；服务单位：广东省诚信律师事务所；职务：律师；月收入约 15 000 元；单位地址：广州市天河区天河路 35 号 C 座 505 室；单位电话：0208730××××；单位邮编：510300。李泰山选择其妻子张玲和儿子李鑫为身故保险金的受益人，并决定采用均分的保险金给付方式。张玲的身份证号码为：3422011972××××0041，李鑫的身份证号码为：4402011997××××0977。

李泰山以自己为被保险人，购买了保险金额为 200 000 元的"康泰重大疾病保险"，购买日期为 2018 年 7 月 1 日，选择的缴费年期为 10 年，缴费方式其决定选择年缴保费，首期保费及续期保费均采用银行自动转账，他用自己的工商银行广州分行的活期存折，账号为：1008 0012 3456 7891 234，保险费逾期未缴则请公司自动垫缴、如果首期保费溢缴则退费。"争议处理方式"选择诉讼，通信地址为自己的住址。李泰山无任何投保经历，健康状况良好，只是在 2000 年曾患有急性肝炎，至中山三院就诊，病历卡号为 9175134，2001 年康复痊愈，现身体状况良好。

材料二：投保险种——康泰重大疾病保险保险费率表（见表 3.2）

表 3.2　康泰重大疾病保险保险费率表（节选）

（10 年期，每万元基本保额，单位：元）

年龄/缴法	男性			女性		
	年缴	半年缴	季缴	年缴	半年缴	季缴
40	800.0	416.0	210.0	775.0	403.0	203.0
41	820.0	426.0	215.0	793.0	412.0	208.0
42	840.0	437.0	220.0	812.0	422.0	213.0
43	861.0	448.0	226.0	831.0	432.0	218.0
44	882.0	459.0	231.0	851.0	443.0	223.0
45	904.0	470.0	237.0	870.0	452.0	228.0
46	926.0	482.0	243.0	890.0	463.0	233.0
47	949.0	493.0	249.0	910.0	473.0	238.0
48	972.0	505.0	255.0	931.0	484.0	244.0
49	996.0	518.0	261.0	952.0	495.0	249.0
50	1 021.0	531.0	268.0	973.0	506.0	255.0

材料三：投保险种——康泰重大疾病保险简易核保规程

缴费期限及承保年龄如表 3.3 所示。

表 3.3　康泰重大疾病保险缴费期限及承保年龄

缴费期限	承保年龄
康泰重大疾病保险（缴费 10 年）	18~50 周岁
康泰重大疾病保险（缴费 15 年）	18~50 周岁
康泰重大疾病保险（缴费 20 年）	18~50 周岁
康泰重大疾病保险（缴费至 55 周岁）	18~45 周岁

承保金额。最低承保金额：10 000 元人民币，投保金额须为 10 000 元的整数倍。

材料四：职业等级表（见表 3.4）

表 3.4　职业等级表（节选）

职业类别		职业代码	工作性质	寿险	意外险
公共事业	电信电力	14128	地底工人及电板拉设工人、督查、巡视员	标准	4
	水利	14130	工程师	标准	2
		14135	抄表员、收费员	标准	2
		14140	水坝、水库管理员	标准	2
		14150	自来水管装修人员	标准	2
		14160	水利工程设施人员	标准	3
		14170	自来水厂水质分析员（实地）	标准	2
	煤气	14180	工程师	标准	2
		14185	收费员、抄表员、检查员	标准	2
		14190	管线装修工	标准	2
		14200	煤气器具制造工	标准	3
		14205	煤气储气槽、分装厂工作人员	标准	3
	司法	14210	商业犯罪调查处理人员	标准	2
		14220	法官、律师、书记员、翻译员	标准	1
	其他	14225	垃圾车司机及随车人员	标准	2

（4）可选实验内容

①请根据以下背景资料填写"洪福定期两全保险"投保单。

材料一：投保人、被保险人、受益人相关背景资料

王军，1979 年 5 月 8 日出生，就职于广州市商业银行天河支行，地址在广州市天河区天河北路 456 号，邮政编码 510630，单位电话 020-6103××××，柜面人员，身份证号码 4403761979×××6754，身份证有效期至 2025 年 2 月 3 日，联系电话 189×××3212，月收入约 10 000 元；妻子张玲，1983 年 6 月 8 日出生，家庭主妇，身高 163 厘米，体重 53 千克，身份证号码 4404561983×××5634，身份证有效期至 2027 年 12 月 31 日，联系电话 134×××6723，家住广州市海珠区滨江东路好景花园 2 栋 304，邮政编码：510300，家中固定电话 020-5188××××。

2018 年 3 月 15 日王军以妻子张玲为被保险人，购买了保险金额为 150 000 元的

"洪福定期两全保险"，保单的受益人为王军，受益份额100%，该款险种保险期间等同于缴费期限，王军选择的缴费期限是20年，缴费方式其决定选择年缴，首期保费及续期保费均采用银行自动转账，通信地址选择为家庭住址，他用自己的建设银行广东省分行的活期存折，账号为：20060014453××××4234，开户行地址在越秀区北京路789号，保险费逾期未缴则请公司自动垫缴、如果首期保费溢缴则退费。"争议处理方式"选择诉讼，通信地址为自己的住址，张玲无任何投保经历，健康状况良好。

材料二：投保险种——洪福定期两全保险保险费率表(见表3.5)

表3.5 洪福定期两全保险保险费率表

（20年期，每万元基本保额，单位：元）

年龄	男性（20年缴费）			女性（20年缴费）		
	年缴	半年缴	季缴	年缴	半年缴	季缴
18	170.0	88.0	45.0	99.0	51.0	26.0
19	173.0	90.0	45.0	102.0	53.0	27.0
20	177.0	92.0	46.0	106.0	55.0	28.0
21	181.0	94.0	47.0	111.0	58.0	29.0
22	186.0	97.0	49.0	116.0	60.0	30.0
23	193.0	100.0	51.0	121.0	63.0	32.0
24	201.0	105.0	53.0	128.0	67.0	34.0
25	210.0	109.0	55.0	136.0	71.0	36.0
26	220.0	114.0	58.0	144.0	75.0	38.0
27	232.0	121.0	61.0	153.0	80.0	40.0
28	245.0	127.0	64.0	164.0	85.0	43.0
29	260.0	135.0	68.0	176.0	92.0	46.0
30	275.0	143.0	72.0	188.0	98.0	49.0
31	292.0	152.0	77.0	202.0	105.0	53.0
32	309.0	161.0	81.0	217.0	113.0	57.0
33	327.0	170.0	86.0	232.0	121.0	61.0
34	346.0	180.0	91.0	249.0	129.0	65.0
35	366.0	190.0	96.0	267.0	139.0	70.0
36	385.0	200.0	101.0	285.0	148.0	75.0
37	405.0	211.0	106.0	304.0	158.0	80.0
38	426.0	222.0	112.0	324.0	168.0	85.0
39	446.0	232.0	117.0	344.0	179.0	90.0
40	466.0	242.0	122.0	365.0	190.0	96.0
41	486.0	253.0	127.0	386.0	201.0	101.0
42	507.0	264.0	133.0	407.0	212.0	107.0

表3.5(续)

年龄	男性（20年缴费）			女性（20年缴费）		
	年缴	半年缴	季缴	年缴	半年缴	季缴
43	528.0	275.0	138.0	429.0	223.0	112.0
44	551.0	287.0	144.0	450.0	234.0	118.0
45	574.0	298.0	150.0	471.0	245.0	123.0
46	599.0	311.0	157.0	492.0	256.0	129.0
47	624.0	324.0	163.0	514.0	267.0	135.0
48	651.0	339.0	171.0	536.0	279.0	140.0
49	678.0	353.0	178.0	561.0	292.0	147.0
50	707.0	368.0	185.0	585.0	304.0	153.0
51	737.0	383.0	193.0	612.0	318.0	160.0
52	767.0	399.0	201.0	639.0	332.0	167.0
53	800.0	416.0	210.0	667.0	347.0	175.0
54	832.0	433.0	218.0	697.0	362.0	183.0
55	867.0	451.0	227.0	728.0	379.0	191.0

材料三：投保险种——洪福定期两全保险简易核保规程

缴费期限及承保年龄如表3.6所示。

表3.6　洪福定期两全保险缴费期限及承保年龄

缴费期限	承保年龄
缴费10年	18~65周岁
缴费15年	18~60周岁
缴费20年	18~55周岁
缴费25年	18~50周岁
缴费30年	18~45周岁
缴费至50周岁	18~35周岁
缴费至55周岁	18~40周岁
缴费至60周岁	18~45周岁
缴费至65周岁	18~50周岁

承保金额：最低承保金额10 000元人民币。

注意：

①投保金额需为10 000元人民币的整数倍；

②可附加意外伤害保险、住院医疗补贴保险、住院医疗补偿保险。

材料四：职业等级表（见表 3.7）

表 3.7　职业等级表（节选）

职业类别		职业代码	工作性质	寿险	意外险
服务业	银行保险租赁信托	16010	内勤人员	标准	1
		16020	外务员、调查员、微信人员、收费员	标准	2
		16030	现金运送员、司机	标准	3
	自由业	17010	律师、会计师、代书、经纪人	标准	1
		17020	公证行、报关行外务员	标准	2
		17030	鞋匠、伞匠	标准	2
		17040	洗衣店工人	标准	2
		17050	大楼管理员	标准	2
		17060	警卫人员（负有巡逻押运任务）	标准	3
		17070	警卫人员（内勤）	标准	2
		17250	汽车内部装潢	标准	2
		17310	调酒师	标准	2
		17340	救难人员（平地）	标准	3
		17350	救难人员（山区）	标准	4
	殡葬业、殡葬馆	17400	殡葬车司机	标准	2
		17410	搬运工、火化工人	标准	3
		17420	美容师、化妆师	标准	2
	家庭管理	18010	家庭主妇	标准	1
		18020	保姆、佣人	标准	2
		19010	退休人员（不外出工作者）	标准	1

②请根据以下背景资料填写"财富人生投资连结保险"投保单。

材料一：投保人、被保险人、受益人相关背景资料

蒋馨欣是广州明雅中学的体育老师，出生于 1981 年 2 月 7 日，身份证号码 4401011981××××0021，身份证有效期至 2026 年 10 月 15 日，联系电话：139××××5890，E-mail 地址：Jia××××@ sina.com，月收入 8 500 元。丈夫刘嘉华和蒋馨欣在同一个单位工作，是学校的教导主任，1977 年 10 月 5 日出生，身份证号码 44010119771×××332，身份证有效期至 2028 年 9 月 6 日，联系电话：136××××9566，月收入约 10 000 元。蒋馨欣和刘嘉华家住广州市番禺区迎宾路碧桂园翡翠苑 A 区 6 栋 2206，邮编：510236，家庭电话：020-8639××××。其工作单位广州明雅中学位于广州市番禺区桥东街龙山路 600 号，单位电话：020-6102××××，邮编：510386。

2018 年 4 月 10 日蒋馨欣以自己为被保险人在保险代理人余林（工号：G06080120）处投保了保险金额为 200 000 元的"财富人身投资连结保险"，其选择的期交保费金额为 4 000 元，账户建立日选择的是"保单生效后"。通信地址选择"同投保人家庭住址"。首期及续期保费均采用银行自动转账，蒋馨欣用自己的招商银行番禺区分行的活期存折，账号为：40070025653××××5656，开户行地址在广州市番禺区迎宾路 366 号。争议处理方式选择"诉讼"。保单受益人为蒋馨欣的丈夫刘嘉华、女儿刘佳丽和母亲张碧华，受益份额分别为 40%、30%、30%。在投资账户的选择上，蒋馨欣选择"自选分配比例"，并指定积极投资型账户资金分配比例为 40%，指数投资型账户资金分配比例为 20%，平衡收益型账户资金分配比例为 30%，现金增利型账户资金分配比例为 10%。

蒋馨欣曾于 2004 年在中国人寿保险公司投保了保险金额为 50 000 元的重大疾病保险，此外，单位还为其购买了社会医疗保险。蒋馨欣身高 170 厘米，体重 60 千克，2012 年 7 月单位体检时发现有乳腺增生，在中山大学附属第三医院妇科进一步检查后，医生告知其属轻微乳腺增生，无须治疗，定期复查即可。

材料二：投保险种——财富人生投资连结保险费率表（见表 3.8）

表 3.8　财富人生投资连结保险每月风险保险费率表（节选）

单位：每千元人民币

年龄	男性	女性	年龄	男性	女性
21	0.083	0.035	36	0.159	0.075
22	0.087	0.038	37	0.171	0.081
23	0.090	0.039	38	0.184	0.087
24	0.092	0.041	39	0.199	0.095
25	0.095	0.042	40	0.214	0.104
26	0.097	0.043	41	0.231	0.112
27	0.099	0.044	42	0.247	0.121
28	0.102	0.045	43	0.264	0.129
29	0.105	0.047	44	0.282	0.138
30	0.110	0.048	45	0.302	0.148
31	0.117	0.051	46	0.324	0.159
32	0.124	0.054	47	0.351	0.174
33	0.132	0.058	48	0.380	0.191
34	0.140	0.062	49	0.412	0.211
35	0.149	0.070	50	0.446	0.234

材料三：投保险种——财富人生投资连结保险简易核保规程

承保年龄：出生满 30 天~70 周岁。

承保金额：最低承保金额：不得低于基本保险费的 20 倍；累积最高承保金额：未满 18 周岁、年满 66 周岁及以上者，10 万元人民币；年满 18 周岁至 54 周岁者，500 万元人民币；年满 55 周岁至 65 周岁者，100 万元人民币（注意：投保金额需为 1 000 元人民币的整数倍）。

缴费方式：年缴

缴费期限：终身

保险费的缴付：保险费分为期交保费和追加保费两部分，期交保费不得低于 2 000 元人民币，且需以 500 元人民币的整数倍为单位；首期扣除初始费用后的期交保费必须足以支付下三个月的保单管理费和风险保险费；追加保险费缴付采取不定期不定额的方式，但每次缴费的金额不得低于 500 元人民币，且需以 100 元人民币的整数倍为单位。

材料四：职业等级表（见表 3.9）

表 3.9　职业等级表（节选）

职业类别		职业代码	工作性质	寿险	意外险
文教机关	教育机构	13010	教师	标准	1
		13020	学生、孩童	标准	1
		13030	体育老师、军训教官	标准	2
		13040	校工	标准	2
	其他	13050	出版商、书店、文具店负责人及店员	标准	1
		13060	外务员、送货员	标准	2
		13063	各项运动教练（不包括职业运动）	标准	2
		13065	汽车驾驶训练教练	标准	2
		13070	博物馆、图书馆工作人员	标准	1
		13080	有氧运动老师	标准	2
	宗教人士	13090	僧尼、道士及传教人员	标准	1
		13100	宗教团体工作人员	标准	1
		13110	寺庙及教堂管理人员	标准	1

六、实验方法和操作步骤

根据材料中提供的客户资料背景和产品资料填写人身保险投保单及代理人报告书。

步骤 1：熟悉人身保险投保单填写的方法及了解填写的注意事项；

步骤 2：投保单中投保人和被保险人资料填写；

步骤 3：购买险种名称、保险金额及保险费的填写；

步骤 4：填写健康告知部分；

步骤 5：授权银行账号信息填写；

步骤 6：填写完成后打印并同实验报告一同上交。

七、实验注意事项

（1）所有表格填写的内容必须以背景资料中提供的材料为基础；

（2）以被保险人死亡为给付条件的，受益人一栏必须填写。

八、参考文献

［1］刘金章，王晓姗. 人寿与健康保险［M］. 2 版. 北京：清华大学出版社，北京交通大学出版社，2017.

［2］张弦，关国庆，杜洋. 人身保险业务［M］. 北京：中国财政经济出版社，2010.

［3］向日葵保险网，https://www.XIANGRIKUI.com/.

［4］慧择保险网，https://www.HUIZE.com.

附件 3.1

人身保险投保单

投保单编号：□ □ □ □ □ □ □ □ □

第一部分

代理人代号：＿＿＿＿＿　组别：＿＿＿＿　营销服务部：＿＿＿＿＿　主管姓名：＿＿＿＿＿

A. 被保险人

姓名：	□男性 □女性	身份证号码 （护照号码）									
出生日期：　年 月 日	年龄：　周岁		□单身 □已婚 □鳏寡 □离婚	国籍：							
住所：					邮编：						
电子邮件信箱：	联系电话：日间：		夜间：		手机：						
服务单位名称：		公司业务性质：									
工作地址：		电话：		邮编：							
职业代码：		职位：		职务内容：							

B. 投保人（如投保人为被保险人本人，可免填本栏）

姓名：	身份证号码 （护照号码）			国籍：
				与被保险人关系：
住所：			邮编：	
电子邮件信箱：	联系电话：日间：		夜间：	手机：

C. 通信地址（若未勾选，以投保人住所为准）

□同投保人住所　　　　　□同被保险人住所　　为确保您的权利，请慎填此栏，以利本公司所发之通知 及时送达。	
□同被保险人单位地址　□其他地址：	邮编：

D. 身故保险金受益人（必须是被保险人的父母、子女、配偶或法定监护人，除另有声明外；若不填写受益份额，身故保险金将被平均分配）

姓名	受益份额	年龄（周岁）	与被保险人的关系	身份证/护照号码

E. 年金领取（保险责任中不包括年金利益的免填本栏）

年金受领人	□投保人	□被保险人

F. 可申请保险项目（月付年金金额和年金领取年限仅供投保年金保险时使用）

	保险品种： 缴费年期：	基本保险金额　　　　元； 月付年金金额　　　元；年金额领取年限　　年	保费：　元
寿险主合同	保险品种： 缴费年期：	基本保险金额　　　　元； 月付年金金额　　　元；年金额领取年限　　年	保费：　元
	保险品种： 缴费年期：	基本保险金额　　　　元； 月付年金金额　　　元；年金额领取年限　　年	保费：　元

附加合同	保额	保费	附加合同	保额	保费
	元	元		元	元
	元	元		元	元
	元	元		元	元
	元	元		元	元
附注:					

G. 以下各项未勾选者，以第一格为准

1. 缴费方式：□年缴　　□半年缴　　□季缴　　□一次性缴付　　□月缴（仅限于银行自动转账，首期需缴付首两个月保险费） 　　　　　每期初算保险费：　　　元　　　保险专用收款通知书编号： 　　　　　□通过银行转账（请填写随附保险费自动转账付款授权书）　　□到本公司指定地点缴费
2. 保费过期未付选择：□自动垫交保险费　□中止合同　（本项仅当保险合同载有该项利益及有现金价值时生效）
3. 生存现金/现金红利：□储存于本公司　　　□直接领取 　　　　　□抵缴保险费（保险合同中未载有生存现金/现金红利利益者，免填此栏。误填者不享有相关利益）

第二部分

A. 被保险人告知各事项

1. 被保险人是否已购买人身保险合同？ 若"是"，公司名称　　　　　　保险金额　　　　　　日期	□是 □否
2. 被保险人的人寿保险、人身意外或健康保险申请是否曾被拒保、推迟、加费或作任何形式修改？ 若"是"，请说明。	□是 □否
3. 去年全年收入（包括基本工资和红利）￥	
4. 是否曾向任何保险公司提出索赔申请？若"是"，请说明。	□是 □否
5. 是否现役军、警服役？若"是"，请详细说明	□是 □否
6. 正在或试图参加私人性质飞行，或携带氧气桶潜水，或登山，或有危险性的运动？ 若"是"，请填妥相关问卷，连同此投保单一并交回本公司	□是 □否
7. 在非洲、加勒比海地区、印度、缅甸及泰国等国家持续居住超过三个月或正拟往上述国家	□是 □否
8. 是否正计划往其他国家或海外地区旅行？若"是"，请详述旅行时间及具体前往旅行国家/海外地区。	□是 □否
9. 平均每年搭乘飞机在 250 小时以上	□是 □否
10. a. 摩托车为工作所必需之工具 　　 b. 摩托车为上下班之交通工具	□是 □否 □是 □否

B. 被保险人健康告知（如为体检件，不需填写此部分）

1. a. 身高（厘米）	b. 体重（千克）	C. 过去一年内体重之增减：　　千克	d. 原因：
2. 目前接受药物治疗，外科手术或服用药物			□是 □否
3. a. 是否吸烟，若"是"，已吸烟＿＿年、＿＿支/天；曾吸烟，若"是"，曾吸烟＿＿年、＿＿支/天 　　停止吸烟原因＿＿＿＿＿＿＿＿＿＿＿＿＿＿＿＿＿＿＿＿＿＿＿＿＿			□是 □否
b. 是否饮酒，若"是"，已饮酒＿＿年、种类＿＿；数量＿＿（克/周）； 　　曾饮酒，若"是"，曾饮酒＿＿年、种类＿＿；数量＿＿（克/周）； 　　停止饮酒原因＿＿＿＿＿＿＿＿＿＿＿＿＿＿＿＿＿＿＿＿＿＿＿＿＿			□是 □否
c. 曾接到医生对你饮酒、吸烟的建议和警告＿＿＿＿＿＿＿＿＿＿＿＿			□是 □否

4. 身体残障状况：a. 有无：四肢、五官、手指、足趾缺损	□是 □否
b. 有无：视力、听力或中枢神经系统障碍	□是 □否
c. 有无：脊柱、胸廓、四肢或手指、足趾畸形、跛行、脊髓灰质炎等其他缺陷	□是 □否
5. 过去五年曾a. 做过X光、电脑扫描、心电图、活体检查、血液、超声波、内窥镜等检查	□是 □否
b. 接受诊疗、外科手术、住院治疗	□是 □否

6. 你曾有下列疾病：

a. 头晕、持续性头痛、晕厥、胸闷、胸痛、心慌、气急、不能平卧、发绀、不明原因皮下出血点、咳血、呕血、不明原因浮肿、腹痛、肝区疼痛、便血、血尿、蛋白质、肿块、眼睛胀痛、视力或听力明显下降、视物不清、不明原因的声嘶、关节红肿、关节酸痛	□是 □否
b. 眼、耳、鼻、喉或口腔之疾病	□是 □否
c. 癫痫、重症肌无力、多发性硬化性症、帕金森氏综合征、肌肉萎缩、脊髓灰质炎、精神病、聋哑、四肢机能障碍、下肢静脉曲张、智能障碍及其他各种类型畸形或残缺	□是 □否
d. 血管畸形、视网膜出血或剥离、视神经病变、青光眼、白内障、失明、脑动脉血管瘤、眼底病变	□是 □否
e. 慢性支气管炎、哮喘、肺脓肿、肺栓塞、胸膜炎、肺气肿、支气管扩张、肺结核、尘肺、硅肺	□是 □否
f. 高血压症、缩窄性心包炎、心内膜炎、风湿性心脏病、先天性心脏病、缺血性心脏病、心肌梗死、心肌肥厚、主动脉血管瘤、脑血管意外、心律失常、心肌病	□是 □否
g. 肝炎病毒携带者、肝硬化、肝脾肿、肝内结石、肝炎、肝脾肿大、胆囊炎、胆结石、化脓性胆管炎、消化道溃疡、出血及穿孔、溃疡性结肠炎、胰腺炎、肛管疾病	□是 □否
h. 肾炎、肾病综合征、肾功能异常、尿毒症、肾囊肿、肾下垂、尿路结石、尿路畸形	□是 □否
i. 糖尿病、痛风、肢端肥大症、垂体机能亢进或减退、甲状腺或甲状旁腺机能亢进或减退、肾上腺机能亢进或减退等内分泌系统疾病	□是 □否
j. 恶性肿瘤、或尚未证实为良性或恶性之肿瘤、息肉、硬块、囊肿、赘生物	□是 □否
k. 血友病、白血病、各类盆血、紫癜及其他各种类型的血液系统疾病、被建议不宜献血	□是 □否
l. 风湿性关节炎、类风湿性关节炎、红斑狼疮、胶原症及其他结缔组织系统疾病	□是 □否
m. 性病、酒精或药物滥用成瘾、各种眩晕症	□是 □否
n. 胸、颈、腰椎骨疾病及其他骨骼系统疾病	□是 □否
o. 是否还有以上未述的其他疾病及症候	□是 □否

7. 您或您的配偶曾接受或试图接受艾滋病AIDS及有关的医疗咨询、检验或治疗。曾在过去6个月内持续一周以上有下列症状：体重下降、食欲不振、盗汗、腹泻、淋巴结肿大及皮肤溃疡	□是 □否
8. a. 您的家属曾患有高血压、肾病、心脏病、囊肿、肝硬化、糖尿病、精神病、白血病、结核病、多发性硬化症、赘生物、癌症或曾被发现乙型肝炎、非甲非乙型肝炎带菌者	□是 □否
b. 您的直系亲属中有早于60岁前去世的，若"是"，请说明原因：_____。	□是 □否

9. 妇女适用：

a. 是否情孕？若"是"，怀孕__月	□是 □否
b. 患有乳腺炎、乳房或生殖器官病症，包括不正常之涂片细胞检查及月经失调	□是 □否
c. 曾有子宫内膜异位症、阴道异常出血、性传播性疾病	□是 □否
d. 家庭成员中是否有人患过乳腺癌	□是 □否

10. 被保险人投保年龄未满7周岁时，请补充告知：

a. 被保险人为孕___周出生的儿童，出生时体重为_____克，是否为多胞胎之一？	□是 □否
b. 被保险人出生时是否曾患有窒息症、抢救史或置于保温箱史？	□是 □否
c. 被保险人从出生至今是否曾患有肺炎、支气管炎、肠套叠、抽搐等疾病？	□是 □否
d. 被保险人是否曾因治疗或被告知患有先天性疾病、遗传性疾病、先天性畸形或缺陷？	□是 □否
e. 被保险人的母亲在怀孕期间是否曾接到医生有关母婴健康方面的建议和忠告？	□是 □否

被保险人健康告知项目中，若有回答为"是"者，请具体说明：

项目编号：　　　　疾病名称：　　　　患病时间：　　　　医院名称：

治疗情况：

C. 投保人健康告知

保费豁免险种之投保人是否有上述被保险人健康告知栏中所列出的情况？若回答为"是"，请具体说明：

□是 □否

附注：_____　公司批注条款：_____

投保须知

为保护您自身的权益，请您在投保前详细阅读以下注意事项：

1. 投保文件填写：投保单、健康及财务告知书，以及其他表明投保意愿或申请变更保险合同的文件必须由投保人及被保险人亲笔签名，若被保险为未成年人，则需由其监护人亲笔签名。签名时，请对所有已填写内容进行核对，确认无误后，再签名。
2. 保险代理人应当向您详细说明投保单内容。
3. 保险代理人应当向您详细解释保险合同条款的内容，特别是对其中的责任免除条款，更应向您作明确说明，并提请您充分注意。
4. 保险代理人应当向您出示退保说明和保单前三年度退保金额。
5. 保险代理人应当向您详细说明犹豫期内的各项权利。

投保人与被保险人声明与授权

1. 本投保单、与投保单有关的各份问卷及文件，对本保险公司广州分公司（以下简称"贵公司"）体检医生的各项声明与陈述确实无误。若不属实，本合同无效。
2. 本人已认真阅读并理解了保险合同条款，并知晓所有保险责任均以本合同所载为准，除由贵公司经正式程序修改或批注的内容外，其他任何人的口头与书面陈述、报告或合约，贵公司无须负责。
3. 对于本人所投保的分红保险产品，本人已认真阅读并理解了产品说明书。
4. 若本人接受贵公司签发的保险单及任何经本人签署的文件，均视为本人已承认贵公司在投保单内的批注或任何附加及更改。
5. 本人授权贵公司从任何内、外科医生、医院、诊所、保险公司或任何组织单位，就有关保险事宜，查询有关投保人及被保险人的资料或索取其他有关证明文件。
6. 本人在此授权贵公司从各种渠道收集与本保险申请有关的任何本人的个人资料，并同意贵公司特有、使用该个人资料或将其用作于处理本人保险合同、审核与保险产品及服务有关的申请，同时授权贵公司将该个人资料提供及披露予与贵公司有关联的个人或组织或任何被选择的境内外第三方，以便于处理本保险申请及提供有关售后服务及其他金融产品和服务，进行直接促销及资料处理、资料核对、资料挖掘，并为上述目的与本人联系。本人有权向贵公司查阅及申请更正本人的所有个人资料，该申请可在贵公司客户服务中心办理。
7. 本人已知晓在收到保险合同正本并书面签收后的十天内投保人可以行使合同撤销权而向贵公司申请终止保险合同，并可取回扣除保险合同工本费10元后其余已缴的保险费，但若本合同有理赔申请或在上述十天期限内有保险品种、保险金额或缴费方式等的变更，则投保人撤销本合同时将不享有取回上述已缴保险费的权利。
8. 本人已知晓在收到保险合同前三个保险单年度的退保金额。
9. 本人已知晓：即使本人已缴付部分或全部保险费，本合同也不必然生效，只有在贵公司依据本投保单批准或签发有关保险单，且于送交保险合同时本人身体仍为健康的前提下，本合同才生效，生效日以保险单所载日期为准。
10. 本人同意在投保单上载明的住所及通信地址及人为保险合同约定的通信地址。本人的电子邮件信箱地址仅作为沟通的一种渠道，不做前述通信地址之一用途。

为维护您的利益，请勿在空白投保单上签名，签名前，请再次核对所填资料

_____   _____
见证代理人/直属主管签名   被保险人签名
_____   年   月   日   _____
　投保人签名　　　　　　　申请日期　　　　　　　　　签署地

保险费自动转账付款授权书

被保险人/投保人（以下简称立授权书人）对本保险公司广州分公司（以下简称本公司）及下述勾选银行（以下简称授权银行）授权如下：

一、立授权书人同意授权本公司与授权银行从立授权书人，即被保险人或投保人的授权银行个人结算账户内扣取下列保险合同编号的投保申请或保险合同的初算保险费或各期到期保险费。

二、立授权书人同意于此账户中扣缴下列投保申请或保险合同的初算保险费或各期到期保险费优先于其他任何用途的支付。

三、立授权书人同意划账金额以初算保险费为准，并从授权账户中转账。以下投保申请一经本公司同意承保且转账成功后，本公司将缮发保险合同，首期保险费发票将连同保险合同经代理人送至投保人。

四、立授权书人同意在签署投保单后一天内将初算保险费存入自动转账账户内，而每期收保险费以本公司邮寄之"缴付保险费通知书"为准。如账户内无足够余额时，授权银行将不予转账，由此产生的相关责任将由立授权书人承担。

五、立授权书人同意此账户用作扣取以后各期到期保险费，至少在当期保险费到期日前一个月向本公司申请办理自动转账手续，并同意于当期保险费到期日前一周内将足额的保险费存入自动转账账户内。如账内无足够余额时，授权银行将不予转账，由此产生的保险单终止责任将由立授权书人承担。

六、每期保险费转账成功后，本公司将按保险合同档案内所载的最后住所或通信地址邮寄保险费发票联至投保人。立授权书人如因授权银行自动转账与应缴保险费金额不符或对保险费率计算有异议时，应自行向本公司洽询理清。

七、立授权书人同意如授权书人在同一指定自动转账付款账户内同时授权自动转账交付两张或以上保险单之保险费或其他自动转账业务时，依照本公司规定的转账顺序转账。

八、立授权书人同意每期保险费转账后，需在账户中保留至少1元人民币作为余额，否则，此账号将被视为自动清账并终止授权。

九、立授权书人欲终止使用授权账户缴付保险费时，应于当期保险费到期日一个月前向本公司递交书面终止授权申请，由本公司转知会授权银行停止转账，但投保人仍负有以其他方式缴付保险费的义务。

十、立授权书人持续有效直至下列情况之一者将自动终止：

　（1）立授权书人申请终止授权　（2）授权账户终止　（3）保险合同效力终止

保险合同编号		新申请授权账户	
银行名称 （限勾选其中之一）	□中国工商银行广东分行营业部（广州行政区个人结算账户） □中国农业银行广东分行营业部（广州行政区个人结算账户） □中国建设银行广东省分行　　（广州行政区个人结算账户）	开户行地址：	
授权账户账号			
账户所有人姓名		账户所有人身份证号码	

立授权书人/账户所有人签名：_____　_____

（被保险人）　　　　（投保人）

（请保持签名样本与上述编号之投保单一致）

授权日期：　　　　年　　　月　　　日

填写说明：

1. 银行账户所有人以保险单之被保险人/投保人为限，被保险人为未成年人时则为投保人。

2. 账户所有人签章必须与银行账户所载姓名相同。递交此授权书时，必须同时递交载有账户姓名及账号号码的银行存折复印件。

3. 所提供之授权账户必须为授权银行开立的个人结算账户。

此栏由本公司填写：

受理意见：□受理　　　　　　　　　　　　　　　承办人：_____　日期：_____

□不受理，原因_____　审核人：_____　日期：_____

附件3.2

投资连结保险投保单

投保人资料（请务必填写准确的联系方式以便公司及时为您提供服务）　　　投保单号：

姓名：	□男性 □女性	证件号码											
	年龄：　　周岁	□身份证　□港澳台通行证　□护照　□其他＿＿＿						有效日期：　年 月 日					

出生日期：　年 月 日	□已婚 □未婚 □离婚 □丧偶	国籍：	户口所在地：

家庭住址：	电话：	邮政编码					
	手机：	E-mail 地址：					

单位名称：	电话：
单位地址：	邮政编码
具体工作内容及场所（包括副业）：	平均月收入：　　　元（人民币）
职务：　　　　　职业代码	副业代码

被保险人资料（若被保险人为投保人本人，可免填本栏）

姓名：	□男性 □女性	证件号码											
	年龄：　　周岁	□身份证　□港澳台通行证　□护照　□其他＿＿＿						有效日期：　年 月 日					

出生日期：　年 月 日	□已婚 □未婚 □离婚 □丧偶	国籍：	户口所在地：

家庭住址：	电话：	邮政编码					
	手机：	E-mail 地址：					

单位/学校/幼儿园名称：	电话：
单位/学校/幼儿园地址：	邮政编码
具体工作内容及场所（包括副业）：	平均月收入：　　　元（人民币）
职务：　　　　　职业代码	副业代码

通信地址（与本保险合同有关的所有文件的递送，均以此通信地址为准，若未填，则以投保人家庭住址为通信地址）

□同投保人家庭住址　　□同被保险人家庭住址　　□同被保险人单位地址
□其他地址　　　　　　□电话/手机：　　　　邮政编码

受益人资料（如果有多位受益人且无特别指定保险金给付方式，则各受益人按均等份额享有受益权）

与被保险人的关系	A	B	C
身故保险金受益人姓名			
住所地址			
保险金给付方式	□均分	□按填写顺位	□按份额

投保事项（若主合同账户建立日未勾选或重复勾选，则默认为保单犹豫期后建立账户）　　单位：人民币元

主合同		保险金额：　　　元	期交保费：　　　元	账户建立日：□保单生效后
		保险费缴付方式：年缴	首期追加保费：　　　元	□保单犹豫期后
附加合同	附加综合意外伤害保险	险种	保险金额	险种	保险金额

附加合同	附加综合意外伤害保险	险种	保险金额	险种	保险金额
		意外身故及残疾给付	元	附加住院补贴医疗保险	元/天
		意外医疗给付	元	附加住院补偿医疗保险	计划
		公共交通意外身故及残疾给付	元	附加长期重大疾病保险	元
		其他		其他	

有关事项	争议的处理方式：1.□诉讼　2.□仲裁（若未勾选或重复勾选，则当争议发生时，本公司以诉讼方式处理。若选择仲裁则提交＿＿＿＿仲裁委员会仲裁，仲裁机构未填或填写不明确的，仲裁条款无效）

投资账户（仅可选择一种套餐或自选分配比例，分配比例应为5%的倍数，且分配比例之和必须为100%）

投资账户名称	□套餐A（%）	□套餐B（%）	□套餐C（%）	□自选分配比例
积极投资型	40	15	0	
指数投资型	40	15	0	
平衡收益型	20	60	20	
现金增利型	0	10	80	

保险费自动转账授权声明书

授权账户所有人（以投保人/被保险人为限）：_____ _____ 开户银行名称：_____ 开户银行账号：_____	自动转账授权： 1. 账户所有人及投保人同意以此授权资料作为投保人缴纳各期保险费之用，并同意按银行的各项规定执行。若该保险合同发生保险金给付，且给付对象为本人时，本人同意依照贵公司之规定将该银行账户用于接受保险金给付。 2. 账户所有人如果在同一授权账户内同时授权两张或两张以上与贵公司签订的保险合同的保险费自动转账，账户所有人及投保人同意依照贵公司规定的转账顺序转账。 3. 账户所有人所提供的授权账户，必须为本人的个人结算账户。

被保险人告知事项

□是	□否	1. 是否已购买或正申请投保其他保险公司的人寿保险、意外伤害保险？若"是"，请详列： 公司名称：　　　　　　　□寿险保额：　　　元　□意外险保额：　　　元　投保日期：
□是	□否	2. 是否已购买或正申请投保其他保险公司的健康保险？若"是"，请详列： 公司名称：　　　　　□重大疾病险保额：　　　元　□住院补贴险保额：　　　元/天 □手术补贴险保额：　　　元　□其他：　　　元
□是	□否	3. 是否有人寿保险、意外或健康保险的投保申请曾被拒保、延期、加费或作任何形式的修改？若"是"请说明： 保险品种：　　　　　申请日期：　　　　　　　原因：
□是	□否	4. 您是否以摩托车为主要的交通工具？
□是	□否	5. 您是否已参加社会基本医疗保险或公费医疗？

被保险人健康告知

a. 身高：　　厘米	b. 体重：　　千克	c. 过去一年内体重减少：　　千克	原因：

被保险人告知	被保险人健康告知项目
□是　□否	1. 最近六个月内是否曾因受伤或生病接受药物治疗或手术？
□是　□否 □是　□否	2. 最近5年是否曾接受： a. X光、CT、核磁共振、心电图、病理检查、血液、超声波、内窥镜、血管造影等检查？ 若有回答为"是"者，请具体说明检查项目：　　　　　检查结果： b. 是否曾接受手术或住院治疗？
□是　□否	3. 最近5年是否曾有下列症状或体征？ 头痛、晕厥、胸闷、胸痛、心悸、气急、不能平卧、发绀、吞咽困难、咳血、腹痛、颈肩痛、腰腿痛、四肢麻木、肌肉萎缩/痉挛、肝区疼痛、便血、血尿、蛋白尿（泡沫尿）、多尿、不明原因皮下出血点、浮肿、肿块、发热
□是　□否 □是　□否 □是　□否	4. 身体残障情况： a. 是否有智能障碍？ b. 是否有视力、听力或中枢神经系统障碍？ c. 是否有脊柱、胸廓、四肢或手指、足趾畸形、跛行或脊髓灰质炎后遗症等其他缺陷？

□是 □否	5.	a. 是否或曾吸烟:若"是",吸烟____年,____支/天;若现已戒烟,已戒烟____年,原因:____
□是 □否		b. 是否或曾饮酒:若"是",饮酒____年,种类:____,数量:____毫升/周或___克/周;若现已戒酒,已戒酒____年,原因:____
□是 □否		c. 是否曾接到医生对您有关吸烟、饮酒的建议和忠告?
□是 □否	6.	出生至今是否曾患有下列病症:
□是 □否		a. 高血压病、冠心病、心肌梗死、心律失常、心肌炎、风湿性心脏病、先天性心脏病、肺源性心脏病、心肌病变、心脏瓣膜疾病(狭窄、闭锁不全、畸形)、主动脉血管瘤、下肢静脉曲张;
□是 □否		b. 脑血管意外(脑出血、脑梗死)、脑炎、脑膜炎、脑积水、血管畸形、脑动脉血管瘤、短暂性脑缺血、脑供血不足、颅脑外伤;
□是 □否		c. 慢性支气管炎、肺结核、哮喘、支气管扩张症、肺气肿、气胸、胸腔积液、肺脓肿、肺栓塞、胸膜炎、尘肺、肺间质病变或肺纤维化;
□是 □否		d. 肝炎病毒携带者、肝炎、肝硬化、肝功能异常、黄疸、脂肪肝、肝脓肿、肝内结石、肝血管瘤、肝脾肿大、慢性胃炎、消化道溃疡/出血/穿孔、胰腺炎、胆囊炎、胆结石、胆囊息肉、胆管炎、结肠炎、肠结核、克罗恩病、肠梗阻、疝、慢性阑尾炎、痔疮及肛周疾病;
□是 □否		e. 肾炎、肾病综合征、肾功能异常、尿毒症、肾囊肿、多囊肾、肾下垂、尿路结石、尿路畸形、前列腺肥大、前列腺炎、精索静脉曲张、鞘膜积液;
□是 □否		f. 糖尿病、痛风、高脂血症、甲状腺或甲状旁腺疾病、垂体机能亢进或减退、肾上腺机能亢进或减退及其他内分泌系统疾病;
□是 □否		g. 良性或恶性肿瘤、或尚未证实为良性或恶性之肿瘤、囊肿、息肉、赘生物、血管瘤;
□是 □否		h. 各类贫血、血友病、白血病、发癫、淋巴瘤、脾脏疾病及其他各类血液系统疾病;
□是 □否		i. 风湿性关节炎、类风湿性关节炎、红斑狼疮、硬皮病及其他结缔组织系统疾病;
□是 □否		j. 白内障、青光眼、视网膜病变、视神经病变、复视、斜视、角膜疾病、中耳炎、神经性耳聋、鼻窦炎、鼻息肉、鼻中隔偏曲、声带息肉、声带结节及其他眼、耳、鼻、喉之疾病;
□是 □否		k. 癫痫、重症肌无力、多发性硬化症、帕金森综合征、脊髓灰质炎、运动神经元疾病及其他神经系统疾病;
□是 □否		l. 酒精或药物滥用成瘾、性病、眩晕症、抑郁症及各类精神疾病;
□是 □否		m. 骨折、关节病变、骨质增生、退行性病变、坐骨神经痛、椎间盘突出及其他骨骼系统疾病;
□是 □否	7.	a. 您或您的配偶是否曾接受或试图接受与艾滋病有关的检验或治疗?
□是 □否		b. 您或您的配偶是否曾在过去6个月内持续一周以上出现下列症状:体重下降、食欲不振、盗汗、腹泻、淋巴结肿大及皮肤溃疡?
□是 □否	8.	父母或兄弟姐妹中是否曾于60岁以前患心脏病、中风、高血压病、糖尿病、肾脏病、癌症?
□是 □否	9.	被保险人为女性时,请补充告知:
□是 □否		a. 是否曾患有乳房疾病、子宫颈涂片检查中发现有异常情况、子宫内膜异位症、阴道异常出血、盆腔炎症、异位妊娠、妊娠并发症、子宫肌瘤及其他生殖系统疾病?
□是 □否		b. 是否怀孕,若"是",末次月经日期为____年____月___日,为怀孕____周。
	10.	被保险人投保年龄未满7周岁时,请补充告知:
□是 □否		a. 被保险人为孕____周出生的儿童,出生时体重为____克,是否为多胞胎之一?
□是 □否		b. 被保险人出生时是否曾有窒息史、抢救史或置于保温箱史?
□是 □否		c. 被保险人从出生至今是否曾患有肺炎、支气管炎、肠套叠、抽搐等疾病?
□是 □否		d. 被保险人是否曾因治疗或被告知患有先天性疾病、遗传性疾病、先天性畸形或缺陷?
□是 □否		e. 被保险人在母亲产前检查中是否曾有异常结果?如有请详述:_____

被保险人健康告知项目中,若有回答为"是"者,请具体说明:

项目编号:____ 疾病名称:____ 患病时间:____ 医院名称:____

治疗情况:____ 目前情况:____

若投保人、被保险人有任何未尽的事宜,请在本栏说明

投保人及被保险人声明与授权

1. 本人已在投保前认真阅读并全面理解贵公司提供的产品条款、产品说明书、投保单，并在保险销售人员的详细解释下充分了解到以下内容：

(1) 保险责任　　　　　　　　　　(2) 责任免除条款

(3) 产品犹豫期　　　　　　　　　(4) 投保人的如实告知义务

(5) 职业或工种的变更告知　　　　(6) 年龄错误的处理

(7) 合同解除以及前三年度退保金额　(8) 保险事故通知

(9) 保险金申请与诉讼时效　　　　(10) 宽限期与合同效力的中止

(11) 医疗险的等待期　　　　　　(12) 重要术语的释义

(13) 对于分红保险，其红利分配是不确定的，分红也是不保证的。合同中止期间红利不予分配。

(14) 对于投资连结保险和万能保险，产品的保障范围、保险金给付额的计算方法、各项费用的具体扣除情况及投资账户价值的具体计算方法等，所缴纳的保险费需要扣除部分费用用于保险保障和经营管理。

对于以上内容本人均无异议。

2. 本人已知晓，即使本人已缴预收保险费，本保险合同仍未生效。贵公司对本保险合同应负的保险责任自贵公司核保通过且收到首期全额保险费时开始，并以贵公司签发的保险单作为承保的凭证，本保险合同的生效日以保险单上载明的为准。

3. 本人授权贵公司就保险的相关事宜，向任何医生、医院、诊所、保险公司或任何组织查阅有关投保人及被保险人的资料或索取其他有关证明文件。

4. 本人同意投保时生存保险金、满期保险金的受益人默认为投保人，如需变更可向贵公司提出变更受益人的书面申请。

5. 本人对本投保单、与投保单有关的各份问卷及文件、对贵公司指定体检医生的各项声明与陈述，均确实无误，并在签名栏亲笔签名（18 岁以下未成年人由监护人代签）。

　　如您在投保前已认真阅读本产品条款，请确认：＿＿＿＿＿＿＿＿＿（投保人签名）

投保人签名：＿＿＿＿＿＿＿＿＿

被保险人签名：＿＿＿＿＿＿＿＿

监护人签名：＿＿＿＿＿＿＿＿＿

申请日期：＿＿＿年＿＿月＿＿日

保险代理人签名	保险代理人工号

保险代理人声明：本投保单是在本人协助下由被保险人、投保人亲自签名的；本人已亲见被保险人及投保人，并与其身份证件原件核对无误。

附件 3.3

代理人报告书

1. 被保险人与代理人的关系是：□亲戚　　　　□朋友　　　　□他人介绍
　　　　　　　　　　　　　□陌生拜访　□自动投保　　　□家属
　　　　　　　　　　　　　其他（说明）：＿＿＿＿＿＿＿＿＿＿＿＿＿＿＿

2. 被保险人与代理人认识多久：□半年以内　□半年至二年　□二年以上

3. 被保险人是否有兼职或副业：□无
　　　　　　　　　　　　　　　□有（说明：＿＿＿＿＿＿＿＿＿＿＿＿＿＿）

4. 被保险人的四肢五官的残缺障碍或畸形：□无
　　　　　　　　　　　　　　　　　　　　□有（说明：＿＿＿＿＿＿＿＿＿＿）

5. 被保险人的婚姻状况：□未婚　　□已婚　　□离婚　　□分居　□配偶已故

6. 被保险人是否有危险嗜好或从事危险运动：□无
　　　　　　　　　　　　　　　　　　　　　□有（说明：＿＿＿＿＿＿＿＿＿＿）

7. 投保人每年固定收入约＿＿＿＿＿元，收入来源：＿＿＿＿＿＿＿＿＿＿＿＿

8. 被保险人每年固定收入约＿＿＿＿＿元，收入来源：＿＿＿＿＿＿＿＿＿＿＿

9. 如投保人失业，请回答：

（1）投保人生活来源是什么：＿＿＿＿＿＿＿＿＿＿＿＿＿＿＿＿＿＿＿＿＿＿

（2）保险费是何人支付：＿＿＿＿＿＿＿＿＿＿＿＿＿＿＿＿＿＿＿＿＿＿＿＿

（3）能够支付时间为多久：＿＿＿＿＿＿＿＿＿＿＿＿＿＿＿＿＿＿＿＿＿＿＿

10. 投保单是否由投保人、被保险人或其法人监护人亲自签名盖章：□是　　□否

11. 受益人非被保险人之父母、配偶、子女时，请说明原因：＿＿＿＿＿＿＿＿＿

12. 公司认为需要会晤被保险人时，请填写适当的会晤之地址：

地址：＿＿＿＿＿＿＿＿＿＿＿＿＿＿＿＿＿电话：＿＿＿＿＿＿＿＿＿＿＿＿

13. 此单是否为团单：□是　　　□否

　　　本投保单各栏及询问事项，确经本人当面向投保人、被保险人说明，并且投保人、被保险人亲自告知并签名盖章无误，且本报告各栏均属实，如有不实见证或报告，本人愿负法律责任。

营业部经理签章：　　　　　　　　　　　　业务员签章：

　　　年　月　日　　　　　　　　　　　　　年　月　日

实验七　寿险公司的核保

一、实验目的

（1）了解寿险公司核保的过程及每一过程的主要内容；
（2）建立个人风险分析概念，初步掌握个人风险的分析方法；
（3）掌握核保手册的使用方法。

二、实验要求

（1）能够在一定程度上掌握人寿保险及意外伤害保险的核保规程；
（2）能够利用核保手册对给定的被保险人进行核保并出具核保分析报告；
（3）能够根据核保分析报告出具正确的核保结论。

三、实验环境（仪器、软件和材料）

（1）电脑；
（2）网络连接；
（3）Office 办公软件；
（4）投保单及代理人报告书；
（5）《寿险核保手册》。

四、实验前知识准备

（一）核保的概念和作用

核保也称为风险选择，是评估和划分准客户风险程度的过程。根据客户的风险程度，保险公司决定是拒保还是承保、怎样承保以及核定风险费率。核保是寿险公司经营的一个重要环节，通过核保，可以有效地防止逆选择和道德风险，稳定保险经营；通过核保，寿险公司可以实现保险经营承保利润；核保也是达成公平合理费率的有效途径。

寿险公司核保的一般流程如图 3.12 所示。

（二）核保的基本原则

1. 公平性原则

由于每个被保险人的健康状况、生活环境和职业危险性不同，其死亡率、疾病率和意外伤害发生率也存在很大的不同。通过核保，对参加保险的个体，按照其危险程度的高低选择保险费率，收取相应的保险费，即通过核保维持差别费率的公平性。

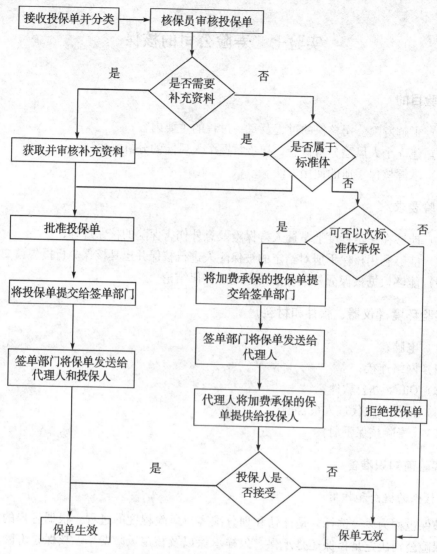

图 3.12　寿险公司核保的一般流程

2. 保证经营安全原则

对于寿险公司来说，如果核保规则过严，保险费率过高，则保险客户减少，保险公司将失去竞争力；如果核保规则过松，承保质量下降，则会影响公司承保利润的多少。因此，核保作为寿险公司风险管控的入口，对于保证保险公司经营安全有着重要作用。

3. 成本节约原则

寿险公司的核保要坚持以最少的人力、物力和最短的时间完成核保任务，在合理评估风险的同时兼顾核保成本。

4. 促进销售原则

核保的目的既不是拒绝具有损害风险因素的准被保险人的保险保障，也不是核对投保单上提供的每条陈述。核保的目的是在确保保险人财务稳定性和盈利性的同时，尽可能多地接受合格的被保险人。

（三）核保关注的风险因素

就个人保险的核保目的而言，风险因素是指健康状况、家族病史、健康习惯（例如吸烟、酗酒）、财务状况、犯罪记录、职业、业余爱好等任何能增加被保险人遭受承保损失可能性的因素。同时，对被保险人进行核保时还要考虑逆选择和道德风险。表 3.10 展示了寿险公司核保中重点关注的与被保险人有关的风险因素。

表 3.10　个人及团体人寿和健康保险核保中关注的风险因素

个人人寿与健康保险核保中关注的风险因素			
序号	风险因素	序号	风险因素
1	年龄	7	家庭医疗病史
2	身高和体重	8	财务状况
3	血压	9	职业
4	胆固醇含量	10	特定行为的迹象（如吸烟、药物滥用、不良驾驶记录和各种业余爱好）
5	特定损害风险因素（例如冠心病、糖尿病和癌症）或同时发病的出现。同时发病指两种或多种不相关的、但可能共同发挥作用的疾病或病症同时出现（如酒精中毒和沮丧）	11	保障的类型和金额
6	医疗病史	12	保险的目的
团体人寿和健康保险核保中关注的风险因素			
1	团体的规模	3	雇员所在的职业等级
2	团体业务的性质	4	要求保障的类型和金额

资料来源：LOMA 教育培训资料：保险行政业务管理（第二版）。

（四）寿险公司的核保过程

寿险公司核保的过程实际就是一个危险选择的过程，整个程序一般可以分为外勤人员的核保（第一次危险选择）；体检医师的核保（第二次危险选择）；生存调查（第三次危险选择）；专业核保人员的核保（第四次危险选择）。

1. 外勤人员的核保

外勤人员的核保即销售人员的核保，是收集投保人和被保险人的原始信息，并筛选准被保险人，以决定这些准被保险人是否适合某类险种的过程。通过外勤人员的核保，可以避免逆选择，健全寿险公司的经营；可以免除专业核保员对明显不可接受的投保单的处理和核保，节省保险成本，提高工作效率；可以减少保险纠纷，提高寿险公司的信誉。

（1）外勤人员核保的内容

①面晤。外勤人员通过和投保人、被保险人见面，了解投保人的投保动机；确定

投保人、被保险人、受益人之间的关系；指导投保人如实填写投保单、健康告知声明；明确投保单必须由投保人和被保险人亲笔签名。

②观察。详细观察被保险人的健康状况及生活环境，主要包括被保险人的体格、外观、脸色、行动是否正常；被保险人有无残疾、智力和功能障碍；被保险人的家庭情况、工作情况以及居住环境。

③询问。对被保险人的健康状况、职业以及需要如实告知的事项进行询问，主要包括投保的目的、投保的历史（已投保险种的类别、所属的保险公司、投保总金额、既往投保中有无被加费、限额、延期、拒保等情况出现）；被保险人的既往病史和家族病史；被保险人的职业及使用工具的具体情况。

④了解投保人的经济能力。了解投保人的收入和资产情况，考察投保人的保险缴费和收入是否匹配，一般情况下，投保人缴纳的所有保费之和不超过其年收入的20%；评估投保人购买的所有保险的累计保额是否合适，防止道德风险的发生。

⑤填写代理人报告书。大多数个人寿险和健康险的投保单都包含代理人报告书，在代理人报告书中，外勤人员可以对与投保人和被保险人有关的风险做出评论。代理人根据面晤、观察、询问过程中了解的实际情况，填写代理人报告书，并提供给专业核保人员。

（2）外勤人员核保的要求

①减少道德风险，防止逆选择。在外勤人员的第一次风险选择中，一定要亲自面见投保人和被保险人，对投保动机不纯者，无可保利益者应予婉拒。此外，要确保投保人投保的保险金额、应缴纳的保费与投保人的经济能力相适应。对于有不良嗜好（如酗酒、赌博、药物成瘾等）的投保人和被保险人应尽量婉拒。

②初步掌握被保险人的健康状况，判断其是否需要体检。外勤人员应仔细观察被保险人的体格、外观、精神状态和步态等，如有可疑情况应进一步调查核实并提示核保人员，并在代理员报告书中详细说明。

③指导投保人准确填写投保单及有关专项问卷。为避免日后理赔过程中投保人和保险公司发生争议甚至法律纠纷，投保书中各项内容的填写必须准确，无遗漏。外勤人员要指导并协助投保人填写投保申请书、健康告知书和风险调查问卷等有关专项问卷。对于有过往病史、高风险职业、特殊业余爱好的被保险人，要协助其填写病史问卷、高风险职业问卷、特殊业务爱好及运动问卷等。并要求其如实告知，同时要求投保人和被保险人在投保单及有关专项问卷中亲笔签名确认所填内容。如被保险人为未成年人的，应由其法定监护人代为签名确认。

④详细阐述由保险合同所产生及衍生的法律行为。外勤人员应就保险合同的条款责任、责任免除、生效规定、失效规定、复效规定、宽限期、犹豫期和退保规定等向客户明确说明，以免日后客户因不了解或误解而与保险公司之间产生纠纷。

⑤准确、详实地填写代理人报告书。外勤人员填写代理人报告书时要如实说明此次危险选择的结果，对被保险人的健康状况、财务状况和工作状况中存在的特殊情况要给予详细说明，避免遗漏，并提示核保人员调查的方向，从而做出正确的核保结论。

2. 体检医师的核保

体检医师的核保就是专任医师或特约医师运用保险医学知识，对被保险人的健康状况进行的风险选择，称为第二次风险选择。在所有的危险因素中，健康危险因素对死亡率的影响最为重要。从保险公司经营的角度看，由于被保险人的健康因素对其死亡率的影响极大，使得他们往往会做出逆选择，并且不易被察觉，为了维护其他被保险人的利益，保证公司的健全经营，有必要对投保人群中保额较高或有潜在健康危险因素的被保险人进行身体检查，从而正确做出是否承保以及以何种条件承保的结论。

（1）体检医师核保的内容

①听取被保险人的告知。体检医师在进行体检时首先要了解被保险人的年龄、性别、身体质量指数、既往病史、家族病史、现病史、从事职业、生活环境、医疗状况和常用药物等对身体健康状况及预期死亡率有影响的各种因素。若被保险人告知有既往病史及现病症时，应仔细询问其所患病名、发病时间、诊治医院、诊治医师、用药及检查情况，以及复查时间、治疗效果等。在听取被保险人告知的同时，体检医师要有效询问，获得准确的信息，最终得到一份理想的体检报告。

②为被保险人进行身体检查。通常情况下，保险公司下发给被保险人的体检通知书中已详细列明需体检的项目，体检医师按照保险公司要求的体检项目进行体检即可。除特殊情况下核保员提出需增加体检项目外，一般不允许对体检项目进行复查，尤其是血压、血生化等项目。不同的保险公司体检规则会有所不同，即使是同一家公司，由于被保险人的健康状况、购买的产品、投保的金额等不同，体检的项目也会不同，如表 3.11 所示。

表 3.11 某寿险公司人寿保险应体检项目表

投保金额 （单位：元人民币）	被保险人的投保年龄					
	30 天~17 岁	18~40 岁	41~45 岁	46~50 岁	51~55 岁	≥56 岁
0~150 000		—	—	—	—	体检 1
151 000~200 000		—	—	—	体检 1	
201 000~400 000		—	—	体检 1	体检 2	
401 000~500 000		—	体检 2	体检 3	体检 3	
501 000~1 000 000		体检 3	体检 3	体检 4	体检 4	
1 001 000~2 000 000	体检 5					
2 001 000~3 000 000	体检 6					
>3 000 000	待核保员发出体检通知单					

备注：

体检 1：普通体检+尿常规检查；

体检 2：体检 1+静态心电图；

体检 3：体检 2+血液检查 1（谷丙转氨酶、谷草转氨酶、γ谷氨酰转肽酶、总胆固醇、高密度脂蛋白、空腹血糖）；

体检 4：体检 3+血液检查 2（直接/间接胆红素、碱性磷酸酶、白蛋白、甲胎蛋白、乙肝表面抗原、甘油三酯、尿素氮、肌酐、尿酸、血常规、癌胚抗原）；

体检 5：体检 4+胸部 X 光摄片+人类免疫缺陷病毒抗体（HIV）；

体检 6：女性：体检 5+糖化血红蛋白+B 超（肝、胆、胰、脾、肾、子宫、附件）；男性：体检 5+糖化血红蛋白+前列腺特异性抗原+B 超（肝、胆、胰、脾、肾、前列腺）。

③填写健康风险评估报告。健康风险评估报告主要记录被保险人的身高、体重、胸围、腰围、血压、脉搏等基本信息和心脏、呼吸系统、消化系统、神经系统等方面的异常信息，该报告是保险公司和体检医师的保密文件，任何情况下不能向客户或第三者透露。体检医师在填写健康风险评估报告后，要对各项信息进行综合评价，还应提出相应的核保建议。

（2）体检医师核保中的注意事项

①体检报告中有被保险人的健康资料，体检医师有替受检者保密的义务。

②体检报告的结果会对核保决定产生影响，体检医师不得随意告知其他人。在特约医院进行的体检，体检报告书必须由医院专人负责与保险公司的内勤登记交接，不得随意让客户和代理人领取。

③体检时应查验受检者的体检通知书和身份证件，确认受检者为被保险人本人。

④体检医师应对体检表中有关被保险人身体状况的问题进行询问，并由被保险人签名确认，被保险人在体检报告上的签名应与投保单中的签名一致。

⑤体检过程中若发现有可疑之处，需详细询问被保险人并认真记录在体检报告书上。

⑥最终的核保结论是由保险公司专业核保员综合所有投保资料分析后做出的，体检医师不得将体检结果可能引致的承保结论告知被保险人或代理人，以免引起争议，影响核保员的核保。

3. 生存调查

生存调查简称"生调"，是指在保险合同成立前或复效时，由寿险公司行政调查人员收集被保险人的各项资料，为决定保险合同的成立或复效提供依据的活动。由于生存调查的成本较高，因此只能采取随机抽查或针对一些特殊承保件（如有疑点的保件或高额保件）进行调查，如表 3.12 所示。

表 3.12　中国人寿保险公司对高风险保额件的生存调查标准

类型	生存调查标准
情况 1	风险型寿险累计净风险保额≥500 000 元
情况 2	风险型意外险累计净风险保额≥1 000 000 元
情况 3	风险型寿险和意外险累计净风险保额≥1 000 000 元
情况 4	储蓄型险种净风险保额≥3 000 000 元
情况 5	不计风险型险种，单个险种累计满期赔付额与累计满期保费之差>3 000 000 元

资料来源：吴海波，陶四海. 健康保险核保与理赔［M］. 北京：科学出版社，2018.

寿险公司进行生存调查的目的主要是促使投保人和被保险人如实告知，减少道德风险，防范逆选择，从而规范寿险业务发展，维护保险公司经营的稳健性。

（1）生存调查的内容

在寿险公司核保过程中，生存调查主要包括以下内容，详见表 3.13。

表 3.13　寿险公司生存调查的主要内容

项目	具体内容
投保事项	①投保内容是否经被保险人认可，投保单是否由投保人和被保险人亲笔签名；②投保人对被保险人是否具有保险利益，身故受益人的指定是否经被保险人同意；③投保人和被保险人的住址、户口所在地、联系方式、职业等是否正确；④投保的险种、保险金额和投保人的收入是否匹配；⑤投保的动机；⑥代理人的服务质量情况，与投保人和被保险人有无关系，有无亲自面见被保险人
健康状况	①通过与被保险人的面谈，判断被保险人的身高、体重是否与投保单上的填写相符，精神状态如何以及有无语言智力障碍；②观察被保险人的脸色和面貌，有无明显的伤疤或肢体残疾，视觉和听觉有无异常；③被保险人的肢体运动是否协调，有无突然的不自主的震颤等举动；④了解被保险人目前有无疾病，过往有无住院或手术史，近期有无体检，在何医院体检，体检项目包括哪些，体检结果有无异常等；⑤对于有住院治疗经历的被保险人，需通过各种途径去医院调阅病史资料，记录发病情况、诊断结果、治疗手段、手术情况、用药情况、异常的化验结果、出院情形和预后等；⑥了解被保险人有无因健康状况被其他保险公司延期承保、拒保或拒赔过
财务状况	①投保人的年收入情况及来源；②被保险人的保险历史；③投保人的投资情况和家庭资产情况
职业与环境	①现任职工作内容和工作性质，工作环境如何；②有无高空作业，有无使用危险工具，有无兼职等；③居住场所与周围环境如何，有无危险因素
习惯与嗜好	①有无赌博、吸毒等不良恶习，有无犯罪、违法记录；②有无抽烟、嗜酒，程度如何，有无药物依赖；③有无危险运动的嗜好

（2）生存调查的方法

根据调查对象的不同，生存调查的方法可以分为直接调查法和间接调查法，两种方法各有优缺点，在核保实务中应具体情况具体分析，既要保证核保达到风险选择的效果，又要考虑到承保费用、核保效率和公司的形象。

①直接调查法

直接调查法是调查人员通过直接面晤的方式，了解被保险人的健康状况、经济状况、并听取受访者的告知，必要时可以向受访者索取有关的病历和既往体检、治疗记录、补充告知书等，对危险单位进行综合评估。直接调查法简捷经济，不致引起纠纷，但可靠性不高。

②间接调查法

间接调查法是调查人员通过对投保人、被保险人周围或与之有来往的人们进行接触，调查被保险人的身体健康状况及经济条件是否符合投保条件的要求。间接调查法时效慢、成本高，一般寿险公司仅在对高额保件或是有特别风险时才采用。

4. 核保员的核保

核保员的核保是指核保人员根据代理人报告书和投保单再次进行审核，判别是否可以承保或者以何种方式进行承保的过程。

（1）核保员核保的重要性

通过专业核保员核保，可以筛选出符合寿险公司预定死亡率的被保险人，排除危险性较高的低质被保险人，保证公司经营的安全。同时，通过专业核保员核保，可以使得被保险人缴纳的保费与其风险程度相适应，保证被保险人之间的相对公平性。

（2）核保员核保的流程（见图 3.13）

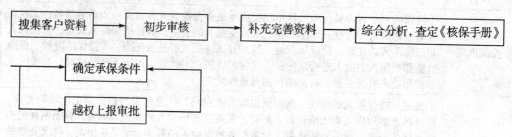

图 3.13　核保员核保的流程

①搜集客户资料。投保资料是核保的重要依据，核保员需要搜集的客户资料包括：投保单、补充告知书、各类问卷、代理人报告书、体检报告书、病历及病史资料、客户的财务报告或证明、生存调查报告、既往理赔、保全记录或其他公司承保情况等。

②初步审核。核保员根据公司的核保规程对投保人和被保险人的资料进行核对和审查，以确定投保单的填写是否详细、准确；资料是否齐全，是否需要进一步补充资料；保险金额是否符合保险需求等。

③补充完善资料。对于投保金额较高、告知声明有异常或核保员在初审时发现有疑点的保件，有必要进一步搜集相关资料。例如，对被保险人健康状况有疑点时可要求其进行体检，进一步提供病历资料等；对财务收入状况有疑点的则可以进行生存调查。

④综合分析，查定《核保手册》。核保员根据已掌握的客户资料，对影响被保险人死亡率的有利及不利因素进行综合分析，依据《核保手册》，运用数理查定法，以标准体的死亡率为基准，查定被保险人的额外死亡率，并依次确定被保险人所处的危险等级，决定承保的条件。

具体来说，《核保手册》是精算师及医务人员根据大量的统计资料依据额外危险的性质给出的对应死亡率的册子，是寿险公司用于评估风险的总准则。数理查定法即通过对各种不同的影响死亡率的因素赋值，对在统计上能增加死亡率的因素赋予正值，对可以降低死亡率的因素赋予负值。基准数值 100 代表标准死亡率，在这个基准值的基础上，核保员加上正值或负值得到被保险人的风险数值总和，从而来决定被保险人的风险等级，该数值越高，说明被保险人的风险程度越高。查定《核保手册》的具体步骤如下：

步骤 1：确定健康损伤项目。在使用《核保手册》进行额外死亡率查定时，应首先确定健康损伤项目，如冠心病、心绞痛、心肌梗死、肺气肿、哮喘、肺炎、胆囊炎、肝炎、胃炎、肝硬化等。

步骤 2：参阅可保性的一般准则。例如，冠心病核保的一般准则如表 3.14 所示。

表 3.14　冠心病核保的一般准则

序号	一般准则
1	有 3 条血管病变但并未接受 PTCA 或 CABG 治疗，拒绝承保

序号	一般准则
2	接受 PTCA 或 CABG 治疗不足 6 个月，延期承保
3	出现左心室功能障碍或严重局部缺血的迹象，拒绝承保
4	出现左主冠状动脉病的迹象，延期承保直到成功接受外科手术治疗（PTCA 或 CABG）6 个月后
5	不稳定的心绞痛，延期承保
6	心肌梗死的病史，按"心肌梗死"评点
7	每日吸烟超过 20 支，延期承保直到已经减少吸烟量至少 6 个月

资料来源：王斐，周伟. 最新人身保险核保手册［M］. 北京：中国检察出版社，2001.

步骤 3：核保操作。寿险核保中对额外死亡率的评点受到投保年龄和预后因素的影响，表 3.15 和表 3.16 分别展示了冠心病核保中投保年龄和预后因素对评点的影响。

表 3.15　投保年龄与额外评点对比表

投保年龄	34 岁以下	35～44 岁	45～54 岁	55 岁以上
额外评分	175←400→600	100←275→425	50←175→275	25←100→150

资料来源：王斐，周伟. 最新人身保险核保手册［M］. 北京：中国检察出版社，2001.

表 3.16　预后因素对额外评点的影响

箭头方向	预后因素
←	最近的总胆固醇/高密度脂蛋白比例降低
←	射血分数等于或超过 60%
←	冠脉造影术发现 2 条血管病，并已接受 PTCA 或 CABG 动脉移植治疗
←	冠脉造影术发现单一血管病变，如已接受 PTCA 或冠状动脉分流手术（CABG）治疗，则←
→	当有下列任一风险因素存在：血胆固醇过高、总胆固醇/高密度脂蛋白比例增高、高血压、糖尿病、体重过重、吸烟
→	射血分数 40%～50%
→	只以 PTCA 或 CABG 静脉移植方法治疗的 3 条血管病

备注：←表示预后较好；←←表示预后好；→表示预后较差；→→表示预后差。

资料来源：王斐，周伟. 最新人身保险核保手册［M］. 北京：中国检察出版社，2001.

每种疾病都会因一些有利或不利的因素而影响最终的预后，这些因素被称为预后因素。如果没有任何预后因素，则寿险评点时取中间值，如表 3.15 中所示，一名患有冠心病的 50 岁的被保险人，若没有任何预后因素，其寿险的额外评点为 175 点，其需缴纳的总费率=标准费率（100）+额外费率（75）= 175，即承保该被保险人，投保人需缴纳标准保险费的 1.75 倍的费用。

预后因素中的箭头，不是定量指标，只可以用于定性分析，相反方向的单箭头或双箭头可以相互抵消。一般情况下，所有提及的有利预后因素必须全部存在才能给予一个最优惠的保费评点（如上述例子中给予评点50点）。在极恶劣的不利预后因素存在时，评点可能比上限数值还要高（如上述例子中评点高于275点）。

⑤确定承保条件。依据被保险人的危险程度，核保员将被保险人划分为标准体、次标准体和拒保体。对于标准体以标准费率承保。对于次标准体则依据其危险程度、额外死亡率值等做出加收特别保费、约定特别除外责任、降低保险金额、增加免责期限或缩短保险期限等核保决定，以达到危险选择的目的，次标准体的承保方法如表3.17所示。对于拒保体，由于被保险人的预期死亡率超过了通常规定的范围，其危险程度超过了次标准体因而给予拒保，常见的拒保疾病如表3.18所示。

表3.17　次标准体的承保方法

承保方法	说明
加收保费	一是加龄法，即按被保险人额外危险程度换算增加一定年数后的年龄收取保费，此法适用于递增性或恒常性风险；二是增收额外保费法，即根据被保险人的危险程度，查定《核保手册》计算出额外死亡率，再结合被保险人的年龄、险种、保险期限换算出额外保费予以加收。一般情况下，对于短暂性风险或递减性风险采用一次性加费的方式，如孕妇、手术后不久；而对于恒常性风险或递增性风险则是在整个交费期内均衡增收保费，如高血压病等；三是职业加费，即根据职业分类分为若干等级，视职业危险的程度按保险金额予以额外加费，此种加费可因职业变更而随时调整
削减保险金法	在保险合同缔结后一定期间内发生保险事故，则寿险公司对保险金削减一定比例后支付，该法适用于承保递减性风险或一时性风险
缩短保险期限法	对于一些定期保险，可以在对被保险人的健康状况进行评估的基础上缩短保险期限（如将保险期限由20年缩短到10年）进行承保，该法适合于承保递增性风险
附加特别约定或批注法	该法是对某一种危险加以限制而不增加其他承保条件的方法，即采用特别约定或批注的形式，将某一保险责任予以除外
变更缴费年限或缴费方式法	该法通过变更缴费年限或缴费方式来改变寿险公司承担风险的净额大小，如将年缴保费变为趸缴保费，从而使得责任准备金快速提高，净保险金额快速减少，间接降低保险人的承保风险
延期承保	该法适用于被保险人危险因素的程度不明确，核保员无法给予准确合理的风险评估时。通常包括以下内容：一是被保险人患有风险较高的疾病，并已进行了治疗，但短期内无法对未来的健康状况做出准确的预测；二是核保员掌握的被保险人的资料不全，需要进一步收集，而进一步收集资料或观察需要一定的时间；三是被保险人患有暂时性的疾病，且这种疾病短期内可能会恶化，也可能会很快好转；四是过往疾病在投保时仍无法判断其转归的情况

表3.18　常见的拒保疾病

序号	疾病名称
1	癫痫、智障者、精神病患者
2	残疾人从事三类及以上职业的
3	恶性肿瘤
4	慢性酒精中毒

序号	疾病名称
5	慢性迁延性肝炎、慢性活动性肝炎、肝硬化
6	慢性肾功能不全、尿毒症、曾接受肾脏移植者
7	脑血管疾病：如脑梗死、脑血栓、脑出血、脑血管畸形
8	严重心脏病：如严重的冠状动脉粥样硬化性心脏病、不稳定心绞痛、心肌梗死、严重的风湿性心脏瓣膜病、高血压性心脏病、肺源性心脏病、严重的先天性心脏病
9	严重糖尿病
10	慢性活动性肺结核
11	曾经或正在服用、吸食、注射成瘾性药物或毒品者
12	性病、艾滋病或 HIV 抗体阳性
13	寿险评点高于"+300"点、重大疾病评点高于"+150~200点"者

⑥越权上报审批。寿险公司的核保部门通常是由不同等级的核保员组成的，这些核保员有着不同的职权等级。一般来说，核保员对投保单的审批、加费承保或拒保的权力是随着其核保经验水平、论证和判断能力的提高而增加的。对于超过自身权限规定的投保件，核保人员需要进行上报（见表3.19）。

表 3.19　不同职权等级的核保员权限实例

核保员等级	标准体个案的最高审批额	次标准体个案或附加除外责任个案的最高审批额	拒保个案的最高审批额
初级核保经验不足 1 年的初级核保员	100 000 美元	未复审时不授权	未复审时不授权
初级核保经验有 1 年或 1 年以上的初级核保员	400 000 美元	100 000 美元	未复审时不授权
中级核保经验不足 1 年的中级核保员	500 000 美元	200 000 美元	未复审时不授权
中级核保经验有 1 年或 1 年以上的中级核保员	750 000 美元	500 000 美元	未复审时不授权
高级核保经验不足 1 年的高级核保员	1 000 000 美元	500 000 美元	200 000 美元
高级核保经验有 1 年或 1 年以上的高级核保员	1 500 000 美元	1 000 000 美元	500 000 美元
首席核保员	无限额	无限额	无限额

备注：上述金额仅为示例，核保审批权限因保险公司的不同而不同。

资料来源：LOMA 教育培训资料：保险行政业务管理（第二版）。

五、实验内容

（1）实验形式：小组实验。

（2）实验用时：2 学时。

（3）指定实验内容：刘坚强，身高 172 厘米，体重 85 千克，身份证号码为：2101021971×××0324。2017 年 2 月，刘坚强在朋友的介绍下认识了保险代理人王裕，在王裕的推荐下，刘坚强以自己为被保险人，购买了其公司的洪福定期两全保险，保险金额为 200 000 元，并附加意外伤害保险 200 000 元，投保日期为 2017 年 7 月 1 日。刘先生的家庭住址是广州市天河区龙口东路 280 号 B1405 室。邮编：510625；家里的固定电话：020-6103××××，手机：180×××5678。服务单位：广东省永新律师事务所。职务：律师。月收入约 15 000 元。单位地址：广州市天河区天河路 56 号 D 座 505 室。单位电话：020-8730××××。单位邮编：510300。刘坚强选择其妻子吴娜和儿子刘鑫为身故保险金的受益人，并决定采用均分的保险金给付方式。吴娜的身份证号码为：3422011974×××0041，刘鑫的身份证号码为：4402011998×××0977。

刘坚强的保单选择的缴费年期为 20 年，缴费方式其决定选择年缴保费，首期保费及续期保费均采用银行自动转账，他用自己的工商银行广州分行的活期存折，账号为10080012 34567891234，保险费逾期未缴则请公司自动垫缴，如果首期保费溢缴则退费。"争议处理方式"选择诉讼，通信地址为自己的住址。刘坚强无任何投保经历，健康状况良好，在保险公司的安排下，刘先生于 2017 年 7 月 3 日到指定的体检中心进行了体检。

请根据体检结果、洪福定期两全保险核保规程、费率表等相关资料，查询《核保手册》，进行核保分析，出具核保结论，最终形成核保分析报告。

材料一：洪福定期两全保险保险费率表（见表 3.20）

表 3.20　洪福定期两全保险保险费率表

（20 年期，每万元基本保额，单位：元）

年龄	缴法					
	男性（20 年缴费）			女性（20 年缴费）		
	年缴	半年缴	季缴	年缴	半年缴	季缴
18	170.0	88.0	45.0	99.0	51.0	26.0
19	173.0	90.0	45.0	102.0	53.0	27.0
20	177.0	92.0	46.0	106.0	55.0	28.0
21	181.0	94.0	47.0	111.0	58.0	29.0
22	186.0	97.0	49.0	116.0	60.0	30.0
23	193.0	100.0	51.0	121.0	63.0	32.0
24	201.0	105.0	53.0	128.0	67.0	34.0
25	210.0	109.0	55.0	136.0	71.0	36.0
26	220.0	114.0	58.0	144.0	75.0	38.0
27	232.0	121.0	61.0	153.0	80.0	40.0
28	245.0	127.0	64.0	164.0	85.0	43.0
29	260.0	135.0	68.0	176.0	92.0	46.0
30	275.0	143.0	72.0	188.0	98.0	49.0
31	292.0	152.0	77.0	202.0	105.0	53.0
32	309.0	161.0	81.0	217.0	113.0	57.0
33	327.0	170.0	86.0	232.0	121.0	61.0
34	346.0	180.0	91.0	249.0	129.0	65.0

年龄	缴法					
	男性（20年缴费）			女性（20年缴费）		
	年缴	半年缴	季缴	年缴	半年缴	季缴
35	366.0	190.0	96.0	267.0	139.0	70.0
36	385.0	200.0	101.0	285.0	148.0	75.0
37	405.0	211.0	106.0	304.0	158.0	80.0
38	426.0	222.0	112.0	324.0	168.0	85.0
39	446.0	232.0	117.0	344.0	179.0	90.0
40	466.0	242.0	122.0	365.0	190.0	96.0
41	486.0	253.0	127.0	386.0	201.0	101.0
42	507.0	264.0	133.0	407.0	212.0	107.0
43	528.0	275.0	138.0	429.0	223.0	112.0
44	551.0	287.0	144.0	450.0	234.0	118.0
45	574.0	298.0	150.0	471.0	245.0	123.0
46	599.0	311.0	157.0	492.0	256.0	129.0
47	624.0	324.0	163.0	514.0	267.0	135.0
48	651.0	339.0	171.0	536.0	279.0	140.0
49	678.0	353.0	178.0	561.0	292.0	147.0
50	707.0	368.0	185.0	585.0	304.0	153.0
51	737.0	383.0	193.0	612.0	318.0	160.0
52	767.0	399.0	201.0	639.0	332.0	167.0
53	800.0	416.0	210.0	667.0	347.0	175.0
54	832.0	433.0	218.0	697.0	362.0	183.0
55	867.0	451.0	227.0	728.0	379.0	191.0

材料二：洪福定期两全保险简易核保规程

缴费期限及承保年龄如表3.21所示：

表3.21 洪福定期两全保险缴费期限及承保年龄

缴费期限	承保年龄
缴费10年	18~65周岁
缴费15年	18~60周岁
缴费20年	18~55周岁
缴费25年	18~50周岁
缴费30年	18~45周岁
缴费至50周岁	18~35周岁
缴费至55周岁	18~40周岁
缴费至60周岁	18~45周岁
缴费至65周岁	18~50周岁

承保金额：最低承保金额为10 000元人民币。

注意：

（1）投保金额需为 10 000 元人民币的整数倍；

（2）可附加意外伤害保险、住院医疗补贴保险、住院医疗补偿保险。

材料三：附加意外伤害保险费率（见表 3.22）

表 3.22　　　　　　　　　　附加意外伤害保险保险费率表　　　　　　　　单位：元

附加意外伤害保险	年缴				半年缴				季缴			
	1	2	3	4	1	2	3	4	1	2	3	4
每 10 000 元保险金额	16.0	20.0	32.0	40.0	8.3	10.4	16.6	20.8	4.2	5.2	8.4	10.5

材料四：职业等级表（节选，见表 3.23）

表 3.23　职业等级表（节选）

职业类别		职业代码	工作性质	寿险	意外险
公共事业	电信电力	14128	地底工人及电板拉设工人、督查、巡视员	标准	4
	水利	14130	工程师	标准	2
		14135	抄表员、收费员	标准	2
		14140	水坝、水库管理员	标准	2
		14150	自来水管装修人员	标准	2
		14160	水利工程设施人员	标准	3
		14170	自来水厂水质分析员（实地）	标准	2
	煤气	14180	工程师	标准	2
		14185	收费员、抄表员、检查员	标准	2
		14190	管线装修工	标准	2
		14200	煤气器具制造工	标准	3
		14205	煤气储气槽、分装厂工作人员	标准	3
	司法	14210	商业犯罪调查处理人员	标准	2
		14220	法官、律师、书记员、翻译员	标准	1
	其他	14225	垃圾车司机及随车人员	标准	2

（4）可选实验内容：林文华是广州市晨鑫贸易有限公司的部门经理，出生于 1972 年 6 月 8 日，身份证号码为 4401011972×××0019，年收入 200 000 元。妻子汪玲玲出生于 1975 年 9 月 6 日，是一名中学老师。2018 年 3 月 6 日，林文华在妻子朋友的推荐下在保险代理人张晓军处购买了其公司的"祥瑞终身寿险"，保单的投保人和被保险人均为林文华，受益人是其妻子汪玲玲。投保金额为 500 000 元，缴费期限为 10 年，缴费方式为年缴保费。

投保单中健康告知部分显示：2017 年 1 月林文华在单位体检时发现有高血压，最高 150/100mmHg。林文华的父亲 79 岁时身故，死于脑出血。母亲现年 75 岁，仍健在。林文华还有一个比其小 3 岁的妹妹，身体状况良好。2017 年单位体检时林文华还被检出血脂高，但一直未有治疗。林文华不喝酒，但有吸烟的习惯，吸烟 15 年，每天吸 10

支左右。

根据保险公司的核保规程，林文华已达到体检的条件。在公司的安排下，代理人张晓军于 2018 年 3 月 10 日陪同林文华到指定的体检中心进行了身体检查。

请根据体检结果、高血压问卷、祥瑞终身寿险核保规程、费率表和职业等级表等相关资料，查询《核保手册》，进行核保分析，出具核保结论，最终形成核保分析报告。

材料一：祥瑞终身寿险保险费率表（见表 3.24）

表 3.24　祥瑞终身寿险保险费率表（节选）

（10 年期，每万元基本保额，单位：元）

年龄	缴法					
	男性（10 年缴费）			女性（10 年缴费）		
	年缴	半年缴	季缴	年缴	半年缴	季缴
35	513.0	267.0	134.0	468.0	243.0	123.0
36	525.0	273.0	138.0	479.0	249.0	125.0
37	537.0	279.0	141.0	491.0	255.0	129.0
38	550.0	286.0	144.0	502.0	261.0	132.0
39	563.0	293.0	148.0	514.0	267.0	135.0
40	576.0	300.0	151.0	527.0	274.0	138.0
41	590.0	307.0	155.0	539.0	280.0	141.0
42	604.0	314.0	158.0	552.0	287.0	145.0
43	618.0	321.0	162.0	565.0	294.0	148.0
44	632.0	329.0	166.0	579.0	301.0	152.0
45	647.0	336.0	170.0	593.0	308.0	155.0
46	662.0	344.0	173.0	607.0	316.0	159.0
47	678.0	353.0	178.0	621.0	323.0	163.0
48	694.0	361.0	182.0	636.0	331.0	167.0
49	710.0	369.0	186.0	651.0	339.0	171.0
50	727.0	378.0	190.0	667.0	347.0	175.0

材料二：祥瑞终身寿险简易核保规程

缴费期限及承保年龄如表 3.25 所示：

表 3.25　祥瑞终身寿险缴费期限及承保年龄

缴费期限	承保年龄
缴费 10 年	出生满 30 天~65 周岁
缴费 15 年	出生满 30 天~60 周岁
缴费 20 年	出生满 30 天~55 周岁
缴费至 55 周岁	出生满 30 天~45 周岁
缴费至 60 周岁	出生满 30 天~50 周岁

承保金额：最低承保金额为 20 000 元人民币。

注意:

(1) 投保金额需为 10 000 元人民币的整数倍;

(2) 可附加意外伤害保险、住院医疗补贴保险、住院医疗补偿保险。

材料三:职业等级表(见表 3.26)

表 3.26 职业等级表(节选)

职业类别		职业代码	工作性质	寿险	意外险
一般	机关团体 公司行号	01010	内勤人员	标准	1
		01020	外勤人员	标准	2

材料四:高血压问卷

高血压问卷

被保险人姓名: <u>林文华</u>　　　　　　投保单编号: <u>201803060016</u>

请详述以下问题,填写后请交回　　☑　核保部　_____(新契约)

　　　　　　　　　　　　　　　　□　客户服务部　_____(保单复效或变更)

问题	详细描述(如有需要可另附页说明)
1. 首次发现高血压的日期	1. 2017 年 1 月 8 日
2. 当时血压是多少?	2. 150/100mmHg
3. (a) 是否就医过? (b) 如是,请写明医院名称。	3. (a) 是 (b) 广州市第一人民医院
4. (a) 是否被告知高血压是继发性的? (b) 如是,请详述。	4. (a) 否 (b)
5. (a) 是否有并发症?如心、脑、肾、眼等。 (b) 如是,请详述。	5. (a) 否 (b)
6. (a) 何时,接受过何种治疗? (b) 做过何种检查?如心电图、胸片,检查结果是什么? (c) 疗效如何,请举例(包括血压和日期)。 (d) 是否停止随访?如是,何时? (e) 是否恢复随访?如是,何时? (f) 是否正在自己或是根据医生处方服药?	6. (a) 2017 年 2 月开始间断服用降压药物治疗 (b) 单位体检时做过心电图、B 超和胸片检查,检查结果均显示正常 (c) 血压有小幅下降,在 135～140/90 mmHg 范围内波动 (d) 否 (e) (f) 是
7. 目前的血压是多少? (请注明范围及日期)	7. 2018 年 2 月 25 日,135/95 mmHg
8. (a) 是否曾吸烟?饮酒?如是: (b) 每天抽几支/抽多少年?饮酒量? (c) 现在是否抽烟?饮酒? (d) 如否,请写明为何停止吸烟?饮酒?	8. (a) 是 (b) 10 支/天,已抽 15 年 (c) 抽烟,不饮酒 (d)
9. 有否高血压家族史及家族成员小于 60 岁患心血管疾病/中风/肾脏疾病或死亡?	9. 否
10. 是否提供病史资料?	10. 是

本人声明以上陈述与回答全部属实及完整，并构成保险合同的一部分，本人授权保险公司如有需要，可向任何医院或医生索取有关本人病情的任何资料。

陈述日期：___2018___年___3___月___6___日　　被保险人签名：_____林文华_____

（若被保险人年龄在 18 岁以下，由投保人签名）

投保人签名：_____

六、实验方法和操作步骤

根据寿险公司的核保流程，在对核保素材进行详尽分析的基础上，通过查询《核保手册》，最终做出核保的结论。

步骤 1：通读《核保手册》，了解寿险核保的技术方法；

步骤 2：分析投保单、代理人报告书、体检报告等相关资料；

步骤 3：查《核保手册》，对被保险人进行健康因素、财务因素及其他因素的核保分析；

步骤 4：根据分析结果得出核保结论；

步骤 5：形成书面实验报告并提交。

七、实验注意事项

（1）所有表格填写的内容必须以背景资料中提供的材料为基础；

（2）背景资料中未提及的部分，由学生根据已有知识小组协商后酌情填写；

（3）核保结论必须明确具体，可以是正常承保、加费承保、延期承保或拒绝承保中的任一个。

八、参考文献

［1］刘冬姣. 人身保险［M］. 2 版. 北京：中国金融出版社，2010.

［2］谢隽，陈艳茜，吴新建，范文庆. 人身保险核保核赔［M］. 长沙：中南大学出版社，2018.

［3］张洪涛，王国良，吴宗敏，等. 保险核保与理赔［M］. 北京：中国人民大学出版社，2006.

［4］吴海波，陶四海. 健康保险核保与理赔［M］. 北京：科学出版社，2018.

附件 3.4

核保分析报告（一）

核保员：

保险计划	洪福定期两全保险 200 000 元/意外险 200 000 元
被保险人	刘坚强
健康告知	父亲 80 岁时身故，死于冠心病心肌梗死；母亲 78 岁，患高血压病；妹妹 43 岁，健在； 2005 年单位体检时发现血脂高，未治疗； 有吸烟的历史，10~15 支/日。
体检结果	身高 172 厘米，体重 85 千克，体重指数 28.7%； BP：135/85mmHg；HR：76 次/分，心律齐，各听诊区未闻及杂音； 胸透：心肺未见异常； 血尿常规：正常； 肝肾功能、血糖：正常； 总胆固醇：8.6mmol/L（3.6~6.5）； 甘油三酯：4mmol/L（0~1.17）； 高密度脂蛋白：1.0mmol/L（1.16~1.55）； 乙肝表面抗原：阴性； 心电图：ST-T 改变，心电图活动平板运动负荷试验因呼吸急促、疲劳、ST 段压低而终止； 结论：运动试验阳性，考虑冠心病，心功能正常。
核保分析一 （健康因素）	

核保分析二 （财务因素）	
核保分析三 （其他因素： 职业、个人和 生活方式等）	
核保结论	

附件 3.5

核保分析报告（二）

核保员：

保险计划	祥瑞终身寿险 500 000 元
被保险人	林文华
健康告知	父亲 79 岁时身故，死于脑出血；母亲 75 岁，仍健在；妹妹 42 岁，身体状况良好； 2017 年单位体检时发现血脂高，未治疗； 不饮酒，有 15 年吸烟的历史，10 支/日。
体检结果	身高 175 厘米，体重 93 千克，体重指数 30.4%； BP：140/105mmHg； HR：66 次/分，心律齐，各听诊区未闻及杂音； 胸透：心肺未见异常； 血尿常规：正常； 肝肾功能、血糖：正常； 总胆固醇：7.6mmol/L（3.6~6.5）； 甘油三酯：3.7mmol/L（0~1.71）； 高密度脂蛋白：1.0mmol/L（1.16~1.55）； 乙肝表面抗原：阴性； 眼底检查：未见异常； 心电图：正常； 腹部 B 超：脂肪肝； 心脏超声：心内结构及血流未见异常。
核保分析一 （健康因素）	

核保分析二 （财务因素）	
核保分析三 （其他因素： 职业、个人和 生活方式等）	
核保结论	

第四章　寿险公司的理赔

实验八　寿险公司的理赔

一、实验目的

（1）熟悉寿险报案受理的主要途径与工作流程；

（2）熟悉立案的条件及立案流程；

（3）熟悉寿险理赔案件的审核流程及要点；

（4）熟悉理赔记录的要点；

（5）了解四种理赔结论及其适用的情况；

（6）熟悉寿险理赔调查的流程及要点；

（7）了解理赔调查报告的书写方法；

（8）了解证明核定的要点；

（9）了解寿险理算的方法及过程；

（10）了解寿险理赔案卷的结案与归档规范。

二、实验要求

（1）掌握寿险理赔作业的流程并能正确处理赔案；

（2）根据给定的理赔案例及资料，结合所学的知识，填写报案登记表、理赔申请书等；

（3）根据所学知识正确判断赔案属于四种理赔结论中的何种结论，并说明原因。

三、实验环境（仪器、软件和材料）

（1）电脑；

（2）Internet 网络连接；

（3）Office 办公软件；

（4）理赔案例材料；

（5）人身保险软件。

四、实验前知识准备

（一）理赔的概念和意义

1. 理赔的基本概念

理赔（Claim Settlement）指保险事故发生后，保险人在接受客户索赔、进行现场查勘与取证的基础上，查明损失原因，估算损失程度，确定赔偿金额，并给付结案的一系列活动。寿险理赔工作是寿险公司经营中极其重要的业务环节。

2. 理赔对寿险公司的重要意义

（1）实现保险的保障功能

寿险公司保险产品的使用价值是为被保险人提供人身保障。对于个人和家庭来说，购买保险是为自己和家人寻求化解未来风险的保障；对于企业来说，购买保险是为了消除员工对风险的恐惧，更好地投入工作，稳定企业的经营；对社会来说，购买保险是为了防止风险发生后社会成员陷入疾病和贫穷，减轻社会负担。理赔是保险人履行保险合同义务，实现经济保障的体现，如果没有理赔，寿险公司的产品就无法体现其使用价值。

（2）控制寿险公司的经营风险

在寿险公司的经营中，核保和理赔是控制风险的重要关卡。如果没有把好核保的关卡，则会将不合格的被保险人承保进来，为公司未来的发展埋下隐患；如果没有把好理赔的关卡，这些隐患将会变成现实的损失，进而影响寿险公司的长期稳健经营。

（3）树立寿险公司的品牌形象

寿险公司提供的产品是无形的，是对未来服务的承诺，因此公司的品牌形象对销售来说至关重要。而寿险公司良好的社会形象和良好的声誉，是通过诚信、良好、及时、合理地履行保险合同义务的服务品质来树立和维持的，理赔恰好是履行合同义务的关键。

（4）促进寿险公司的风险管理

寿险公司在理赔经办过程中，通过对理赔案例的分析和理赔数据的积累，可以更加全面地掌握客户风险状况的数据，可以检验保险条款和费率制定过程中存在的问题，有利于规范寿险公司的业务行为，提高寿险公司的整体风险控制水平。

（二）寿险理赔的原则

在寿险理赔过程中首先要遵循保险的一般原则，如保险利益原则、最大诚信原则、近因原则、补偿原则及其派生原则。此外，寿险理赔中还应该遵守以下五个原则：

1. 守法遵规原则

守法遵规原则是指在寿险理赔工作中要严格依据法律规定和公司的规章制度来进行查勘取证。例如，理赔人员要在《保险法》规定的理赔时效的范围内完成查勘和审核工作。在现场调查时，要做到依法取证，确保证据的形式、来源、收集程序等方面的合法性。

2. 重合同、守信用原则

重合同、守信用是保险理赔必须坚持的最高原则。保险人与投保人和被保险人之间的权力和义务是基于保险合同建立起来的，因此在理赔的过程中要严格按照保险合同条款的规定，对属于保险责任范围内的损失，要做到不惜赔；对于不属于保险责任范围内的损失，不滥赔。

3. 主动、迅速、准确、合理原则

主动、迅速、准确、合理是寿险理赔工作的最基本要求，也是衡量理赔质量高低的重要标准。"主动"要求理赔人员对案件积极主动地受理和调查取证；"迅速"指的是理赔人员按照《保险法》及合同中对理赔时效的规定，对赔案办的快、赔的及时；"准确"指的是理赔人员在查勘、定损和理赔中要做到准确无误；"合理"就是依据保险合同、条款的规定，合理划分责任、合理赔偿，剔除无效索赔，排除欺诈性索赔。

4. 实事求是原则

实事求是原则要求理赔人员在理赔办理过程中不能主观臆断，不能先入为主，不能偏听偏信。在调查取证过程中要力求客观、全面，做到有错必纠、有错必查。

5. 公平原则

公平原则要求理赔人员在处理赔案时要立场公正、不偏不倚，摆正公司和客户之间的利益关系，坚决维护保险当事人的合法利益。

（三）寿险理赔的作业流程

寿险理赔分为报案、立案、初审、调查、理算、复核、结案归档等几个环节。当被保险人出险时，无论其持有几份保险合同，接案人员只对其做一个报案登记，如资料齐全，进行立案处理。对每份合同分别进行初次理赔审核，对需要调查的案件提出调查要点并通知调查人员；对无须调查的案件，直接将案卷移交核赔人员进行审核。调查人员经过调查，对本次出险事故形成统一的调查报告并移交核赔人员。核赔人员应对每份保险合同分别审核并进行理赔计算，形成理赔计算书，并将案卷移交复核人员。复核人员对每份保险合同的理赔计算书分别复核后移交结案人员。结案人员进行领款人身份确认等结案处理，待领款人领款后，将案卷按结案时间进行归档。理赔的作业流程具体如图 4.1 所示。

1. 报案

（1）报案的概念

报案是指在被保险人发生保险事故后，知情人将该事故情况通知保险公司的行为。报案人的身份没有特别的限制，可以是被保险人本人，也可以是其他知情人，但报案是投保人、被保险人及受益人的法定义务。报案环节应当引起理赔人员的高度重视，在接待报案的过程中，理赔人员可以了解到事故发生的第一手资料，通过详细询问凭直觉还可以发现案件中存在的疑点和调查方向，为今后的理赔工作打好基础。

（2）报案的作业流程

①报案登记

保险公司接受客户或保险事故的口头或书面报案，并填写报案登记表（见附件4.1）。报案方式主要包括上门报案、电话报案、传真报案等。若报案登记正确，则录入赔付申请并进行立案；若报案登记错误需修改及删除报案信息；若出现以下情况则不受理报案申请：一是客户无保险合同；二是申请人无被保险人有效身份证明；三是无保险缴费凭证；四是由他人申请无授权委托书和委托人的有效身份证明，或当被保险人身故时，申请人非受益人，且无有效身份证明；五是出险日期没有有效保单；六是同一被保险人已报案但未立案。报案登记流程具体如图 4.2 所示。

②报案登录

理赔人员确认出险人身份后，应详细记录报案事项，投保情况及事故者身份（被保险人或投保人）等报案信息，通过查询公司的系统，对出险人身份及在公司的所有保单状态进行查询确认，根据查询结果做出相应处理。

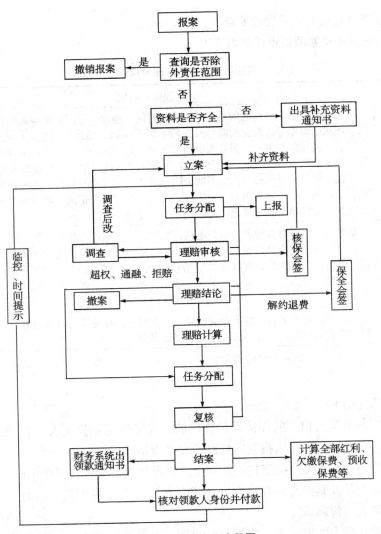

图 4.1　理赔作业流程图

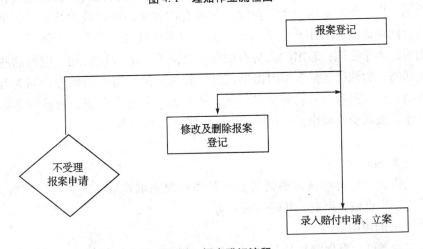

图 4.2　报案登记流程

资料来源：张洪涛，王国良，吴宗敏，等. 保险核保与理赔［M］北京：中国人民大学出版社，2006.

（3）报案登记的方式及受理要点

理赔报案方式及处理要点详见表4.1。

表4.1　理赔报案方式及处理要点综合一览表

报案方式	处理要点说明
上门报案	一是询问报案事宜。询问的重点是：出险时间、地点、原因、出险人姓名、身份证号码及现状、保单号或投保的险种及保额、联系电话、地址；报案人姓名、身份证号、年龄、与被保险人关系、报案人电话、地址、报案时间、本次索赔事故的性质。二是指导报案人填写"理赔给付申请书"。在指导填写过程中，要对报案人提供的材料逐一审视、登记，对原件不能留下的证明材料要复印并在复印件上签上审件人及送件人姓名及日期。三是填写报案登记簿。接案人应在报案登记簿上填写相关内容，特别注意报案时间的填写是否准确，并要求报案人签章
电话报案	一是询问。问明对方姓名、联系电话、地址，所报案件事故、时间、地点及出险人有关情况。二是判断是否属于重大赔案。如属重大赔案，应接通录音装置，尽可能在电话报案时问清楚出险人现状或住院治疗地点等可能涉及调查的情况。三是开通报案录音应答。因为报案人首次报案人为夸大情况较少，反映情况较真实，所以理赔专用电话要求有录音装置，并在下班无人接听时开通录音应答
传真报案	一是接到传真报案后，接案人应及时与对方联系，在确认已收到报案的同时进一步获取事故有关情况。二是注意传真纸应复印保存

备注：重大赔案的条件：一次事故赔付金额在20万元以上（含）的；一次事故死伤5人以上（含）的；灾情及社会影响巨大的。

（4）报案登录的查询结果处理

①未查到与出险人相关的任何保险合同的，应尽快通知报案人，告知该出险人未在公司参加任何保险，并将该报案信息设置成"撤销报案"。

②若报案时报案人提供的资料不够齐全，应通知报案人补充提供出险人身份资料，以确认出险人身份及其持有的保险合同；或者在申请人提供理赔资料时一并补充，进一步进行出险人身份确认。

③对已确认身份的出险人，应进一步查明包括其作为投保人、被保险人在内的所有保险合同，以及保险公司应承担保险责任的合同在出险时的效力状态。若出险人持有的保险合同全部效力"中止已满两年"的，应尽快通知报案人，告知不予立案的原因，通知客户不予受理；若出险人持有的保险合同为"有效"合同，应将这些合同设置为报案状态，为核保、保全部门提供信息；若如出险人持有的保险合同为有效，且是身故索赔，经核实后，可以将保单的状态更改为"终止"状态，对该保单做出终止划账和终止续缴保费的动作，并在保单登记中标记"有报案"。

2. 立案

（1）立案的概念

立案是指保险公司对报案的资料，按照理赔规则审核后，认为有保险事故发生，决定对其进一步审核、调查，并赔付的活动。

（2）立案的规则

①立案的条件：有保险事故发生；出险人是保险单上的被保险人；保险合同为有效合同；被保险人在保险有效期内出险；理赔申请在保险法规定的时效内。

②申请人的条件：各项目保险金申请资格人如表4.2所示。

表4.2　各项目保险金申请资格人一览表

申请资格人	申请项目
被保险人	残疾、重疾、医疗保险金
受益人	身故保险金
法定继承人	身故保险金未指定受益人
投保人、被保险人或被保险人的监护人	保费豁免

权利人也可以委托他人代为申请，但必须向保险公司提交有权利人（委托人）和代理人签名认可、授权明确的授权委托书及双方的身份证明。

理赔员按照条款规定及保单项目审核申请人是否具有资格，如果不具备资格，理赔人员要求其转告有申请权之人提出申请，或者让其提交由申请人签署的授权委托书；如果申请人具备资格，理赔人员在理赔申请需知（见附件4.2）上注明须提交的原始单据及投诉电话，并将理赔申请须知交由申请人。

③立案应提交的申请材料

人身保险理赔申请书（见附件4.3）要求权利人亲自填写，由代理人填写的应持有授权委托书及其委托人的证明。保险事故的性质和类别不同，申请人提交的证明文件不同。申请人提交的证明资料由理赔人员在理赔材料签收单（见附件4.4）中签收，若需补交材料的，应在上述签收单中注明材料名称。表4.3给出了各项保险申请的必备文件。

表4.3　各项保险金申请必备文件一览表

序号	文件资料名称	意外身故	疾病身故	残疾	重大疾病	豁免保费	意外医疗给付	住院补偿	住院补贴	手术补贴
1	保险合同原件	●	●	●	●	●	●	●	●	●
2	被保险人/投保人身份证复印件	●	●	●	●	●	●	●	●	●
3	身故受益人身份证、户口簿复印件	●	●	×	×	×	×	×	×	×
4	被保险人注销户口的户口簿复印件	●	●	×	×	×	×	×	×	×
5	死亡诊断/推断书	●	●	×	×	×	×	×	×	×
6	法医检验鉴定或伤残评定书	□	□	●	×	□	□	□	×	□
7	门诊病历原件或完整的复印件	●	●	●	●	●	●	●	●	●
8	诊断证明书原件或复印件	□	□	□	□	□	●	●	●	●
9	出院小结原件或复印件	□	□	□	□	□	□	●	●	●
10	医疗收据原件	×	×	×	×	×	●	●	●	●
11	门诊/住院费用清单	×	×	×	×	×	●	●	□	●
12	病理报告书原件或复印件	×	□	×	●	□	□	□	□	□

表4.3（续）

序号	文件资料名称	意外身故	疾病身故	残疾	重大疾病	豁免保费	意外医疗给付	住院补偿	住院补贴	手术补贴
13	检查、检验报告书原件或复印件	□	□	□	●	□	□	□	□	□
14	其他单位/保险公司报销凭证或证明 （已有其他单位或保险公司报销者）	×	×	×	×	×	●	●	×	×
15	"道路交通事故认定书"或"道路交通事故调解书"（因交通事故导致者）	●	×	●	●	●	●	●	●	×
16	法院判决书	□	×	□	□	□	□	□	□	×

注：●必须提交；　□如果有，必须提交；　×可以不必提供。

7、8、9、10、11、12、13号文件资料均由就诊医院出具；

5号文件由医院或公安部门出具；

6号文件由鉴定机构出具；

16号文件由司法部门出具。

⑤以下情况将暂缓立案

事故类型为残疾给付的，应根据相关材料进一步判断是否需要伤残观察，若需经过180天观察期的案件，应考虑暂缓立案，同时通知接案人出具伤残观察通知书一式两份，一份交申请人，另一份由立案人留存待查。同时，立案人要通知被保险人至公司指定或认可的司法、医疗机构进行伤残鉴定，根据伤残鉴定证明，视实际伤残程度决定是否立案。若肢体缺失，则无须伤残观察，可直接立案。

（3）退件

①若有以下情况者，不予立案：出险人非被保险人；保险事故的发生不在保险期间内；理赔申请超过《保险法》规定的时效；申请人资格审查不合格；证明资料不齐全且在规定时间内仍无法补全的。

②退件的处理：不符合立案条件的，立案人员必须填写理赔申请材料签收单，将处理决定及理由书面通知申请人，同时必须对申请人提交的原始单证复印留底后做退件处理，在复印件上注明日期及送件人姓名存档，并将处理日期在理赔申请书上进行登记，以防止日后申请人伪造其他证明材料重新进行索赔。

（4）立案的作业流程

①立案审核

理赔员收到接案人或申请人提交的申请书、理赔申请材料签收单及相关证明材料后，在电脑系统中复核所有报案信息，查询既往承保、理赔记录，审核理赔申请书、理赔申请材料签收单填写是否符合要求，证明材料是否齐全，申请人是否符合申请资格等。对立案审核的结果，可做如下处理：符合立案条件的，进行立案登记；证明材料不完整或效力不足的，向申请人说明原因，通知客户尽快补齐证明材料，待证明材料齐全后，重新审核、立案；对审核中发现的，申请人尚未申请理赔，且公司需要承担保险责任的，应告知申请人补交保险合同，待证明齐全后，进行立案登记。

②立案登记

经过立案审核，符合立案条件的理赔申请，理赔员可做如下处理：对报案登记中记录不全的项目进行补充；对报案登记中记录不准确的项目进行修正，并计算预估赔付金额；应对申请人提出理赔申请的保险合同分别立案登记，记录立案时间，接案人等。立案登记流程具体如图4.3所示。

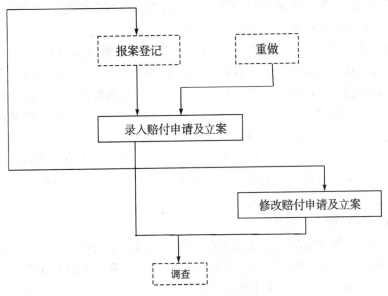

图4.3　立案登记流程图

③案卷移交

助理核赔员根据理赔申请及事故证明材料，确认立案后，将理赔申请书、授权委托书、理赔申请材料签收单及所附证明材料入档，送交核赔人初审，进行案卷移出登记，记录移交案卷的赔案号、理算人员姓名及案卷移交时间，并由初审人员签名确认。

3. 理赔审核（初审）

（1）理赔审核的概念

理赔审核是指核赔人审定保险事故及保险责任的行为与过程，是正确进行理赔核算的基础，是人身保险理赔中极为关键的一个环节。

（2）理赔审核的内容

理赔审核主要是审核：保单原始资料、保险金申请人提供的索赔证明材料的真实性；调查人员案情事实调查报告的正确性。

①审核保险合同的有效性，主要方法包括：根据合同和理赔申请书，检查出险日期是否在保险合同载明的保险期间内；根据最近一次缴费凭证和保险信息上的保险费缴至日，检查出险时合同效力是否终止；如申请理赔的保险合同在报案前曾办理合同效力恢复保全作业，应进一步查明出险日期是否在复效前的效力中止期间；对健康险复效后设有免责期的保险合同，应进一步查明出险日期是否在免责期内。

②审核出险事故的性质，主要方法包括：检查出险事故是否在保险合同保险责任条款约定的事故范围之内，若事故认定是保险责任范围内的，则进一步审核申请人所

提供的材料是否完整、有效；检查出险事故是否为保险合同责任免除条款约定的情形之一。若认定事故是不在保险责任范围内的，则应做出审核意见，同时记录审核人员及审核时间。

③审核事故证明材料，主要方法包括：根据理赔申请书和赔案信息判断出险事故的类型，如医疗给付、疾病给付、残疾给付等；检查证明材料是否为相应事故类型所需的各种证明材料；检查证明材料的效力，即是否为公司认可的医疗单位、公安部门及相关机构所出具，证明材料的印章是否有效。

④审核案件是否需要调查。理赔人员调阅被保险人的投保资料，根据报案情况，查看被保险人投保时的健康及财务告知、体检报告等事项，分析是否可能存在道德风险及责任免除的情况，以确定是否需要进行调查及调查的重点。重点进行调查的案件包括：预计赔付金额较高的案件，如预计身故给付 3 万元以上（含），伤残给付 2 万元以上（含），医疗给付 5 000 元以上（含）的；长期险合同订立两年内死亡的；存在保险欺诈、恶意投保可能或有保险责任免除可能的；核赔人员认为其他确有必要进行调查的。如果案件事实清楚、证据齐全、责任明确、可免于调查，但必须制作免调审核单写明免予调查的理由。

（3）理赔审核的结果处理

如果事故属于保险事故，且发生在合同有效期内，证明材料齐全、有效，理赔人员应结合调查结果，做出理赔结论，计算理赔的给付金额，在理赔计算前，可依据审核结果做如下处理，具体如表 4.4 所示。

表 4.4　理赔审核中存在的问题及处理办法

存在问题	处理办法
证明材料不完整	缮制理赔补充材料通知书，通知申请人补齐证明材料
资料有疑义的案件	缮制理赔调查申请书，通知调查人员继续调查
不实告知、年龄误告或职业变更等，需请核保部门重新评估该保件的风险程度	理赔员可填写核保会签意见单，交核保人员审核
可能有法律纠纷的案件	理赔员可选择法务会签，填写法务意见会签单，请有关法务人员提出意见
理赔计算前，需保全会签的案件	填写保全会签意见单，交由保全部门会签

上述资料均完整提供后，则可进行给付、拒赔、通融处理。

（4）理赔的结论

①正常给付。

②通融给付。对一些案情特殊、责任不够明确但具有重大社会影响的疑难案件，可做通融给付的处理，通融案件是应该严格控制的较少数特别案件，不得随意通融。处理时的主要原则有：一是公司在展业、服务方面确实存在不足而无充分理由拒赔，客户一旦提出诉讼公司无望胜诉的；二是给付后确实能巩固和促进业务发展，不会产生连锁反应，造成工作被动的；三是给付后不会造成不当得利，引发道德风险的；四是理赔员应详细说明通融理由、通融处理方法及拟通融给付金额，并按规定的程序，

在规定的权限内逐级审核上报；五是通融给付金额最高是正常给付金额的 100%；六是通融给付有争执的，受理机构在履行给付手续前，必须要求受益人与公司订立和解书，并由受益人出具放弃保险单上所有权利的保证。

③解约给付。根据《保险法》或《合同法》的规定，应做解约处理。在下列情况下，解约应做全部或部分退费处理：一是合同自始无效；二是对于条款中有列明可以全部或部分退还保费或现金价值的；三是对于《保险法》中有规定可以全部或部分退还保费或现金价值的；四是其他经协商、仲裁或法院判决等情况需全部或部分退还保费或退还现金价值的。

④预先给付。若该案件在签署地具有重大影响，责任明确的重大意外伤害保险以及补偿性的医疗保险事故，可视具体情况申请预先赔付。各分支机构如有需要预付赔款的，应及时上报上级公司批准，上级公司若同意，应授权分/支公司对案件快速审核；若不同意，则分/支公司按正常理赔处理流程处理。

⑤不给付。不给付包括拒赔和解约不退费两种情况。

4. 理赔调查

（1）调查取证

调查取证须注意如下事项：

①凡需发现、提取、保全现场痕迹及物品的调查案件，调查员应及时赶赴现场查勘。

②调查取证一般必须由双人进行。

③见人、见状、见证。

④做调查笔录（见附件4.5），详细记录查勘时间、地点、参加人员和查勘的目的、内容、结果等。

⑤必须以笔录、照相、制图、录像等方式记录现场的原始状态，相关文件要求见证人签字。

⑥调查人员在调整时，应开具公司介绍信并携带被保险人、受益人的授权委托书。

⑦案件中存有伤残、死亡、医疗等情况并需要鉴定的，应及时聘请专门机构或专业人员进行鉴定。

⑧调查中注意收集市场中的情况，遇到重大事情要及时上报，以利于公司做出决策。

⑨做好与医院、司法部门、同业之间的沟通与联系。

（2）理赔调查的流程

①案件移入登记。调查员接案后，应进行案卷移入登记，记录所接案件的赔案号、调查人姓名、代码及接案时间。

②理赔调查。在进行理赔调查时，调查人员应根据调查要点，对案件查勘取证。需异地机构代为查勘的案件，调查人员应委托相应的分支机构代为查勘取证。调查人员应及时撰写调查笔录，记录调查人姓名、调查时间、地点、被调查人姓名、职业、年龄以及调查内容，并尽量提请被调查人亲笔签名认可。

③调查报告的撰写。每次理赔调查后，调查人员都应撰写理赔调查报告书。委托

异地调查的案件，待调查完毕，依代查勘结果撰写调查报告。对调查过程中发现需要进一步提供证明材料的，应在调查报告中作特别说明，提示立案人员通知申请人尽快补齐所需证明材料。在调查结束后应及时缮制理赔调查报告。如若对调查报告的事实及结论有异议的，可照会调查人重新调查。

④调查结果的处理。理赔调查报告撰写完毕后应及时送交核赔人员。

（3）理赔调查的主要方法

根据案情的不同，理赔调查的方法亦不相同，表4.5给出了理赔调查的主要方法。

表4.5　理赔调查的主要方法

案件情况	调查方法
需要证明就诊事实、住院情况的案件	一是到就诊医院摘抄或核实病历等相关资料；二是向主治医师了解所有病史；三是对有转院情况的案件，尽量到所有被保险人就诊过的医院进行调查取证；四是确定就诊医院是否都是公司指定或认可的医院；五是有住院治疗的，要查证住院标准是否超标
属交通事故且需要调查的案件	一是到公安交警部门调查取证；二是了解案发原因、责任归属及处理结果，并索取相关资料；三是若报案及时，应赶赴现场查勘取证
需要进行其他方面查勘的案件	到相关部门或向有关人员取证，注意取证结果的权威性和真实性
出险人同时持有其他保险公司签发的保险合同的案件	调查承保公司的调查结果及处理意见

（4）证明核定

证明核定是指审核所有理赔申请证明材料的真实性、合法性和有效性，并以此决定是否作为认定事实的依据。表4.6给出了不同的证明材料的核定方法。

表4.6　不同证明材料的核定方法

证明材料类型	具体的核定方法
死亡证明	一是死亡或验尸证明应由公安部门或国家卫生部门所属县级以上（含）公立医院出具被保险人死亡的原始证明；二是如只能提供复印件，应先将原件交给理赔员审核，确定效力后，由理赔员在复印件上注明"原件已核"及复印日期，并由审核人和提交证明人签字；三是如被保险人为宣告死亡，受益人要提供人民法院出具的宣告死亡判决书
伤残证明	一是伤残等级鉴定报告须申请人提供原件；二是理赔人员认为要重新鉴定的，可以要求被保险人到指定医院或机构鉴定；三是鉴定人必须具有法定鉴定资格；四是功能丧失的鉴定，应在被保险人结束治疗后6个月进行
医疗证明	一是医疗给付案件，要求被保险人提供医疗诊断书、出院小结或病历原件（复印件须加盖医院公章）；二是医疗费收据要求提供原始收据；三是若有正当理由不能提供原件而只能提供复印件的，申请人必须做书面说明，并提交原件进行审核或附原件核销单位的证明

（5）撰写调查报告

调查取证后调查员应及时撰写理赔调查报告书（见附件4.6），在调查报告书中撰写查证途径，其内容必须真实、完整、不加主观臆断，并附有关证明材料呈交核赔员。

5. 理赔计算

（1）保单可能出现的状况及其处理办法

表 4.7 给出了保单可能出现的状况以及处理办法。

表 4.7　保单可能出现的状况及其处理办法

保单可能状况	处理办法
保单有借款	扣减借款本金及利息
保单自动垫缴	扣减垫缴保费的本金及利息
欠缴保费	扣减欠缴保费
预收保费	退还预收保费
申请人延误报案	扣除延误报案而发生的核赔、查勘费用
未领取满期保险金、红利、利差	给予补付
宽限期出险	扣除欠缴保费

理赔员根据保单的状况制作并填写理赔理算说明书（见附件 4.7）。

（2）核定理赔金的注意事项

①意外伤害导致的身故或残疾的理赔案件：一是核实被保险人在出险后 180 天有无残疾给付，本次死亡同残疾是否属于同一事故所致，如果是，要扣减已经支付的残疾保险金；二是核实同一保单年度内有无残疾给付，如有，保险金额应做减额处理。

②重大疾病的理赔案件：核实保单是否申请了重大疾病保险金的提前给付，如果是，则在约定给付的时候，保险金应做减额处理。

③医疗保险的理赔案件：一是如果医疗费用险由保险公司全额赔付，须收取医疗原始收据；二是如果医疗费用险由保险公司部分赔付，则医疗费收据原则上应按条款要求提供原始收据，经保险公司赔付后，如申请人索要原始收据，则由保险公司提供原始发票复印件及分割单；三是若有特殊情况不能提供原件而只能提供复印件的，提供的复印件上需加盖支付单位的公章并出具收取票据原件单位注明已赔付金额的分割单。四是医疗补贴险赔付时，可审核医疗费原件后留存复印件，并注明"复印于原件"等字样和复印人签名。理赔员审核费用后，制作并填写医疗费用理赔核算说明书（见附件 4.10）。

6. 结案归档

（1）结案的概念

结案是理赔员收到核赔人移交的理赔案卷后，进行案卷移入登记，记录赔案号、结案号、结案人姓名及移入时间并填写理赔资料交接登记表（见附件 4.8）的过程。

（2）结案的作业流程

①相关单证的打印：理赔员进入结案菜单，录入立案号，查询理赔结论计算信息，同时打印各类通知书。表 4.8 给出了理赔结论及相关单证打印的要求。

表4.8 理赔结论及相关单证打印要求

序号	理赔结论	打印单证	打印份数
1	赔付	领款通知书	3份
2	拒付	拒付通知书	2份
3	通融	领款通知书及协议书	3份
4	和解	和解通知书及协议书	3份
5	撤案	撤案通知书	2份
6	解约	解约通知书	3份

备注：相关通知书若一式两份，则一份存于理赔案卷，一份寄给申请人或交申请人签收；若通知书为一式三份，则一份存于理赔案卷，一份交财务部，一份寄给申请人或交申请人签收。

②确认领款人资格：领款人凭"理赔领款通知书（见附件4.9）"到柜面出纳处领款，领款人在领款时要出示本人身份证、工作证等证件，由经办人员进行核对，确认其是否具有领取保险金的资格。如有特殊原因领款人无法亲自前来领取，可委托他人代办，代办人必须向公司提交由领款人和代理人签名认可，授权明确的委托授权书及双方身份证明。保险金应一次性支付给受益人或法定继承人，若合同的受益人或法定继承人为数人时，公司应在受益人或法定继承人全部签名认可其相应份额的保险金或出具合法的委托授权书后，一次性支付给申请人或委托人。若受益人或法定继承人各方对保险金的分配发生争议，则公司不宜介入对保险金的分配，保险金的分配待由有权利的各方商定形成书面文件或经仲裁机构仲裁、法院判决后，保险公司再据此进行给付。若保单没有指定受益人，且被保险人的法定继承人为二人以上时，公司应在法定继承人商定保险金分配方案并形成书面文件，签字认可后才进行给付。并要求保险金领取人签署书面文件，说明："本保单未指定身故受益人，保险金按被保险人的遗产处理，保险公司向被保险人的法定继承人履行保险金给付义务后，如有其他遗产继承人要求取得保险金，由保险金领取人与其协商解决。"

③理赔档案整理归档：理赔案件结束后，核赔员对案卷中的材料与明细表内容核对后签收，并按顺序将案卷进行装订后归档，填写理赔卷宗目录（见附件4.11）。表4.9给出了理赔归档的材料及装订顺序。

表4.9 理赔归档的材料及装订顺序一览表

序号	内容
1	保险单正本或复印件
2	理赔申请材料签收单
3	委托授权书
4	理赔给付申请书
5	理赔调查报告书及相关调查材料
6	各类会签结果
7	各类通知书

表4.9(续)

序号	内容
8	领款收据及批单
9	被保险人、受益人身份证明
10	申请人申请索赔的各种事故证明材料和医疗费用等有关单据
11	合议笔录
12	案件呈报或上报上级公司的报告书副本及上级公司批复文件
13	起诉书、应诉书、答辩状、法庭调解书和庭外和解协议书

结案工作必须在复核结束后 2 个工作日内完成。

五、实验内容

(1) 实验形式：小组实验/个人实验。

(2) 实验用时：6 学时。

(3) 指定实验内容如下：

① 两全保险的理赔：广州市东胜贸易公司职员张美琳于 2010 年 4 月 28 日在中国东方人寿保险公司投保了"洪福定期两全保险"，保单号为 6001801862，保险金额为 100 000 元，2018 年 8 月 28 日 10 点 36 分，被保险人张美琳在前往深圳出差的途中因大巴失事，经抢救不治而不幸丧生，事故发生后，其保单受益人林江（被保险人丈夫）向保险公司报案，并要求给付被保险人的身故保险金。保险公司接案后，同意立案，并进行审核和调查，最终同意给付保险金，请试模拟保险公司理赔的业务处理流程，并缮制完整的卷宗。该理赔案件相关信息详述如下：

被保险人张美琳，身份证号码：4401011979×××0043，身份证有效期至 2029 年 12 月 1 日。在 2010 年 2 月份，经朋友介绍，认识了东方人寿保险公司寿险营销员王芳，工号 P060400125，并在其推荐下为自己购买了保险金额为 100 000 元的"洪福定期两全保险"，保单生效日为 2010 年 4 月 28 日，保单指定的身故受益人为自己的丈夫林江，林江身份证号码：44011976×××0032，身份证有效期至 2028 年 5 月 1 日，工作单位是广州市第七中学高中部，职务是数学老师，受益份额为 100%，保费缴纳方式采用年缴，缴费期限为 20 年，张美琳每期保费均按时缴纳，出险时保险合同状态为"有效"。

2018 年 8 月 28 日被保险人张美琳在公司的安排下前往深圳总公司参加会议，不料所乘坐的大巴在途经广深沿江高速公路深圳段时发生车祸，出险时间为上午 10 时 36 分，经交警裁定，事故原因为车牌号粤 A4968 的 52 座客车与车牌号为 B5698 的 3 吨货车相撞，被保险人张美琳头部受到重创，在送往东莞市第一人民医院的途中因失血过多，抢救无效而去世。事故发生后其丈夫林江在 2018 年 8 月 28 日下午 4 点 30 分以电话形式向保险公司报案，报案号：20180828163015。

林江报案后，保险公司接案人员经初审同意，在 8 月 29 日给予立案，立案号：20180829576241，并要求其填写"理赔申请书"和提交 5 份相关证明材料，林江于 9 月 5 日填写并提交了申请书及相关资料，经公司核赔员审核后，同意赔付，公司出具"理赔领款通知书"，要求林江在 2018 年 9 月 30 日前到公司办理领款手续。林江选择的领款方式是银行转账，开户名：林江，开户行：中国工商银行广州市林和西支行，账号：1008008945674531763。保险公司付款账号为：4038236710567886241，开户行为中国工商银行广州市北京路支行。

②定期寿险的理赔：2013 年 3 月 10 日，李毅以本人为被保险人向"海天人寿保险有限公司"投保了生命至惠定期寿险，保险金额 30 万元，合同生效日为 3 月 11 日，合同编号 HTRS201303110788，保费采用年缴方式，缴费期间 20 年，保障期间至被保险人年满 70 周岁的保单周年日止，年缴保费 1 740 元，应缴保费对应日为每年的 3 月 10 日。2017 年的 3 月 10 日，李毅因更换工作经济紧张未能按时缴纳保费，2017 年 8 月 1 日，李毅准备缴纳续期保费时发现已过宽限期，其保单已经失效，在代理人郑爽的建议下，李毅来到海天人寿广东分公司申请保单复效，按公司要求填写了复效申请书并缴纳了续期保险费及利息。李毅在复效申请的健康声明书中对各项健康告知项的询问均告知"无"，公司决定从 8 月 5 日开始恢复其合同效力。

2017 年 10 月 20 日，李毅的家属林明芳到保险公司报案称，李毅于 2017 年 9 月 18 日晚上在家突然腹痛难忍，送到广州市第三人民医院内科，检查后确认为肝癌晚期，虽已积极抢救，但无奈肝癌已至晚期，李毅终因不治而于 10 月 19 日去世。林明芳以被保险人身故受益人的身份来向保险公司提出 30 万元保险金的理赔，并提供了相关证明材料 10 份，保险金的领取选择银行转账方式，开户行：中国农业银行广州市华景分行，户名：林明芳，账号：4038 2367 1056 7888。根据海天人寿保险公司的规定，30 万元及以上的赔案属于重大赔案。

其他相关资料：李毅：男，1984 年出生，身份证号码：4405821984×××3419，身份证有效期至 2025 年 5 月 1 日，工作单位：广州市水利水电研究所，研究员，单位地址：广州市天河区天寿路 256 号，邮编 510645，联系电话：189×××2345，家住广州市天河区华景新城 E 栋 809 室，邮编 530650。李毅是在一次朋友聚会中认识其代理人郑爽，并在郑爽的推荐下购买了定期寿险，郑爽工号 HT8956341，联系电话 134×××2345。林明芳，女，李毅的太太，保单唯一受益人，1987 年出生，身份证号码：4405821987×××0031，身份证有效期至 2028 年 1 月 1 日，工作单位：广州市水利水电研究所，研究助理。电话：189×××1456。

保险公司接案后，立即立案处理，报案号码：20171020070031，立案号：201710220078，10 月 25 日保险公司发出"理赔领款通知书"，要求林明芳在 11 月 20 日前办理领款手续。11 月 25 日保险公司支付款项，支付行：中国工商银行广州市农林下支行，账号：4555668810887676，请根据以上资料内容，模拟保险公司该理赔案件的处理流程，并缮制完整的卷宗。

（4）可选实验内容如下：

①附加团体补偿医疗保险的理赔：被保险人李晶，女性，所在的广州星雨外贸公司为其在富强人寿保险公司投保了"附加团体住院补偿医疗保险"，选择的是计划四。该计划的给付项目如表 4.10 所示：

表 4.10　　　　　　　　　　　　　　　计划四给付项目表　　　　　　　　　　　单位：元

给付项目	住院病房费用保险金（日限额）	住院手术费用保险金	住院医疗费用保险金
金额	100	4 000	7 500

2014 年 10 月 30 日，富强人寿保险公司广东分公司接到其本人报案，称其 22 日晚在家中忽然腹痛难忍，被家人及时送往广州市第一人民医院（三级甲等）内科检查，入院诊断为阑尾炎突发，随即进行阑尾切除手术，经手术治疗住院 7 天痊愈出院，住院期间，共花费医疗费用 7 548.91 元。费用清单如表 4.11 所示：

表 4.11　住院费用清单

项目名称	社保统筹	个人自付	项目名称	社保统筹	个人自付
床位费	297.00	44.55	化验费	392.00	58.80
手术费	660.00	99.00	治疗费	115.20	17.28
西药	4 641.25	696.19	护理费	81.00	12.15
诊疗费	27.00	4.05	材料费	86.90	13.04
检查费	165.00	24.75	麻醉费	95.60	18.15
合计：7 548.91 元，其中自费合计：987.96 元					

根据公共医疗保险（社保）规定，其所在地公共医疗统筹基金起付标准为 2 000 元，超出后为社保统筹基金及职工共同按比例承担，承担的比例如下：

（1）在三级医院发生的医疗费用：

①起付标准至 3 万元的部分，统筹基金支付 85%，职工支付 15%；

②超过 3 万~4 万元的部分，统筹基金支付 90%，职工支付 10%；

③超过 4 万元的部分，统筹基金支付 95%，职工支付 5%。

（2）在二级医院发生的医疗费用：

①起付标准至 3 万元的部分，统筹基金支付 87%，职工支付 13%；

②超过 3 万~4 万元的部分，统筹基金支付 92%，职工支付 8%；

③超过 4 万元的部分，统筹基金支付 97%，职工支付 3%。

（3）在一级医院以及家庭病床发生的医疗费用：

①起付标准至 3 万元的部分，统筹基金支付 90%，职工支付 10%；

②超过 3 万~4 万元的部分，统筹基金支付 95%，职工支付 5%；

③超过 4 万元的部分，统筹基金支付 97%，职工支付 3%。

（4）退休人员个人支付比例为职工支付比例的 60%。

李晶投保的险种是团体附加险，是其公司为员工提供的福利。该保单签订及相关情况如表 4.12 以及附加团体住院医疗补偿保险保险单所示。

表 4.12　保单的相关情况

投保人	被保险人	身故受益人	主险名称
广州星雨外贸公司	李晶 4400211980××××0042 身份证有效期： 2028-6-1 联系电话： 137×××5678	王晨 4401322008××××0053 身份证有效期： 2028-3-5 联系电话： 136×××8690	团体定期寿险
主险保额	附险名称	附险金额	主险保障期间
100 000 元	附加团体住院医疗补偿保险	计划四	10 年
附险保障期间	主险缴费方式	附险缴费方式	年缴保费
1 年	年缴	趸交	2 550 元
保单生效日期	代理人姓名	代理人联系电话	代理人工号
2014 年 5 月 1 日	孙明	189×××8889	P08050090

根据上述情况，李晶于 2014 年 11 月 5 日填写了"理赔申请书"并提交相关资料 10 份，向保险公司要求赔付其自行承担部分的医疗费用，保险公司接到理赔申请书的当天即立案调查，经过查勘后，李晶报案情况属实，属于保险理赔范围，富强公司即赔偿了其保险费用，并收取了 100 元的查勘费。李晶选择领取理赔金的方式是银行转账，开户行是：中国建设银行广州市农林下支行，开户名：李晶，账号：1008008945674531763。

附加团体住院医疗补偿保险保险单

保单号：BX201405013478056

鉴于以下被保险人已提出投保要求，并同意按照本合同约定缴纳保费，本公司特签发本保单，并同意依照本合同约应承保的条款和特别约定，承担经济赔偿责任。

投保人	广州星雨商贸易公司	联系电话	020-8956××××	单位地址	广州市东山区农林下路680号E1809	邮编	510020
被保险人	李晶	联系电话	137×××5678	家庭住址	广州市东山区达道路456号C506	邮编	510650
被保险人职业	行政助理	国籍	中国	证件类型	身份证	证件号码	4400211980×××0042
受益人	王晨	保险计划	□计划一	□计划二	□计划三	☑计划四	

保险金额	住院病房费用保险金	床位费	100元/日	住院手术费用保险金	手术费	4 000 元
		膳食费			麻醉费	
		诊疗费			手术所用手术材料费	
		护理费			手术室设备使用费	
	住院医疗费用保险金	药费	7 500 元			
		治疗费		保险费：350 元		
		输血费		大写：叁佰伍拾元整		
		辅助检查费				

明示告知：

1. 保险人已向投保人说明合同条款的内容，已就免除责任的条款进行了明确说明，投保人已了解该条款的真实含义和法律后果。

2. 本保险条款对承保对象设定本公司职业等级表中的一至四类职业上，对从事下列职业的人员不予承保，伐木工、木材加工工人、码头搬运、危险品制造人员、爆炸品制造人员、危险品运输与车辆驾驶人员、造船修理工人、船员、飞行员、警察、现役军人、消防员、潜水员、高空作业人员、爆破工、高压电操作工、金属冶炼工、危险品处理人员等。

本人已阅读并了解明示告知内容。

保险人签章：富强人寿保险公司广东分公司
经办人：张强
日期：2014 年 5 月 1 日

投保人签章：广州星雨外贸公司　　　　　日期：2014 年 5 月 1 日

附加团体住院医疗补偿保险条款

一、保险责任

在本附加合同有效期内，被保险人因发生意外伤害事故或疾病，经本公司指定的医院医师诊断必须住院治疗时，则本公司依下列约定承担保险责任：

1. 住院病房费用保险金

被保险人在本公司指定医院住院，本公司将根据实际支付的必要且合理的以下四项费用的总和，按本条第二款约定的给付比例给付住院病房费用保险金，但最高不得超过保险单或合同批注上所载的"住院病房费用保险金每日限额"乘以实际住院天数，但若同一次住院的实际住院天数超过90天，仅以给付90天为限。每一保单年度累积给付天数最高以180天为限。

（1）床位费；

（2）膳食费；

（3）诊疗费；

（4）护理费。

2. 住院手术费用保险金

被保险人在本公司指定医院接受手术（但活检、穿刺、造影等创伤性检查除外），则本公司将根据实际支付的必要且合理的以下三项费用的总和，按本条第二款约定的给付比例给付住院手术费用保险金，但同一次住院的最高给付金额不得超过保险单或合同批注上所载的"住院手术费用保险金每次限额"。

（1）手术费；

（2）麻醉费；

（3）手术中所用的手术材料费及手术室设备使用费。

3. 住院医疗费用保险金

被保险人在本公司指定医院住院，本公司将根据实际支付的必要且合理的以下四项费用的总和，按本条第二款约定的给付比例给付住院医疗费用保险金，但同一次住院的最高给付金额不得超过保险单或合同批注上所载的"住院医疗费用保险金每次限额"。

（1）药费；

（2）治疗费：除一般治疗外，还包括氧气费、监护费、震波费、介入费、透析费；

（3）输血费：包括血液或血浆输注费、血液或血浆制品费用辅助检查费：包括化验费、检验（检查）费和拍片费。

二、给付比例

本公司根据被保险人每次住院治疗时以下情形确定当时的给付比例：

（1）对于年满18周岁的被保险人，若未以社会基本医疗保险且未以公费医疗身份住院，则在扣除可依法律及政府的规定得到的补偿或从其他福利计划或任何医疗保险计划中得到的补偿后，本公司给付剩余部分的70%。

（2）若被保险人未年满18周岁或者以社会基本医疗保险或公费医疗身份住院，则在扣除可依法律及政府的规定得到的补偿或可从其他福利计划或任何医疗保险计划中得到的补偿后，本公司给付剩余的90%。

六、实验方法和操作步骤

本实验采取理论结合实际的方法，根据实验内容中提供的理赔案例背景，进行相关业务凭证的处理和填写。

步骤1：认真研读给定的理赔案例资料并提取相关信息；

步骤2：填写报案登记表；

步骤3：填写索赔申请书及提交相关理赔资料；

步骤4：针对本案做理赔笔录；

步骤5：初步判断本案属于何种理赔结论，并说明原因；

步骤6：设计调查报告书并填写；

步骤7：对案例进行理赔核算；

步骤8：将所有理赔案卷进行归纳，并结案归档。

七、实验注意事项

（1）所有凭证的填写均以提供的背景资料为基础；

（2）资料未提及的情况，可小组协商后酌情填写。

八、参考文献

［1］张洪涛，王国良，吴宗敏，等. 保险核保与理赔［M］北京：中国人民大学出版社，2006.

［2］吴海波，陈四海. 健康保险核保与理赔［M］北京：科学出版社，2018.

［3］谢隽，陈艳茜，吴新建，等. 人身保险核保核赔［M］. 长沙：中南大学出版社，2018.

［4］太平洋保险公司网站，http://www.cpic.com.cn/.

附件 4.1

报案登记表

项目	内容
报案人姓名	
报案人身份	□被保险人　　□受益人　　□投保人　　□其他：
报案时间	年　　　月　　　日
联系方式	电话：　　　　　　手机：　　　　　　电子邮箱：
事故发生时间	年　　　月　　　日
事故发生地点	
被保险人基本信息	姓　名
	身份证号码
	保单号码
事故简单经过	
本人认可上述登记事项准确无误。 报案人：	
接案人	姓名：　　　　　　　　　　　　电话：

附件 4.2

<h1 style="text-align:center">理赔需知</h1>

尊敬的客户：

您好！

感谢您对我公司的支持。为了充分保证您的权益，提高理赔时效，请您在申请理赔时，按以下说明进行办理：

1. 当被保险人发生合同约定的保险事故时，请您于十日内通知我公司，我们将为您提供理赔指引服务。

2. 请被保险人按照保险合同约定，在指定的定点医院接受检查治疗，并使用当地社保医疗范围内的检查治疗项目或药品。

3. 在检查治疗及事故处理过程中，请您及时收集和妥善保存好保险合同中约定的理赔申请所需证明文件和资料；当治疗结束或事故处理完毕后，请您填写好理赔申请书并签名，与理赔申请所需资料一并提交。

附：申请理赔应备文件：

申请项目	应备文件
疾病住院医疗	1、2、3、4、5、12
疾病门诊医疗	1、2、3、6、12
意外伤害医疗	1、2、3、4、5、6、9、12
重大疾病	1、2、3、4、7、12
意外身故	1、2、9、10、11、12
疾病身故	1、2、10、11、12
意外残疾	1、2、3、8、9、12
疾病残疾	1、2、3、8、12
免交保费	1、2、3、8、12
年金领取	1、2、3、12
失能收入损失保险	1、2、3、4、8、12
长期护理保险	1、2、3、4、12
第三方管理医疗	1、2、3、5、6、12、13
境外意外及救援	1、2、12、14

1. 理赔申请书
2. 保险单
3. 被保险人身份证明
4. 诊断证明/出院小结
5. 住院费用原始发票及费用明细清单（津贴给付型医疗险无须此项）
6. 门/急诊病历/手册、门诊发票及费用清单或处方
7. 病历及其他各项检查报告
8. 伤残鉴定书
9. 意外事故证明（若是交通事故须提供交通管理部门出具的交通事故责任认定书；若是工伤事故必须提供相关单位的工伤证明等）
10. 死亡证明书、户籍注销证明
11. 用以确定申请人身份的相关证明（见注解）
12. 受益人（监护人）银行账户复印件
13. 公共账户使用授权书
14. 被保险人护照、境外急性病或意外相关证明资料、境外身故使领馆证明

注：当申请人为被保险人、指定受益人本人时，必须提供申请人本人身份证明；当申请人为被保险人的继承人时，必须提供该申请人具有合法继承权的相关证明；当申请人为无民事行为能力或限制民事行为能力人时，必须提供该申请人为无民事行为能力人或限制民事行为能力人的证明；当申请人委托代理人代为办理时，应提供合法的委托代理手续；当监护人代理被监护人办理时，监护人需提供具有合法监护权的证明，由监护人在申请人处签字，并注明与申请人的关系；当申请人为其他人时，我公司将按照法律法规的规定根据实际情况要求申请人提供相应的文件。

附件 4.3

人身保险理赔申请书（正面）

保单信息	保险单号		业务员			业务员电话	
被保险人信息	姓名		性别			年龄	岁
	证件类型		证件有效期至	___年__月__日	证件号码		
	国籍		职业		联系方式		
	工作单位/就读学校/住所/经常居住地						
申请人信息	姓名		性别			年龄	岁
	证件类型		证件有效期至	___年__月__日	证件号码		
	国籍		职业		联系方式		
	工作单位/就读学校/住所/经常居住地						
	邮编		地址				
	申请人身份 □被保险人 □指定受益人 □被保险人的继承人 □监护人 □其他：_____						
	转账信息	开户行		户名		账号	
索赔信息	索赔类别	□健康医疗 □免交保费	□身故 □年金	□残疾 □旅游救援		□重大疾病 □其他	
	您是否在社保、农合或其他保险公司投保？		是否有索赔经历？		是否需要其他途径报销？		
	您是否报案？	报案人	报案时间		报案方式		
出险概况	出险原因	□意外 □疾病	出险/住院时间				
	疾病发生过程/意外事故经过						
	治疗医院				就诊科室		
	伤情及目前情况						
补充说明							

理赔委托授权声明（背面）

现申请人_____ 委托_____ 先生/女士前往贵公司办理有关保单申请项下事宜。本委托有效期为_____天（委托日期同本申请书的申请日期）。

代办人 身份信息	姓名		性别		年龄	
	证件类型		证件有效期至	___年__月__日	证件号码	
	国籍		职业		联系方式	
	工作单位/就读学校/住所/经常居住地					
	与委托人关系	□营销员 □收费员 □亲戚 □朋友 □其他：_____				

委托人签名：_____　　　　　　代办人签名：_____

其他声明与授权

1. 本人声明以上陈述均为事实，并无虚假及重大遗漏。
2. 本人授权任何医疗机构、保险公司或其他机构，以及一切熟悉被保险人身体健康状况之人士，均可以将被保险人身体健康状况之资料向泰康人寿保险股份有限公司如实提供。本授权之影印件亦属有效。
3. 转账授权声明：本人同意将理赔金转入"理赔申请书"所提供的银行账户中。本人声明上述银行账户确为申请人本人的账户，开户行名称、户名和账号均真实有效，本人同意承担因银行账户提供错误而导致转账失败而产生的法律、经济责任。
4. 根据保险监管部门规定，以现金方式给付的保险金不得由保险代理机构、保险代理业务人员和保险营销员代领，上述事宜本人已知晓。

（若团体客户）投保单位签章：　　　　　　　　申请人：
　　　　　　　　　　　　　　　　　　　　　　日　期：

附件 4.4

理赔申请材料签收单

报案号：

被保险人姓名		性别		身份证号码	
申请人（受托人）姓名		与被保险人关系		身份证号码	
已收到以下凭证					

单证名称	原件	复印件	单证名称	原件	复印件	单证名称	原件	复印件
人身保险理赔申请书			委托授权书			医疗诊断证明__份		
保险单正本和保险凭证			申领证明			医疗检查报告__份		
最后一次缴费凭证			意外事故证明			门急诊病历__份		
被保险人身份证明			死亡证明			手术证明		
被保险人户口簿			殡葬证或火化证明			出院小结		
申请人身份证明			户口注销证明			医疗费用原始单据__份		
申请人户口簿			宣告死亡证明书			医疗费用结算清单__份		
受益人身份证明			残疾鉴定书			交通事故责任认定书		
继承人身份证明			公证书			驾驶证		
单位证明			调解书			行驶证		
授权转账存折复印件			判决书或仲裁书					

申请人（受托人）签名： 年　　月　　日	受理人签名： 年　　月　　日

说明	1. 本签收单仅作为本公司收取申请人理赔申请材料的交接凭证，并不代表本公司已做出任何赔付承诺。 2. 本公司可以根据保险合同的约定，要求申请人补充提供有关材料。 3. 申请人请妥善保管此单证，凭此单证办理退还保险单正本或其他有关单证事宜。 4. 本签收单一式两份，本公司与申请人（受托人）各执一份； 5. 本签收单涂改无效。

_____（保险公司签章）

_____年_____月_____日

附件 4.5

理赔调查笔录

保单号码			赔案号码			
被保险人姓名			性别		年龄	
走访单位			走访日期			
走访内容						
被询问人姓名			电话			

被询问人陈述：

记录人：	被询问人：

附件 4.6

理赔调查报告书

被保险人姓名			性别	
身份证号			出险日期	
出险地点				
出险经过、结果				
调查情况				
责任类型	☐健康医疗　☐身故　☐残疾　☐重大疾病　☐其他　☐重大疾病			
调查经过				
调查意见				
经调查后确认的出险日期			确认是否理赔	☐赔　☐拒赔
调查人工号			调查人姓名	

附件4.7

理赔理算说明书

立案号：

被保险人姓名		性别	
身份证号		出险日期	
出险地点			
出险经过、结果			

保单号	责任类型	险种名称	目前保额	给付率	给付金额

目前保额合计（元）：		给付金额合计（元）：	
扣欠缴保费（元）：		应退预收保费（元）：	
相关立案赔付总额（元）：		应付金额（元）：	
查勘费用（元）：		核赔费用（元）：	
赔付金额合计（元）：		元	

附件 4.8

理赔资料交接登记表

序号	报案号	交接事项	交接资料件数	移出人	移入人	备注
1						
2						
3						
4						
5						
6						
7						
8						
9						
10						

交单人：　　　　　　　　　　　　　　　　接单人：

日　期：　　　　　　　　　　　　　　　　日　期：

附件 4.9

理赔领款通知书

尊敬的＿＿＿＿＿＿＿＿＿先生/女士：

　　您好！您提交的被保险人＿＿＿＿＿＿，保单号＿＿＿＿＿＿项下的保险理赔申请，经审核，已获得批准，我公司将根据保险合同的约定支付下列保险金：

单位：元人民币

保单号	给付项目	给付金额	备注

合计：＿＿＿＿＿元。

　　请您于＿＿＿＿年＿＿＿＿月＿＿＿＿日之前携带您的身份证及本通知书（本通知书由我公司保存）前来我司办理领款手续。

　　领款金额（大写）：＿＿＿＿＿＿＿＿＿＿＿＿＿＿元人民币。

　　支付方式：□现金　　　　□支票　　　　□银行转账

　　户名：＿＿＿＿＿＿＿＿＿＿＿＿

　　开户行：＿＿＿＿＿＿＿＿＿＿＿＿＿＿＿＿＿＿

　　银行账号：＿＿＿＿＿＿＿＿＿＿＿＿＿＿＿＿＿＿

　　如您有任何不详之处，敬请致电 9550066 垂询。

　　顺致

　　最良好的祝愿！

＿＿＿＿＿＿＿＿＿＿＿（保险公司签章）

＿＿＿＿年＿＿＿月＿＿＿日

- -

邮编：　　　　　　　　地址：　　　　　　　　　操作员：

收件人：　　　　　　　垂询电话：

附件 4.10

医疗费用理赔核算说明书

被保险人：

投保险种：

符合条款规定的分项责任：

单位：元人民币

费用项目		申报金额	扣除金额	核准金额	费用项目		申报金额	扣除金额	核准金额
治疗费					手术费				
检查费					药费				
床位费					护理费				
其他									
总费用合计：					其他医疗费用补偿金额：				
计算说明	医疗费用赔付：								
	住院补贴：								
	总计：								

剔除费用明细：

费用项目	金额	剔除金额	费用项目	金额	剔除金额
总费用合计：			总费用合计：		

注：剔除费用明细可附页

理算人：

日期：

附件 4.11

理赔卷宗目录

序号	项目	份数	备注
1			
2			
3			
4			
5			
6			
7			
8			
9			
10			
11			
12			
13			
14			
15			
16			
17			
18			
19			
20			

第五章　寿险公司的保全

实验九　保险合同基本资料的变更

一、实验目的

（1）了解寿险公司保全变更的概念、意义及作业流程；

（2）了解寿险公司保全业务的主要内容及作业规范；

（3）掌握保险合同主体基本资料变更的流程、作业规则和操作实务；

（4）掌握保险合同基本信息变更的流程、作业规则和操作实务。

二、实验要求

（1）能够按照给定素材内容进行保险合同主体基本资料和保险合同基本信息的变更；

（2）能够准确、规范地填写保险合同变更申请书及相关单证；

（3）汇总实验中保全业务变更的各项文件，形成最终的实验结果。

三、实验环境（仪器、软件和材料）

（1）电脑；

（2）Internet 网络连接；

（3）Office 办公软件；

（4）实验案例素材。

四、实验前知识准备

（一）保全的概念及重要意义

保全是指寿险公司为了维持保险合同的持续有效，根据合同条款的约定及客户要求而提供的一系列服务。寿险公司保全服务的范围十分广泛，包括投保人的变更、受益人的变更、年龄的变更、通信地址的变更、保障范围的变更、保费支付方式的变更、红利领取方式的变更、增加或解除附加险、增加或减少保险金额、退保、保单贷款、保单补发、生存给付、处理客户的咨询和投诉等。寿险公司保全作业的目的是为了履行保险给付责任或保持保险合同的准确性和有效性。

寿险公司经营的保险产品主要为人寿保险、健康保险、意外伤害保险和年金保险，产品多为长期性的险种，合同的内容也较为复杂，在较长时间的保险期间内，保全服务对于合同的维持和寿险公司的持续经营具有重要的意义。

（二）保全服务的作业流程

寿险公司的保全作业一般经过保全申请、保全受理、保全审核（初审）、保全核保、保全复核、保全批单打印和保全费用结算等阶段，具体如图5.1所示。

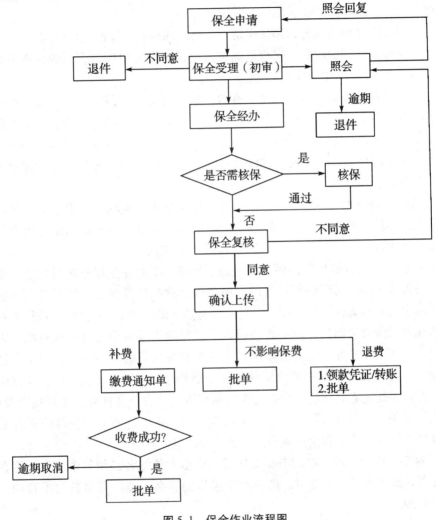

图5.1 保全作业流程图

1. 保全申请

保全申请是指客户或保险代理人就客户所持有的保险合同，向寿险公司提出保全业务的请求，填写对应的保全服务申请书，并按照合同约定及寿险公司的要求提交相关资料的过程。客户进行保全申请时需注意以下事项：

（1）保全变更申请资料的填写要规范，不能涂改，若客户填写不规范或有涂改现象需要请客户重新填写变更申请资料。

（2）保全变更申请资料中投保人、被保险人签名（法定监护人签名）需与原始投保单或经变更确认后的签名相符，若不符则需客户重新填写变更申请资料。若客户委托他人代为办理变更、解约等事宜，则需提供有客户亲笔签名的委托书及委托人、被委托人身份证复印件等。

2. 保全受理

保全受理是指寿险公司保全人员在收到保全申请书后，对申请书及应备文件进行初步审核，判断客户是否具有申请资格，对符合要求的保全申请予以受理的过程。保全受理初审的主要内容包括以下几个方面：

（1）根据保险合同的约定，确认申请人资格，并对客户身份进行识别。

（2）查询保险合同的状态，保全员需进入系统查询客户保险合同的状态及相关信息，以决定是否受理客户的申请。

（3）检查申请应备文件是否齐全、有效。客户提交的材料不全的，需要补齐材料才能完成申请；保全人员在核对各类身份证件、各类证明材料等原件后，应留存复印件，并在复印件上签章确认"原件已核"；如果应备文件中包含保险合同，则必须审核保单是否补发过以及补发的次数，进行过补发的保单必须确认客户提交的保单为最后一次补发的保单。

（4）检查申请书的填写是否完整、准确。保全员审理各项保全申请时应严格按照申请资格人的申请内容办理，代办件必须严格审核委托事项与申请书填写内容是否一致；对于申请书内容填写不明确的，必须与客户进行确认。

（5）查验相关人员的身份证明，并做如下处理：①如保全服务项目规定，需留存投保人、被保险人等身份证件复印件的，申请人必须提供投保人、被保险人身份证件原件，经保全员查验无误后，复印并在复印件上签章确认"原件已核"，证件原件退还客户。②如该保全服务项目无须留存投保人、被保险人等身份证件复印件的，则分两种情况处理：客户亲自办理的，必须出示本人及相关人员的身份证件，经保全员核对后在申请书"保险公司意见"栏内记录证件类别及号码，保全员盖章后，证件原件退还客户；客户委托他人办理的，受托人除出示其本人的身份证件外，还须提供投保人、被保险人等相关人员的身份证件，经保全员核对后，在申请书上"保险公司意见"栏内记录证件类别及号码，保全员盖章后，证件原件退还客户。

（6）对签名进行核对。申请书和委托书上资格人的签名必须与系统中的签名影像一致，如果曾经进行了签名变更，则应与变更后的签名一致。签名核对不符的，保全业务不予受理。

（7）审核申请书上的保全申请日期，对于客户提出申请的日期早于受理日期3个工作日的保全项目，必须由客户重新确认申请书的内容。

在保全受理中，对客户提交资料不全的，应及时发照会，要求客户补充资料，逾期未能补充资料的，将作"退件"处理。拒绝受理的，也作"退件"处理，并及时向客户说明情况，并将申请资料退回。

3. 保全经办

保全经办是指寿险公司保全人员录入客户申请资料，并根据客户申请进行保险合同变更处理的过程。保全经办的主要内容包括以下几个方面：

（1）保全申请信息录入。保全申请初审通过后，保全人员根据申请资料在业务系统中进行新增和录入操作。

（2）判断保全申请是否需要核保，是否需要补交保费、退还保费等。

（3）资料扫描。对符合受理要求的保全申请，在受理当日将申请资料进行扫描，并将影像上传至业务系统。

寿险公司对保全业务的处理，一般按照保全项目的不同逐级授权经办。例如涉及保险合同复效、投保人非正常解约、保险公司解约、保单转换等保全申请件，必须经具有一定权限者，如主管人员的核准后方可处理。

4. 保全核保

在保全业务的处理中，凡涉及核保的保全项目，例如主合同险种变更、缴费期限变更、新增附约、合同复效等，需要核保部门审核并给出核保意见后保全人员才能进行相应的处理。保全核保包含系统自动核保和人工核保。对于符合系统自核规则的申请，系统会自动通过；否则系统会自动将保全申请送交人工核保。

5. 保全复核

保全复核是指保全审核人员在保全录入完成后，按照权限进行复核审批操作的过程。保全复核的主要内容包括以下几点：

（1）检查申请资料是否真实、完整，录入信息是否完整、准确，申请事项与系统录入信息是否一致。

（2）检查受理、经办操作是否规范、严谨，审核数据计算结果是否正确。

（3）确认保全经办的处理结果，签署审核意见。

（4）对于复核中发现的问题，写明退回或拒绝原因后，及时退回保全受理人员重新处理或拒绝受理。

6. 保全批单打印

保全复核完成后，复核人员将保全经办的结果确认上传，保全处理生效后，保全人员制作和打印批单或批注并送达客户。批单或批注是保全处理结果的书面反映，是保险合同的组成部分，保全人员在制作过程中必须仔细审核批单的打印、盖章、粘贴、清分等每一道工序，确保正确无误。批单必须有保全经办人签章。申请人或受托人签字后，批单客户联粘贴于保单交付客户。批单与保全申请书要一一对应。每份申请书，尽管可能涉及多项保全业务申请，但只需制作一份批单。

7. 保全费用结算

凡涉及退、补费用的项目在保全业务完成后，需进行费用结算。需要客户补费的，发送缴费通知单通知客户缴费；需要退费的项目，发送领款凭证或银行转账凭证给客户。需要补费的保全业务，收费成功后，将出具批单给客户，逾期未补费的，将取消此次保全业务。

值得注意的是，在寿险公司的保全业务处理中，常常会遇到"照会"和"退件"的情况。表5.1给出了产生"照会"和"退件"的几种常见原因。

表 5.1　产生照会和退件的几种常见原因

类别	常见原因
照会	申请资料不全
	栏目漏填或填写错误
	受理日期与申请日期超过 3 个工作日
退件	不符合作业时效
	缴费逾期
	照会逾期
	客户申请取消该次保全变更
	经公司审核不接受该次保全变更

（三）保全业务的主要内容及作业规范

表 5.2 给出了寿险公司保全业务的主要内容及作业规范。

表 5.2　寿险公司保全业务的主要内容及作业规范

作业类别		保单状态/申请时点	所需资料				备注
			变更申请书	健康声明书	保险合同	其他	
基本资料变更	投保人变更	有效/自动垫缴	√		√	√	1. 变更申请书需新、旧投保人同时签名（若原投保人死亡，则需提供死亡证明复印件或户口簿注销复印件）； 2. 需提供新投保人身份证复印件或其他有效证件
	投保人、被保险人资料变更	任何时候	√		√	√	1. 需提供投保人、被保险人身份证复印件或其他有效证件； 2. 申请变更姓名、性别、出生日期、身份证号码，保全将一并变更客户作为投保人或被保险人的其他保单
	职业变更	有效且在缴费期限内	√		√		职业变更栏位需填写完整，详述职务、工作内容及工作场所，职业代码需与实际工作内容相符
	受益人变更	有效/自动垫缴	√		√		可接受身故受益人、生存、满期保险金等受益人的变更
	通信地址变更	任何时候	√				通信地址的变更可通过拨打服务中心的电话直接进行变更
	保险费缴付方式变更	有效且在缴费期限内，保单周年日前一个月内	√		√		可在公司提供的缴付方式之间变更，如年缴、半年缴和季缴
	保险费逾期未付的选择变更	有效/自动垫缴，且在缴费期限内	√		√		—
	保险费溢缴转下期的选择变更	有效/自动垫缴，且在缴费期限内	√		√		—
	红利领取方式变更	有效/自动垫缴，且在保单周年日前 15～45 天内	√		√		可变更为现金、累计生息、抵交保费方式

作业类别		保单状态/申请时点	所需资料				备注
			变更申请书	健康声明书	保险合同	其他	
保险合同变更	主险增加保额	有效且在缴费期限内，保单生效满两年的保单周年日前一个月内	√		√		需符合核保规程
	主险减少保额	有效且在缴费期限内	√		√		需符合核保规程
	主合同险种变更	有效且在缴费期限内，保单生效满两年的保单周年日前一个月内	√	√	√		需符合核保规程
	缴费期限变更	有效且在缴费期限内，保单生效满两年的保单周年日前一个月内	√	√	√		需符合核保规程
	新增附约	保单周年日前一个月内	√	√	√		1. 需符合核保规程；2. 需待续期保费和新增附约的保费都承保后才能成功
	附约增加保额	有效且在缴费期限内，保单生效满一年的保单周年日前一个月内	√	√	√		需符合核保规程
	附约减少保额	有效且在缴费期限内	√		√		需符合核保规程
契约状态变更	复效	中止	√	√	√		若申请复效同时申请其他保全变更，作业顺序为先复效后其他变更
	复缴	自动垫缴	√		√		若申请复缴同时申请其他保全变更，作业顺序为先复缴后其他变更
	减额付清保险	有效且在缴费期限内，保单生效满一年且累积有现金价值的保险费缴费日前一个月	√		√		—
	解约	未终止			√	√	需提供解除合同申请书
	保险合同撤销	回执签收之日起十日内			√	√	需提供保险合同撤销申请书
	部分领取	有效/自动垫缴			√	√	1. 一般适合于万能型寿险；2. 需提供部分领款申请表；3. 每次申领的金额需符合公司规定；4. 按公司规定扣除领取手续费
账户变更	追加保险费	有效	√				1. 每次缴费金额需符合公司规定；2. 追加保费时可以选择进入投资账户的分配比例，但选择的分配比例仅对本次追加有效；3. 变更生效为公司接受申请并确认收到追加保险费的当日或下一个资产评估日

表5.2(续)

作业类别		保单状态/申请时点	所需资料				备注
			变更申请书	健康声明书	保险合同	其他	
账户变更	账户转换	有效/自动缓交	√				1. 不接受以金额方式提出的账户转换申请； 2. 每次转出的单位总数不低于公司的最低规定； 3. 按照公司的规定收取转换的费用； 4. 变更生效日为保全接到申请并审核同意当日或下一个资产评估日
	部分领取	有效/自动缓交	√				1. 不接受以金额方式提出的部分领取申请； 2. 每次领取的投资单位总数不低于公司的最低规定； 3. 按照公司规定收取部分领取费用； 4. 变更生效日为保全接到申请并审核同意当日或下一个资产评估日
	投资比例变更	有效/自动缓交	√				变更后每个投资账户的比例应符合公司的规定，各投资账户的投资比例总和应为100%
其他	保单借款	有效且保单生效满一年且累积有现金价值			√	√	需提供保单贷款申请书
	保单还款	保单借款后随时可申请	√		√		申请还款时保单中止或自动垫缴，复效复缴与还款需同时办理
	保险合同补发	有效/自动垫缴				√	需提供保险合同重新发放申请书

备注：账户变更的保全业务主要适用于投资连结型寿险。

（四）保全业务相关单证的填写规范

1. 保险合同变更申请书

保险合同变更申请书（见附件5.1）是客户提出保全事项的申请表，内容包括了客户信息变更、客户权益变更、合同内容变更等事宜，是一张综合性的单证。不同的寿险公司保险合同变更申请书的式样可能不同，但基本的内容是相似的。保险合同变更申请书填写的具体要求如下：

（1）客户用黑色钢笔或签字笔按申请书上对应的项目使用正楷字体正确、完整地填写，涉及保险合同编号、客户姓名、保险金额、险种、申请人签名、转账账号等填写项目不得进行涂改，其他填写内容出现错误时，需申请人在涂改处签名更正。

（2）申请书上必须填写的项目包括：保险合同编号、申请日期、申请事项、申请资格人签名等。

（3）一张申请书只能对应一份保险合同。

（4）申请书上的签章应与投保单上相应的签章一致。如申请过签名变更，应与变更后的签名一致。如申请人为个人，必须由申请人亲笔签名，不得仅加盖印章。若申请人为未成年人，必须由其法定监护人签字确认。

（5）如签名发生变化后尚未申请变更的，除退保、犹豫期退保外，必须先进行签名变更后方可受理。

（6）在签名不一致的情况下，办理退保、犹豫期退保必须投保人亲自办理，不受理委托代办。

（7）委托他人代办保全业务的，需填写授权委托书（见附件5.2），且申请日期应与委托书上的日期一致。

2. 批单的制作

保险公司批单（见附件5.3）是在保全业务处理完成后，由保全人员出具的就保险合同内容进行修改和变更的证明文件。批单一经签发，就自动成为保险合同的组成部分，其法律效力优于保险合同，且后批优于先批。如保全业务中涉及退费或补费作业项目，则要填写保全变更退补费明细表（见附件5.4）。

（五）保险合同基本资料的变更

1. 保险合同主体基本资料的变更

（1）作业流程图

保险合同主体基本资料变更的作业流程图如图5.2所示。

（2）作业项目

保险合同主体基本资料变更的作业项目如下：

①投保人变更；

②投保人和被保险人资料变更；

③被保险人职业变更；

④受益人变更。

（3）作业规则

①投保人变更

投保人变更的作业规则如表5.3所示。

表5.3　投保人变更的作业规则

所需资料	作业规则
1. 变更申请书	1. 投保人的变更应由原投保人提出并经被保险人同意后方可办理。若原投保人身故，则申请资格人为被保险人本人，被保险人为未成年人时，由其法定监护人代为行使申请变更权利
2. 保险合同	2. 新投保人与被保险人之间应具有可保利益
3. 原投保人身份证明	3. 变更投保人后，应相应变更合同中投保人的相关信息，如姓名、性别、身份证号码、与被保险人关系、联系电话、通信地址、邮政编码、工作单位、单位地址、职业代码等
4. 新投保人身份证明	4. 保单状态为有效或自动垫缴状态下方可受理投保人变更，保单状态为借款或失效的不受理投保人的变更
5. 被保险人身份证明	5. 变更投保人一般不需要核保，若保险合同中包含有投保人保费豁免条款，则投保人必须提供健康告知书，待核保通过后方可办理变更
6. 死亡证明复印件或户口簿注销复印件（原投保人死亡情况下）	

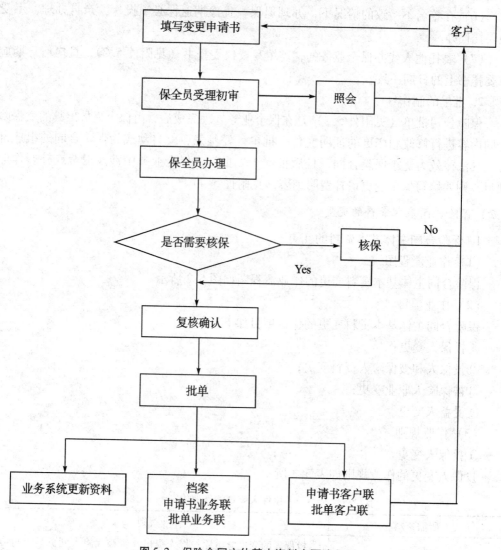

图 5.2   保险合同主体基本资料变更流程图

②投保人、被保险人资料变更

投保人、被保险人资料变更的作业规则如表 5.4 所示。

表 5.4   投保人、被保险人资料变更的作业规则

所需资料	作业规则
1. 变更申请书	1. 投保人、被保险人资料变更可以在保险合同有效期内任意时间提出申请
2. 保险合同	2. 投保人、被保险人资料变更可以由投保人或被保险人提出申请
3. 投保人身份证明	3. 申请变更姓名、性别、出生日期、身份证号码的,保全将一并变更客户作为投保人或被保险人的其他保单
4. 被保险人身份证明	4. 保单状态为失效的情况下,不受理投保人、被保险人资料变更

③投保人、被保险人职业变更

投保人、被保险人职业变更的作业规则如表5.5所示。

表 5.5 被保险人职业变更的作业规则

所需资料	作业规则
1. 变更申请书	1. 保险合同有效且在缴费期间内可以申请投保人、被保险人职业变更
2. 保险合同	2. 职业变更申请的资格人为投保人或被保险人
3. 投保人身份证明	3. 职业变更栏位需填写完整，详述职务、工作内容及工作场所，职业代码需与变更后的实际工作内容相符
4. 被保险人身份证明	4. 投保人、被保险人职业变更需要核保部门核保后才能进行保全业务处理
	5. 保险合同中含有附加意外险的一般会涉及退补费

④受益人变更

受益人变更的作业规则如表5.6所示。

表 5.6 受益人变更的作业规则

所需资料	作业规则
1. 变更申请书	1. 受益人变更可在保险合同有效期内任意时间提出申请
2. 保险合同	2. 受益人的变更可由投保人或被保险人提出并征得对方的同意方可办理，若投保人身故，则申请资格人为被保险人；若被保险人为未成年人，则由其法定监护人代为行使权利
3. 投保人身份证明	3. 变更受益人后，相应应变更合同中受益人的相关信息，如姓名、性别、身份证号码、与被保险人关系、受益份额等
4. 被保险人身份证明	4. 保单状态为失效、借款、保费豁免的不受理受益人的变更
5. 新受益人身份证明	5. 受益人变更原则上需要核保，除非受益人与被保险人之间为直系亲属关系且保险金额在公司规定的免核保金额以内
	6. 变更后受益人为数人时，被保险人需指定受益的顺序和份额

（4）操作实务

①客户填写保险合同变更申请书。

②保全员受理初审。审核的主要内容包括以下几个方面：一是申请资料是否齐全；二是申请书的填写是否符合规定；三是核对投保人和被保险人的签章是否和预留签章一致；四是检查保单的状态是否符合保全作业的规定。

③保全员录入申请内容。如需要核保，则将相关资料转送至核保部门，核保部门核保后将核保意见及相关资料转送回保全部门。

④保全复核确认。复核员对保全员处理的结果进行复核确认后，保全员出具批单并签章。

⑤单证存档。申请书的客户联、批单客户联加盖骑缝章后送达客户，申请书业务联、批单业务联存档。

2. 保险合同基本信息的变更

（1）作业流程图

保险合同基本信息变更的作业流程图如图 5.3 所示：

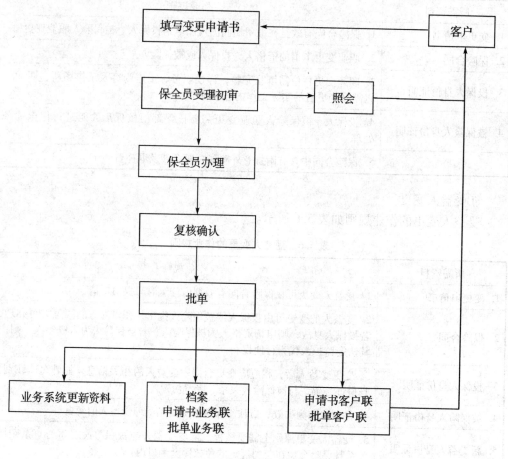

图 5.3　保险合同基本信息变更流程图

（2）作业项目

①通信地址变更；

②保险费缴付方式变更；

③保险费缴付形式变更；

④保险金领取形式的变更。

（3）作业规则

①通信地址变更

通信地址变更的作业规则如表 5.7 所示。

表 5.7　通信地址变更的作业规则

所需资料	作业规则
1. 变更申请书	1. 通信地址变更可在保险合同有效期内任意时间提出申请
2. 保险合同	2. 通信地址变更的申请资格人为投保人
3. 投保人身份证明	3. 投保人和被保险人可以亲自拨打寿险公司的客户服务电话进行通信地址变更

②保险费缴付方式变更

保险费缴付方式变更的作业规则等如表 5.8~表 5.10 所示。

表 5.8　保险费缴付方式变更的作业规则

所需资料	作业规则
1. 变更申请书	1. 保险费缴付方式的变更可在保单周年日前一个月内提出
2. 保险合同	2. 保单状态为有效且在缴费期间内可受理保险费缴付方式变更
3. 投保人身份证明	3. 保险费缴付方式变更申请的资格人为投保人
	4. 保险费缴付方式变更一般在年缴、半年缴、季缴、月缴四种缴费方式之间转化，缴付方式的变更会受到缴付次数的限制
	5. 变更后的保费（包含职业加费和健康加费）按照新的费率计算，各缴别之间的费率折算关系详见表 5.10
	6. 无论合同中主险变更为哪种缴费方式，附加险均需要一次缴纳全年的保险费
	7. 保单状态为自动垫缴、保单贷款、保费豁免及失效的情况下，不受理保险费缴付方式的变更

表 5.9　保险费缴付方式与缴付次数之间的关系

缴别	月缴	季缴	半年缴	年缴
月缴	—	3 次	6 次	12 次
季缴	不限	—	2 次	4 次
半年缴	不限	不限	—	2 次
年缴	不限	不限	不限	—

备注：变更前的缴付期数应达到表中所列缴付期数的倍数方可申请办理。

表 5.10　各缴别之间的折算比率

缴别	年缴	半年缴	季缴	月缴
比例值	1.0	0.52	0.265	0.09

③保险费缴付形式变更

通信地址变更的作业规则如表 5.11 所示。

表 5.11 保险费缴付形式变更的作业规则

所需资料	作业规则
1. 变更申请书	1. 保险费缴付形式变更的申请资格人为投保人
2. 保险合同	2. 缴付形式变更为银行转账时,申请人应提供投保人或被保险人的个人储蓄账号或信用卡账号,寿险公司一般不接受对公账号
3. 投保人身份证明	3. 保险费缴付形式的变更可以在保险合同有效期内任意时间申请办理,如缴付形式为银行转账且在缴费宽限期内的保单,在自制盘和返盘期间暂缓办理此项业务
4. 委托银行转账授权书(变更为银行转账形式时需提交,见附件5.5)	

④保险金领取形式的变更

保险金领取形式变更的作业规则如表 5.12 所示。

表 5.12 保险金领取形式变更的作业规则

所需资料	作业规则
1. 变更申请书	1. 保险金领取形式变更的申请资格人为被保险人
2. 保险合同	2. 保险金领取形式变更可以在合同有效期内任意时间办理
3. 投保人身份证明	3. 首次领取保险金时,被保险人必须持相关资料到保险公司办理领取手续,续期领取形式可选择银行转账
4. 被保险人身份证明	
5. 委托银行转账授权书(变更为银行转账形式时需提交)	

（4）操作实务

①客户填写保险合同变更申请书。

②保全员受理初审。审核的主要内容包括以下几个方面:一是申请资料是否齐全;二是申请书的填写是否符合规定;三是核对投保人和被保险人的签章是否和预留签章一致;四是检查保单的状态是否符合保全作业的规定;五是申请时间是否符合规定。

③保全员录入申请内容。对于可办理的保全业务,经办后转由复核员复核。

④保全复核确认。复核员对保全员处理的结果进行复核确认后,保全员出具批单并签章。

⑤单证存档。申请书的客户联、批单客户联加盖骑缝章后送达客户,申请书业务联、批单业务联存档。

五、实验内容

（1）实验形式:个人实验。

（2）实验用时:2学时。

（3）指定实验内容如下:

①以实验六中填写的投保单为基础,练习保单投保人变更、受益人变更及被保险人职业变更的保全处理,并缮制完整的变更卷宗。

投保人变更：

原投保人：李泰山   现投保人：张玲

受益人变更：

原受益人：张玲；李鑫   受益份额：50%；50%

现受益人：李鑫   受益份额：100%

被保险人职业变更：

被保险人原职业：律师

被保险人现职业：教师（职业代码：13010，寿险标准，意外险的风险等级为1）

②以实验六中填写的投保单为基础，练习投保人地址变更、缴费方式变更、缴费形式变更等业务的保全处理，并缮制完整的变更卷宗。

投保人地址变更：

原住址：广州市天河区龙口东路 280 号 B1405 室   邮编：510625

现住址：广州市海珠区新港西路 160 号 C1508 室   邮编：536020

缴费方式变更：

原缴费方式：年缴   现缴费方式：半年缴

缴费形式变更：

原缴费形式：银行自动转账   现缴费形式：现金缴费

（4）可选实验内容如下：

①以实验六可选实验中填写的投保单为基础，练习投保人变更、受益人变更及被保险人职业变更的保全处理，并缮制完整的变更卷宗。

投保人变更：

原投保人：王军   现投保人：张玲

受益人变更：

原受益人：王军   受益份额：100%

现受益人：王军；张长海（张玲的父亲，4405121956×××× 0051）受益份额：60%；40%

被保险人职业变更：

被保险人原职业：家庭主妇

被保险人现职业：收银员（职业代码：15220，寿险标准，意外险的风险等级为1）

（5）以实验六可选实验中填写的投保单为基础，练习投保人地址变更、缴费方式变更、缴费形式变更等业务的保全处理，并缮制完整的变更卷宗。

①投保人地址变更

原住址：广州市海珠区滨江东路好景花园 2 栋 304   邮编：510300

现住址：广州市越秀区寺佑新马路 200 号 A1508 室   邮编：531130

②缴费方式变更

原缴费方式：年缴   现缴费方式：季缴

③缴费形式变更

原缴费形式：银行自动转账   现缴费形式：现金缴费

六、实验方法和操作步骤

采用理论联系实际的方法，在对实验六中投保单认真分析的基础上，提取相关信息，按照实验内容中的要求进行相关保全业务。

步骤1：了解保险合同主体基本资料变更、保险合同基本信息变更的流程；

步骤2：填写保险合同变更申请书；

步骤3：根据各保全变更要求提交相关变更资料；

步骤4：缮制批单；

步骤5：整理、汇总凭证，形成卷宗；

步骤6：汇总实验结果，形成实验报告并上交。

七、实验注意事项

（1）实验中的变更均以实验六中填写的投保单为依据；

（2）除填写变更的相关凭证外，在变更材料中必须提供该变更需要的其他资料；

（3）凡素材中未提及的信息，可小组协商后确定。

八、参考文献

［1］孙祁祥，周新发. 健康保险客户服务 ［M］. 北京：中国财政经济出版社，2018.

［2］泰康人寿保险公司网站：http://www.taikanglife.com/.

［3］建信人寿保险公司网站：http://www.ccb-life.com.cn/.

［4］平安人寿保险公司网站：http://life.pingan.com/.

附件 5.1

保险合同变更申请书

保单号码：_____　申请人：_____　申请日期：_____年___月___日

　　填写说明：请用黑色钢笔或签字笔在申请变更项目前的□内打√，并在横线上填写所需变更的内容。若发生涂改则本申请无效。为了维护您的权益，签名前请再次认真核对填写的内容，一经签字确认即视为您同意对上述保单进行相应的保全变更处理。

<table>
<tr><td rowspan="8">□投保人变更
①新投保人必须告知职业信息，请填写在职业变更栏内。
②新投保人必须填写授权银行账户信息，请填写在账号变更栏内。</td><td colspan="2">姓名：　　　性别：□男□女　出生日期：___年__月__日　证件有效期至：_____</td></tr>
<tr><td>证件类型：</td><td>证件号码：</td></tr>
<tr><td>国籍：</td><td>婚姻状况：　　　　　年收入：_____元（人民币）</td></tr>
<tr><td colspan="2">与被保险人的关系：□本人 □配偶 □父子 □父女 □母子 □母女 □其他_____</td></tr>
<tr><td>住所地址：</td><td>邮政编码：</td></tr>
<tr><td colspan="2">电话：　　　　手机：　　　　电子邮箱：</td></tr>
<tr><td colspan="2">新投保人签名：_____</td></tr>
</table>

<table>
<tr><td rowspan="4">职业变更
□投保人
□被保险人</td><td colspan="2">单位名称：　　　　　　　　　　　　电话：</td></tr>
<tr><td colspan="2">单位地址：　　　　　　　　　　　　邮政编码：</td></tr>
<tr><td>职务：　　　主业代码：</td><td>副业代码：</td></tr>
<tr><td colspan="2">工作内容及场所详述（包括副业）：　　　常驻地：_____省_____市</td></tr>
</table>

<table>
<tr><td rowspan="4">□受益人变更</td><td colspan="13">受益人类别：①生存保险金 ②身故保险金 ③满期保险金 ④年金 ⑤其他：_____</td></tr>
<tr><td>类别编号</td><td>姓名</td><td>性别</td><td>国籍</td><td>出生日期</td><td>与投保人关系</td><td>与被保险人关系</td><td>证件类型</td><td>证件号码</td><td>证件有效期</td><td>受益顺序</td><td>份额（%）</td><td>职业</td><td>联系方式</td><td>住所地址或工作单位地址</td></tr>
<tr><td></td><td></td><td></td><td></td><td></td><td></td><td></td><td></td><td></td><td></td><td></td><td></td><td></td><td></td><td></td></tr>
<tr><td></td><td></td><td></td><td></td><td></td><td></td><td></td><td></td><td></td><td></td><td></td><td></td><td></td><td></td><td></td></tr>
</table>

受益人/监护人签名：_____

<table>
<tr><td rowspan="9">地址变更</td><td rowspan="3">□投保人住所地址</td><td>地址：</td><td>邮政编码：</td></tr>
<tr><td>电话：　　手机：　　电子邮箱：</td><td></td></tr>
<tr><td colspan="2">□需一并变更本人作为投保人的其他所有保单</td></tr>
<tr><td rowspan="3">□被保险人住所地址</td><td>地址：</td><td>邮政编码：</td></tr>
<tr><td>电话：　　手机：　　电子邮箱：</td><td></td></tr>
<tr><td colspan="2">□需一并变更本人作为被保险人的其他所有保单</td></tr>
<tr><td rowspan="3">□通信地址</td><td colspan="2">□同投保人住所地址　□同被保险人住所地址　□其他(勾选其他请填写下面两行的详细信息)</td></tr>
<tr><td>地址：</td><td>邮政编码：</td></tr>
<tr><td>电话：　　手机：　　电子邮箱：</td><td></td></tr>
</table>

□需一并变更投保人名下其他所有作为投保人的保单(勾选此项时不得同时勾选同被保险人地址)

<table>
<tr><td rowspan="5">客户资料变更
□投保人
□被保险人</td><td colspan="2">为维护您的权益，请确认并及时更新您的最新身份证件信息。
如申请客户资料变更，公司将一并变更您作为投保人或被保险人的其他保单。</td></tr>
<tr><td>姓名：　　　性别：□男 □女</td><td>出生日期：_____年___月___日</td></tr>
<tr><td colspan="2">证件类型：□居民身份证　□港澳通行证　□护照　□其他_____</td></tr>
<tr><td>证件号码：</td><td>证件有效期至：_____</td></tr>
<tr><td colspan="2">婚姻状况：　　　年收入：_____元（人民币）　国籍：</td></tr>
</table>

□账号变更	授权账户所有人：_____（仅限投保人） 开户银行名称：_____ 开户银行账号：_____ 自动转账授权： 1. 账户所有人确认上述授权账户是其本人真实有效的人民币个人结算账户； 2. 账户所有人同意，以此授权账户作为投保人缴纳各期保费和接受保全变更退补费、解约费用、终止费用和红利给付之用； 3. 账户所有人同意保费将在公司核保通过后扣款，续期保费在当期保费缴费日的当日进行扣款。			
□保单借款	小写（人民币）：¥_____元整 大写（人民币）：____万___仟___佰元整 注意： 1. 不同的险种对最高可借款金额的约定不同，每份保单实际可借的最高金额以合同约定为准。 2. 若申请借款金额小于可借金额，则以申请借款金额为准；若申请借款金额大于可借金额，则以实际核算的最高可借金额为准。 3. 借款金额到账日为计息起始日，每次借款时间最长为 6 个月，如果逾期未还，则所有利息并入本金，并在下一借款期内，按最近一次宣布的借款利率计算借款利息。 4. 当申请借款的保险合同现金价值不足以偿还借款本金和利息时，该合同效力中止。			
□保单还款	□全额还款	□仅还利息	部分还款：金额小写（人民币）：¥_____元整 金额大写（人民币）：____万___仟___佰元整	
保单遗失 □补发保单 □申请解约无须补发	本人因不慎遗失所持有的□保险合同/□保险合同发票联，兹向贵公司声明上述资料自此作废。关于以上资料的遗失和作废，本人已通知被保险人、受益人等相关权利人。			

合同变更	变更类别：□险种变更 □增加保额 □减少保额 □新增附加险 □缴费年期变更 　　　　　 □取消附加险 □计划类别变更 □期交保险费变更			
	险种名称	缴费年期	变更后保费	变更后保额	变更后计划类别

□保单状态变更	□复效	□复缴	□减额付清	□恢复交费
□保险费交付方式变更	□年交	□半年交	□季交	□月交
□保险费逾期未付选择变更	□自动垫交		□中止	
□红利领取方式变更	□现金	□累积生息		□抵交保费
□保险金领取方式变更	□直接给付	□累积生息		□购买交清增额保险
□社保状态变更	□有社保		□无社保	
□争议处理方式变更	□诉讼（向被告住所地的人民法院起诉） □提交_____仲裁委员会仲裁（仲裁机构未明确填写的，仲裁条款无效）			
□年金领取方式变更	领取频率：□年领 □季领	□月领	开始领取年龄_____周岁	
签名变更 □投保人 □被保险人	如您申请签名变更，请本人抄录"本人已阅读上述保险合同的条款、产品说明书和投保提示书，并对合同项下的各项声明及陈述均确认无误"，并签名确认。 _____			
□其他变更				

投保人及被保险人声明：本人已仔细阅读并同意本申请书的客户须知，同意以上变更以贵公司相应出具的批单上的生效日为准。		
投保人签名：_____ 被保险人/监护人签名：_____ 申请日期：_____		
申请办理类型：	□申请人本人至保险公司柜面办理 □申请人本人至银行柜面办理 □其他：_____	□保险营销员协助递交 保险营销员声明：本变更申请书是在本人协助下由投保人和被保险人亲自签名的，本人已亲见投保人及被保险人，并与其身份证件原件核对无误。

核保部门意见：		
	核保员签章：_____ 核保主任签章：_____	

机构客服备注栏：	
	受理签章：_____

附件 5.2

授权委托书

填写说明：请用黑色钢笔或签字笔在横线处清晰、无误地填写办理内容，签名前请仔细核对授权内容的真实准确，为了保障您的权益，请勿在空白单证上签名。

本人_____委托_____（证件类型：_____ 受托人有效证件号码：_____）在_____年___月___日至_____年___月___日期间内代为办理_____事宜（保单号：_____）。

若委托事项涉及退补费，本人同意将款项通过银行转账方式进行领取和支付，转账账户信息如下：开户银行_____账户名_____

结算账号：_____。

客户信息授权条款

本人授权_____人寿保险公司（以下简称"贵公司"），除法律另有规定之外，将本人提供给贵公司的信息、享受贵公司服务产生的信息（包括本单证签署之前提供和产生的信息）以及贵公司根据本条约定查询、收集的信息，用于贵公司及其因服务必要委托的合作伙伴为本人提供服务、推荐产品、开展市场调查与信息数据分析。

本人授权贵公司除法律另有规定之外，基于为本人提供更优质服务和产品的目的，向贵公司因服务必要开展合作的伙伴提供、查询、收集本人的信息。

为确保本人信息的安全，贵公司及其合作伙伴对上述信息负有保密义务，并采取各种措施保证信息安全。

本条款自本单证签署时生效，具有独立法律效力，不受合同成立与否及效力状态变化的影响。

授权人签名：_____ 证件类型：_____

有效证件号码：_____

联系电话：_____ 日期：_____年___月___日

如有其他授权人，请授权人在横线中签署授权信息（格式同上述格式一致）：_____

_____

_____

受托人声明：

1. 受托人保证本委托书为授权人亲笔签名，如有纠纷，受托人自愿承担相应责任；

2. 受托人已面晤授权人，并严格遵循授权人的真实意愿，在授权有效期内代为办理委托事宜，如果所实施的行为超过授权范围，受托人自愿承担相应的责任。

受托人签名：_____ 业务代码：_____

联系电话：_____ 日期：_____年_____月_____日

特别说明：①本授权委托书仅适用于可以委托代办的保全项目；

②受托人为办理保全业务的资格人；

③为保障授权人的权益不受侵害，空白处请用笔划除。

附件 5.3

保险公司批单

投保人：＿＿＿＿＿＿＿＿＿　　被保险人：＿＿＿＿＿＿＿　　保单号码：＿＿＿＿＿＿＿＿＿＿＿

兹根据投保人/被保险人＿＿＿＿＿＿＿＿　于＿＿＿年＿＿月＿＿＿日申请的＿＿＿＿＿＿＿＿

＿＿＿＿＿＿＿＿＿＿＿＿＿＿＿＿　保全事项，经本公司同意，现将＿＿＿＿＿＿＿＿＿＿　号保单做

如下批注：

＿＿＿＿＿＿＿＿＿＿＿＿（保险公司签章）

日期：＿＿＿＿年＿＿＿月＿＿＿日

经办：＿＿＿＿＿＿　　　复核：＿＿＿＿＿＿＿　　　审批：＿＿＿＿＿＿＿

附件 5.4

保全变更退补费明细表

退补费明细表	补费栏目					退费栏目	
	主险增加保额		元	工本费	元	主险减少保额	元
	保单	保费	元			附加险减少保额	元
	复效	利息	元				
	当期保险费第　　次　　元						

合计应退\补费人民币:(大写)　拾　万　仟　佰　拾　元　角　分

身份证号码:

领款人签章:

经办:　　　　　　　复核:　　　　　　　审批:

日期:　　　年　　月　　日

（保险公司签章）

附件 5.5

委托银行转账协议书（正面）

投保单流水号：_____　　受理号码：_____　　保单号码：_____

致_____ 人寿保险有限公司：

本人授权_____ 人寿保险有限公司及下列银行自本人指定账户划扣保险费，应缴交的各项费用以及收取保单支付条款项下约定属于本人权益的款项，而无须每次划款或支付前征求本人意见，除非本人向指定账户所属银行发出停止支付或停止收取的指令。

授权账户信息							
户名		开户银行			开户银行所属城市		
账户类型	□银行存折		□储蓄卡		□其他		
存折账号/银行卡号							

注：1. 授权账户必须为本投保申请/保单投保人、被保险人名下账户，除身故理赔必须使用身故受益人名下账户外；

　　2. 开户银行必须为本公司接受的银行；

　　3. 所提供的账户必须为通存通兑活期结算账户、储蓄卡或本公司可接受的信用卡。

投保人声明：

1. 本人已知悉并同意授权人做的本投保申请/保单的保险费；

2. 本人清楚地知道，若授权人提供非授权人名下存折账号/银行卡卡号，即使划扣保险费转账成功，贵公司也不承担保险责任；

授权人声明：

1. 上述授权账户为本人所有，并提供存折/银行卡复印件一份，如有虚假，本人愿承担由此引起的一切法律责任；

2. 本人已经认真阅读并理解了本授权书背面的"银行自动转账授权约定条款"内容。

投保人签名：_____　　　　　　授权人签名：_____

　　　　　　　　　　　　　　　　　　日期：____年____月____日

营销员签名：_____　　　　　　营销服务部/经代公司名称：_____

　　　　　　　　　　　　　　　　　　初审人员审核签名：_____

此处为长 15 厘米，宽 2 厘米的不粘胶栏，请将存折/卡复印件的顶端对齐顶端虚线粘贴

委托银行转账授权约定条款（背面）

一、**授权生效**：授权书送达_____人寿保险有限公司（下称本公司）时生效。

为完成自动代扣保费作业，授权人应于续期保费到期日前七个工作日内将本授权书送达本公司，并同时缴交该到期日前应缴而未缴之各期保费，逾期送达以致未完成作业者，延至下一期以银行转账方式收取保费。

本授权书因填写内容不全、错误或其他原因致使转账银行或信用卡中心无法办理代扣费者，本授权书不发生效力。

二、**授权之终止**：有下列各款情形之一者，除本授权书另有约定外，本授权书之效力自该情形发生之日起自动终止：

（1）转账银行不同意授权人依其指定之方式缴交保费，以及给付保单相关款项；

（2）授权人结清其所指定之转账银行账户或进行销户；

（3）授权人所指定之账户遭受有权机关查封、冻结。

三、**授权之变更**：授权人如要变更指定的划扣保险费的缴交方式或银行账户，请填妥有关变更申请，依条款第一条办理生效。原授权书中对应保单之授权效力于新授权书生效时自动终止；如客户申请变更给付条款约定授权人权益的款项的给付方式或银行账户，则相应给付方式及银行账户以变更后的为准。

四、本公司于每期保费入账后，应将相应的保费发票的客户联邮寄予投保人作为缴费之凭证，如使用信用卡自动代扣保费，保费金额会显示在当月信用卡对账单中，为顺利完成自动代扣费付款作业，请确保银行账户余额大于或等于当期保费加10元，信用卡余额或透支余额大于或等于当期保费。

五、授权人如因转账金额与应缴保费或给付条款约定授权人权益的款项金额不符，或对保险费率计算有异议时，可向本公司客户服务部咨询办理。

六、本授权书之效力不因其指定保单之保费或给付金额发生变动而受影响。

七、因各种原因导致本授权书终止者，如授权人欲再以银行自动扣费方式缴纳保费，则必须重新填写授权书，并依条款第一条办理并生效。

八、银行因执行本公司指令发生的争议、纠纷等，由本公司自行解决，银行不承担由此引起的法律责任。

实验十　保险合同内容的变更

一、实验目的

（1）掌握增保附约保全业务的主要内容和作业规范；

（2）掌握主险增加（减少）保险金额保全业务的主要内容和作业规范；

（3）掌握附加险增加（减少）保险金额保全业务的主要内容和作业规范。

二、实验要求

（1）能够正确填写保险合同变更申请书，进行保险合同内容变更的保全业务申请；

（2）能够根据保全业务的内容正确出具批单；

（3）保全变更中涉及退补费的，能出具退补费明细表。

三、实验环境（仪器、软件和材料）

（1）电脑

（2）Internet 网络连接

（3）Office 办公软件

（4）投保单

（6）实验素材

四、实验前知识准备

寿险公司保险合同内容的保全业务处理，主要包括主险增加（减少）保险金额、主合同险种变更、新增附约、附加险减少保险金额、缴费期限变更等。本实验重点对主险增加（减少）保险金额、附加险增加（减少）保险金额、新增附约等保全业务流程和内容进行介绍。

（一）新增附约

1. 作业流程图

新增附约的作业流程图如图 5.4 所示。

2. 作业规则

新增附约的作业规则如表 5.13 所示。

表 5.13　新增附约的作业规则

所需资料	作业规则
1. 变更申请书	1. 新增附约应在保单周年日前一个月内提出申请
2. 保险合同	2. 申请新增附约时保险合同状态应为有效，且在缴费期限内
3. 投保人身份证明	3. 新增附约申请的资格人为投保人，但必须经被保险人同意

表5.1(续)

所需资料	作业规则
4. 被保险人身份证明	4. 新增附约的保险金额应符合公司核保规程的规定，一般不超过主险的保额或与主险的保额之间保持一定的倍数关系
5. 健康告知书	5. 新增附约的保险费按照申请时被保险人的年龄（周岁）计算
	6. 应缴费对应日前收到保费的保单生效日为缴费对应日，应缴费对应日后收到保费的保单生效日为收到保费的次日

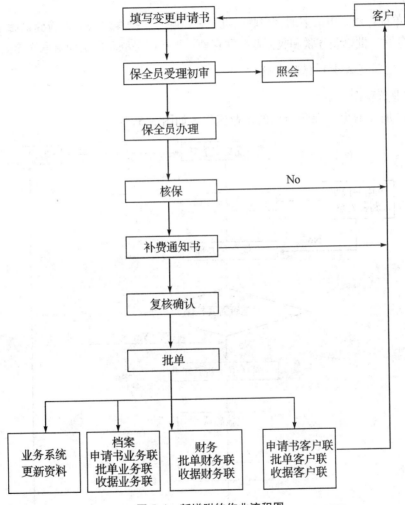

图5.4　新增附约作业流程图

3. 操作实务

（1）客户填写保险合同变更申请书，申请增加附加险。

（2）保全员受理初审。审核的主要内容包括以下几个方面：一是申请资料是否齐全；二是申请书的填写是否符合规定；三是核对投保人和被保险人的签章是否和预留签章一致；四是检查保单的状态是否符合保全作业的规定。

（3）保全员录入申请内容，并将相关资料转送至核保部门。

（4）核保部门核保后将核保结论录入系统，并将相关文件转送回保全部门。

（5）对于核保未能通过的保单，保全员必须根据保全意见打印延期承保或拒保通知书并转送至客户。对于可受理的新增附约，保全员需打印补费通知书（见附件 5.7）并转送至客户。

（6）客户缴纳保费后，保全员将缴费情况录入系统，复核员复核后保全员出具批单和收据，并在批单上相应位置签章。

（7）若客户在补费通知书规定的截止日期内未能办理缴费，则此次的保全业务申请将被取消。

（8）单证存档。申请书的客户联、批单客户联和收据客户联加盖骑缝章后送达客户；申请书业务联、批单业务联和收据业务联存档；批单财务联和收据财务联送至财务。

（二）主险增加（减少）保险金额

1. 作业流程图

主险增加（减少）保险金额的作业流程图如图 5.5 所示。

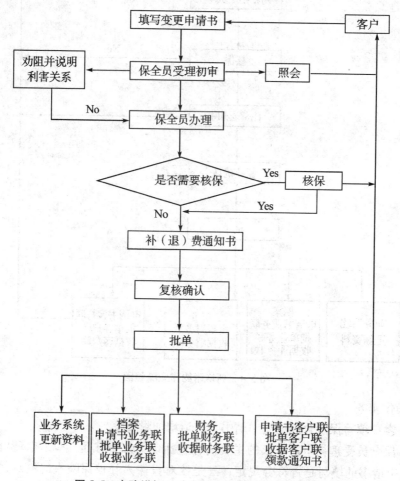

图 5.5 主险增加（减少）保险金额作业流程图

2．作业项目

（1）主险增加保险金额；

（2）主险减少保险金额。

3．作业规则

（1）主险增加保险金额

主险增加保险金额的作业规则如表5.14所示。

表 5.14　主险增加保险金额的作业规则

所需资料	作业规则
1．变更申请书	1．主险增加保险金额的申请应在保单生效满两年的保单周年日前一个月内提出
2．保险合同	2．申请主险增加保险金额时保险合同的状态应为有效，且在缴费期限内
3．投保人身份证明	3．增加保险金额后主险的保额不得高于当时该险种的最高承保金额
4．被保险人身份证明	4．主险增加保险金额的申请资格人为投保人，但必须经被保险人同意
5．健康告知书	5．主险增加保险金额后，增加的保险费仍按照被保险人原投保时的年龄计算，但必须补交已经过年度的现金价值
	6．主险增加保险金额原则上需要核保，在满足一定条件时可无须提供健康告知书及免体检，例如合同订立时被保险人是标准体，且合同生效满五年后的首个保单周年日前30天内提出则可以免交健康告知书及免体检

（2）主险减少保险金额

主险减少保险金额的作业规则如表5.15所示。

表 5.15　主险减少保险金额的作业规则

所需资料	作业规则
1．变更申请书	1．主险减少保险金额的申请应在缴费对应日前一个月内提出
2．保险合同	2．申请主险减少保险金额时保险合同的状态应为有效，且在缴费期限内
3．投保人身份证明	3．犹豫期内申请主险减少保险金额，应退还客户保额对应的全部保险费；犹豫期外减少保险金额，退还保额对应的现金价值
	4．无论是犹豫期内还是犹豫期外申请主险减少保险金额，一般均不退还健康加费和职业加费
	5．主险办理减少保险金额时，附加险也应按照投保规则做相应的调整
	6．减额后的基本保险金额不得低于申请时该险种的最低承保金额
	7．若承保期间内保单发生过伤残、医疗赔付，以及进入生存金领取期间的保单均不予办理主险减少保险金额的保全业务

4．操作实务

（1）客户填写保险合同变更申请书，申请主险增加（减少）保险金额。

（2）保全员受理初审。审核的主要内容包括以下几个方面：一是申请资料是否齐全；二是申请书的填写是否符合规定；三是核对投保人和被保险人的签章是否和预留签章一致；四是检查保单的状态是否符合保全作业的规定。

（3）保全员录入申请内容，对于需要核保的业务，将相关资料转送至核保部门。

（4）核保部门核保后将核保结论录入系统，并将相关文件转送回保全部门。

（5）对于核保未能通过的保单，保全员必须根据保全意见打印通知书并转送至客户；对于可受理的主险增加（减少）保额，保全员需打印补（退）费通知书并转送至客户。

（6）客户缴纳保费后，保全员将缴费情况录入系统，复核员复核后保全员出具批单和收据，并在批单上相应位置签章。对于减少保额后的退费，复核员复核后保全员出具批单和领款通知书（见附件5.8）并送达客户。

（7）若客户在补费通知书规定的截止日期内未能办理缴费，则此次的保全业务申请将被取消。

（8）单证存档。申请书的客户联、批单客户联、收据客户联（见附件5.9）或领款通知书加盖骑缝章后送达客户；申请书业务联、批单业务联和收据业务联存档；批单财务联和收据财务联送至财务。

（三）附加险增加（减少）保险金额

1. 作业流程图

附加险增加（减少）保险金额的作业流程图如图5.6所示。

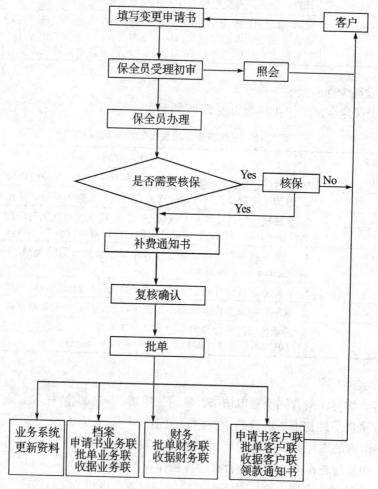

图5.6　附加险增加（减少）保险金额作业流程图

2. 作业项目

（1）附加险增加保险金额；

（2）附加险减少保险金额。

3. 作业规则

（1）附加险增加保险金额

附加险增加保险金额的作业规则如表 5.16 所示。

表 5.16　附加险增加保险金额的作业规则

所需资料	作业规则
1. 变更申请书	1. 申请附加险增加保险金额必须在保单生效满一年的保单周年日前一个月内提出
2. 保险合同	2. 申请附加险增加保险金额时保险合同的状态应为有效，且在缴费期限内
3. 投保人身份证明	3. 申请附加险增加保险金额应符合公司核保规程的规定，一般附加险的保险金额不超过主险，或与主险间保持一定的比例关系
4. 被保险人身份证明	4. 附加险增加保险金额的申请资格人为投保人或被保险人，投保人申请的必须经被保险人同意
5. 健康告知书	5. 附加险增加保险金额的保全业务除公司另有规定外，原则上需要核保

（2）附加险减少保险金额

附加险减少保险金额的作业规则如表 5.17 所示。

表 5.17　附加险减少保险金额的作业规则

所需资料	作业规则
1. 变更申请书	1. 附加险减少保险金额的申请可在应缴费对应日前一个月内提出
2. 保险合同	2. 申请附加险减少保险金额时保险合同的状态应为有效，且在缴费期限内
3. 投保人身份证明	3. 犹豫期内申请减少附加险的保险金额，应退还客户减少部分的全部保险费；犹豫期外申请减少附加险的保险金额的，不退还保险费
	4. 非一年期的附加险减少保险金额，应按照保险合同中约定的方法处理

4. 操作实务

（1）客户填写保险合同变更申请书，申请附加险增加（减少）保险金额。

（2）保全员受理初审。审核的主要内容包括以下几个方面：一是申请资料是否齐全；二是申请书的填写是否符合规定；三是核对投保人和被保险人的签章是否和预留签章一致；四是检查保单的状态是否符合保全作业的规定。

（3）保全员录入申请内容，对于需要核保的业务，将相关资料转送至核保部门。

（4）核保部门核保后将核保结论录入系统，并将相关文件转送回保全部门。

（5）对于核保未能通过的保单，保全员必须根据保全意见打印通知书并转送至客户；对于可受理的附加险增加保额，保全员需打印补费通知书并转送至客户。

（6）客户缴纳保费后，保全员将缴费情况录入系统，复核员复核后保全员出具批单和收据，并在批单上相应位置签章。

（7）若客户在补费通知书规定的截止日期内未能办理缴费，则此次的保全业务申请将被取消。

（8）单证存档。申请书的客户联、批单客户联和收据客户联加盖骑缝章后送达客户；申请书业务联、批单业务联和收据业务联存档；批单财务联和收据财务联送至财务。

五、实验内容

（1）实验形式：个人实验。

（2）实验用时：2 学时。

（3）指定实验内容：

①以实验六填写的投保单为基础，在原投保的保险险种基础上，进行加保附加险的保全业务操作。

李泰山的重大疾病保险合同（保单号：2018070160018560）在保单生效后的第二个保单年度，在代理人的建议下，增加购买了一份意外伤害保险，拟购买的保险金额为 100 000 元，另外附加安心意外交通险 100 000 元，意外医疗险 5 000 元，采用年缴的方式缴纳保费，请根据附加险的相关资料，进行该业务的保全变更实验。

附加险种名称：安心意外伤害保险

主要保险责任：若被保险人在遭遇意外事故之日起 180 天内，因该意外事故造成身故或全残，本公司按合同约定给付等值于保险金额的身故或全残保险金，本合同效力终止。若被保险人自公共交通意外伤害事故发生之日起 180 天内，因本次事故造成身故，则本公司以保险单上所载本附加合同的公共交通意外身故及残疾保险金额给付公共交通意外身故保险金，但若本附加合同有效内已有公共交通意外残疾给付，则必须扣除所有已给付的公共交通意外残疾保险金，本附加合同的效力终止。

安心意外伤害保险费率如表 5.18 所示：

表 5.18　安心意外伤害保险费率表

险种名称	保险金额	年缴（元）			
		1	2	3	4
安心意外伤害	每 10 000 元保险金额	16.0	20.0	32.0	40.0
安心公共交通	每 10 000 元保险金额	4.0	4.0	4.0	4.0
安心意外医疗	首 3 000 元保险金额	54.0	69.0	108.0	135.0
	以后每 1 000 元保险金额	12.0	15.0	24.0	30.0

②以实验六填写的投保单为基础，在原投保的保险险种基础上，进行主险减少保险金额的保全业务操作。

李泰山的重大疾病合同（保单号：2018070160018560）在保单生效后的第二个保单年度，其所在的律师事务所统一为职工在某寿险公司购买了团体重大疾病保险，保险金额为 300 000 元。因此，李泰山想申请减少原购买的康泰重大疾病保险的保险金额，欲将原本 200 000 元的保险金额减少为 100 000 元。请根据实验六中康泰重大疾病保险的保险费率表、简易核保规程、职业等级表以及下面的现金价值表等，进行该业务的保全变更实验（见表 5.19）。

表 5.19　康泰重大疾病保险现金价值表
（10 年期，每万元基本保额）
单位：元

年龄/保单年度	男性 10 年缴费			女性 10 年缴费		
	1	2	3	1	2	3
46	0.0	501.0	1 030.0	0.0	500.0	1 028.0
47	0.0	501.0	1 032.0	0.0	500.0	1 029.0
48	0.0	503.0	1 035.0	0.0	501.0	1 031.0
49	0.0	504.0	1 037.0	0.0	502.0	1 033.0
50	0.0	505.0	1 039.0	0.0	503.0	1 035.0
51	0.0	507.0	1 043.0	0.0	504.0	1 037.0
52	0.0	509.0	1 046.0	0.0	505.0	1 039.0
53	0.0	510.0	1 050.0	0.0	507.0	1 041.0
54	0.0	511.0	1 052.0	0.0	508.0	1 044.0

退保说明：

（1）本险种的退保金额为退保当时的现金价值；

（2）退保当时的现金价值＝上一保单年度末现金价值＋（该保单年度末的现金价值－上一保单年度末的现金价值）×该保单年度已经过天数/该保单年度全年实际天数。

（3）第一保单年度末以前退保，则"上一保单年度末的现金价值"为零。

（4）可选实验内容如下：

①以实验六可选实验中填写的投保单为基础，在原投保的保险险种的基础上，进行加保附加险的保全业务操作。

张玲的洪福定期两全保险合同（保单号：2018031560006530）在保单生效后的第二个保单年度，丈夫王军考虑到自己的妻子没有工作，无法拥有医疗保障，于是准备在原来为其购买的两全保险的基础上加保医疗险。最后，在代理人的建议下，王军投保了日补贴额 80 元的"住院补贴医疗保险"，采用年缴的方式缴纳保费，请根据此附加险的相关资料，进行该业务的保全变更实验。

附加险种名称：附加住院补贴医疗保险。

主要保险责任：在本附加合同有效期限内，被保险人因发生意外伤害事故或疾病，经指定医院的医师诊断必须住院治疗，且已在指定医院住院，则本公司按保险单上所载的住院补贴日额乘以实际住院天数给付住院补贴保险金。同一次住院，住院补贴保险金给付天数最高以 90 天为限，每一保单年度累积给付天数最高以 180 天为限。

附加住院补贴医疗保险费率如表 5.20 所示：

表 5.20　附加住院补贴医疗保险费率表

每日住院补贴 20 元，职业等级 1 级　　　　　　　　　　　　　　　单位：元

年龄＼缴法	年缴	半年缴	季缴
18~24 岁	20	10.4	5.2
25~29 岁	25	13	6.6
30~34 岁	30	15.6	7.9
35~39 岁	35	18.2	9.2
40~44 岁	45	23.4	11.8

②以实验六可选实验中填写的投保单为基础，在原投保的保险险种的基础上，进行主险减少保险金额的保全业务操作。

张玲的洪福定期两全保险合同（保单号：2018031560006530）在保单生效后的第二个保单年度，王军考虑到妻子没有工作，没有缴纳养老保险，未来的养老问题堪忧，于是在代理人的建议下，王军为妻子增加购买了某寿险公司最新上市的一款延期年金保险，投保金额为 200 000 元，年交保费 13 250 元。投保该年金保险后王军感到缴费有些压力，但原来的定期两全保险退保的话损失比较大，因此，王军决定将原有的洪福定期两全保险的保险金额由 150 000 元减少至 80 000 元。2019 年 2 月 20 日，王军向保险公司递交了保险合同变更申请书，并委托自己的代理人李江代为办理合同保险金额减少的保全业务。李江的身份证号码为：4401021988××××6754，联系电话：135××××5778。请根据实验六中洪福定期两全保险的保险费率表、简易核保规程、职业等级表以及下面的现金价值表等，进行该业务的保全变更实验（见表 5.21）。

表 5.21　洪福定期两全保险现金价值表

（20 年期，每万元基本保额）

　　　　　　　　　　　　　　　　　　　　　　　　　　　　　　　　　　　单位：元

年龄/保单年度	男性 20 年缴费			女性 20 年缴费		
	1	2	3	1	2	3
25	0.0	162.0	329.0	0.0	106.0	214.0
26	0.0	170.0	346.0	0.0	112.0	228.0
27	0.0	179.0	366.0	0.0	119.0	242.0
28	0.0	190.0	387.0	0.0	128.0	260.0
29	0.0	202.0	411.0	0.0	137.0	280.0
30	0.0	214.0	435.0	0.0	147.0	299.0
31	0.0	227.0	462.0	0.0	158.0	321.0
32	0.0	240.0	489.0	0.0	170.0	346.0
33	0.0	254.0	517.0	0.0	182.0	370.0
34	0.0	268.0	546.0	0.0	195.0	396.0

表5.21(续)

年龄/保单年度	男性 20 年缴费			女性 20 年缴费		
	1	2	3	1	2	3
35	0.0	284.0	576.0	0.0	208.0	425.0
36	0.0	298.0	606.0	0.0	223.0	453.0

退保说明：

（1）本险种的退保金额为退保当时的现金价值；

（2）退保当时的现金价值＝上一保单年度末现金价值＋（该保单年度末的现金价值－上一保单年度末的现金价值）×该保单年度已经过天数/该保单年度全年实际天数。

（3）第一保单年度末以前退保，则"上一保单年度末的现金价值"为零。

六、实验方法和操作步骤

本次实验采用理论结合实际的方法，在给定资料的基础上，结合实验六中的投保单，进行相关保全业务的变更操作。

步骤1：认真研读实验内容中提供的相关资料；

步骤2：填写保险合同变更申请书，提交其他相关资料，进行附加险加保的保全操作；

步骤3：填写保险合同变更申请书，提交其他相关资料，进行主险减少保险金额的保全操作；

步骤4：汇总所有保全单据，形成卷宗，并填写实验报告上交。

七、实验注意事项

（1）所有保全业务的处理均在给定的资料基础上进行；

（2）凡材料中未涉及的信息，可由小组协商后填写。

八、参考文献

［1］泰康人寿保险公司网站：http://www.taikanglife.com/.

［2］建信人寿保险公司网站：http://www.ccb-life.com.cn/.

［3］平安人寿保险公司网站：http://life.pingan.com/.

［4］中国人寿保险公司网站：http://www.e-chinalife.com/.

附件 5.6

健 康 告 知 书

被保险人姓名：   保单号码：

	被保险人		投保人	
以下一项或几项若回答"是"，请在备注栏中注明姓名、问题号码及详细情况。对本投保单及告知内容，本公司承担保密义务，询问事项（如保险条款中涉及对投保人保险费豁免事项且变更投保人，投保人栏目必须填写）	是	否	是	否
1. 近期体况：最近一年您是否有新发或以往既有的身体不适？如反复头疼、头晕、眩晕、胸痛、胸闷、咳嗽、咳血、气喘、肝区不适、腹痛、血尿、便血、紫癜、皮肤黄染、消瘦（体重在 3 个月内下降超过 5 千克）。被保险人的身高____厘米，体重_____千克。投保人的身高_____厘米，体重_____千克	☐	☐	☐	☐
2. 近期诊治：您最近一年是否接受过医师的诊查、治疗、用药、住院或手术建议？	☐	☐	☐	☐
3. 您在过去 2 年内是否做过以下一项或几项检查（若是，请在备注栏告知检查项目、时间、原因、地点及结果）：血压、血液和尿液检查、肝/肾功能检查、心电图、X 光、超声检查、CT、MRI、内窥镜及其他检查	☐	☐	☐	☐
4. 您过去是否曾住院？请写明您经常就诊的医院名称_____	☐	☐	☐	☐
5. 您是否患有、被怀疑患有或接受治疗过以下一种或几种疾病： A. 神经系统及精神疾病：如多发性硬化、癫痫、眩晕症、脊髓病变、重症肌无力、帕金森综合征、精神病、抑郁症、神经官能性疾病等；脑中风、脑瘤、脑动/静脉血管瘤及畸形、短暂性脑缺血、脑炎、脑膜炎等	☐	☐	☐	☐
B. 五官科疾病：如白内障、青光眼、高度近视（800 度以上）、视神经或视网膜病变、中耳炎、鼻息肉、咽喉部疾病等	☐	☐	☐	☐
C. 循环系统疾病：如高血压、冠心病、先天性心脏血管疾病、先天性心脏病、心脏瓣膜病、风湿性心脏病、风湿热、主动脉瘤、肺心病、心肌病、心律失常、传导阻滞、心包炎等	☐	☐	☐	☐
D. 呼吸系统疾病：如慢性支气管炎、肺气肿、支气管扩张、尘/硅肺、肺结核、肺纤维化、哮喘、胸膜炎等	☐	☐	☐	☐
E. 消化系统疾病：如肝炎病毒携带、肝炎、脂肪肝、肝硬化、肝大、胆结石、胆囊息肉、胰腺疾病、慢性胃炎、肠炎、消化道溃疡或出血、穿孔、溃疡性结肠炎、疝、肠梗阻等	☐	☐	☐	☐
F. 泌尿及生殖系统疾病：肾炎、肾病综合征、肾功能异常、尿毒症、肾囊肿、肾下垂、尿路结石、尿路畸形等	☐	☐	☐	☐
G. 内分泌及结缔组织疾病：糖尿病、甲状腺或甲状旁腺机能亢进或减退、肾上腺机能亢进或减退、脑垂体疾病；白血病、血友病、紫癜症、贫血、脾脏疾病；类风湿性关节炎、风湿病、红斑狼疮、胶原病、白塞氏病、免疫性疾病、肌肉骨骼关节疾病等	☐	☐	☐	☐
H. 癌症、肿瘤、腺瘤、息肉、囊肿、结石、血管瘤、性病、皮肤疾病，任何包块或肿物等	☐	☐	☐	☐
I. 先天性疾病、遗传性疾病、脑外伤后综合征、内脏损伤、急/慢性中毒、职业病等	☐	☐	☐	☐
J. 上述未提及的疾病及症候	☐	☐	☐	☐

6. 身体残疾情况：有无智能障碍，有无脊柱、胸廓、四肢、五官、手指、足趾畸形或功能障碍？有无言语、咀嚼、视力、听力、嗅觉、四肢及中枢神经系统机能障碍	☐	☐	☐	☐
7. 是否有吸烟嗜好？若是，请说明每天_____支，约_____年	☐	☐	☐	☐
8. 是否有饮酒嗜好？若是，请说明：饮用☐啤酒☐葡萄酒☐白酒或洋酒，每天____克，饮酒____年	☐	☐	☐	☐
9. 家族史栏：您的父母、子女、兄弟姐妹中，是否有人出现上述5~6项情况？（若是请在备注栏详述）	☐	☐	☐	☐
10. 妇女补充告知：目前是否怀孕？若是，怀孕____周 A. 目前是否有阴道不规则流血、白带异常、下腹痛等不适感觉或异常发现？ B. 是否患乳房、子宫、卵巢等疾病而接受医师的诊查、治疗、用药、或住院手术？ C. 是否因异常妊娠反应、分娩而住院治疗或手术；是否有不孕病史，近半年是否有月经不调？	☐ ☐ ☐ ☐	☐ ☐ ☐ ☐	☐ ☐ ☐ ☐	☐ ☐ ☐ ☐
11. 少儿补充告知（2周岁以下填写）：出生身高_____厘米、体重_____千克，是否早产、剖宫产、难产、过期产？是否有先天性疾病、遗传性疾病或畸形？是否有体重不增或增长缓慢？是否有肺炎、抽搐、腹泻等疾病？	☐	☐		

备注及特别约定栏：

_____

_____

_____

_____

_____

_____

声　明

　　本告知书上所填内容均属实，本人同意将此告知书作为原始保险合同的一部分，如果有告知不实，贵公司有权解除本保险合同，对于合同解除前发生的保险事故不承担保险责任，本人同意授权贵公司可以从任何单位、组织和个人就有关保险事宜查询、索取与本人相关的资料。

投保人签名：_____　　　被保险人签名：_____　　　日期：___年___月___日

附件 5.7

补费通知书

尊敬的＿＿＿＿＿＿＿先生/女士：

　　您好！根据您申请办理的保全业务，您需要补缴＿＿＿＿＿＿＿＿＿费用共计＿＿＿＿＿＿元（人民币），为保障您的权益，并使本次保全及时生效，请您在＿＿＿年＿＿＿月＿＿＿日前到我公司服务柜台办理缴费，或通过银行转账方式进行费用补缴。我公司开户行及账号信息如下：

　　户名：＿＿＿＿＿＿＿＿＿＿＿＿＿＿＿＿＿＿＿＿＿＿＿＿＿＿＿＿＿＿

　　开户行：＿＿＿＿＿＿＿＿＿＿＿＿＿＿＿＿＿＿＿＿＿＿＿＿＿＿＿＿

　　账号：＿＿＿＿＿＿＿＿＿＿＿＿＿＿＿＿＿＿＿＿＿＿＿＿＿＿＿＿＿＿

　　如果您有任何疑问，请致电全国统一客服热线 4008-9999-666 进行咨询。

　　最后，感谢您的配合，并祝您家庭幸福，工作顺利！

　　　　　　　　　　　　　　　　　　　　　　＿＿＿＿＿＿＿＿＿＿　保险公司

　　　　　　　　　　　　　　　　　　　　　　日期：＿＿＿＿＿＿年＿＿＿月＿＿＿日

附件 5.8

领款通知书

尊敬的_____ 先生/女士:

　　您好! 根据您申请办理的保全业务, 公司需退还您_____费用共计_____

元 (人民币), 为保障您的权益, 请您携带身份证件原件于_____ 年_____ 月_____

日前到我公司服务柜台领取该款项, 若已选择银行转账方式接收退费, 请接到该通知

书 3 个工作日后到指定银行账户进行查询。

　　如果您有任何疑问, 请致电全国统一客服热线 4008-9999-666 进行咨询。

　　最后, 感谢您的配合, 并祝您家庭幸福, 工作顺利!

_____ 保险公司

日期:_____ 年_____ 月_____ 日

附件 5.9

收 款 收 据

年　　月　　日

保单号码		批单号码	
交款人		交费方式	□现金　　□银行转账

今收到＿＿＿＿＿＿＿＿＿＿＿交来＿＿＿＿＿＿＿＿＿＿＿＿＿＿＿＿＿＿＿

＿＿＿＿＿＿＿＿＿＿＿＿＿＿＿＿＿＿＿＿＿＿＿＿＿＿＿＿＿＿＿＿＿＿＿＿＿

＿＿＿＿＿＿＿＿＿＿＿＿＿＿＿＿＿＿＿＿＿＿＿＿＿＿＿＿＿＿＿＿＿＿＿＿＿

金额（大写）：＿＿佰＿＿拾＿＿万＿＿仟＿＿佰＿＿拾＿＿元＿＿角＿＿分

收款单位（公章）：　　　　　　　　　　　　¥＿＿＿＿＿＿＿

核准：　　　　会计：　　　　记账：　　　　出纳：　　　　经手人：

第二联　客户联

实验十一　客户权益的变更

一、实验目的

（1）掌握寿险保单补发的主要内容和作业规范；

（2）掌握生存领取的保全业务流程和作业规范；

（3）掌握生存领取作业中各种单证的填写方式；

（4）建立生存领取的管理观念。

二、实验要求

（1）能以实验六中填写的投保单为基础，进行补发保单业务的申请书填写并出具批单；

（2）能根据给定素材中提供的有关内容，填写保险金领取给付申请书和给付通知书；

（3）能编制对应的生存给付明细表；

（4）能对该实验中的保全作业进行整理，出具一个完整的卷宗。

三、实验环境（仪器、设备及材料）

（1）电脑；

（2）Internet 网络连接；

（3）Office 办公软件；

（4）实验素材。

四、实验前知识准备

寿险公司客户权益变更的保全业务处理，主要包括给付类保全（生存金给付、满期金给付、年金领取等）、生存金领取方式变更、红利领取、红利领取方式变更、年金领取频率变更、保单及相关通知书补发、万能险部分领取等。本实验重点对给付类保全和保单补发的流程和内容进行介绍。

（一）给付类保全作业

1. 作业流程图

给付类保全作业的流程图如图 5.7 所示。

2. 作业项目

（1）生存金给付；

（2）满期金给付；

（3）年金领取。

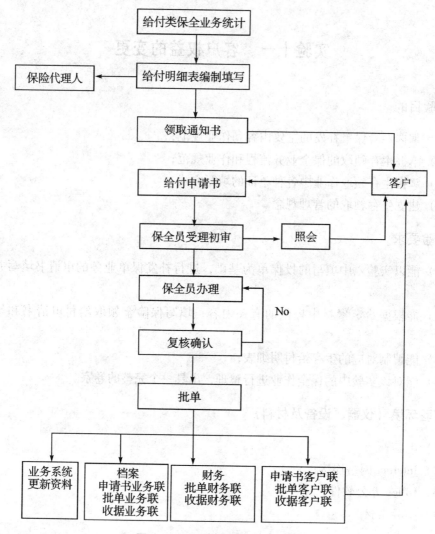

图 5.7 给付类保全作业流程图

3. 作业规则

（1）生存金给付

生存金给付的保全作业规则如表 5.22 所示。

表 5.22 生存金给付的作业规则

所需资料	作业规则
1. 保险金给付申请书	1. 生存金领取的申请资格人为被保险人
2. 保险合同	2. 申请生存金领取时保险合同的状态应为有效
3. 被保险人身份证明	3. 生存金的领取从保险合同上注明的领取日起开始办理
4. 被保险人的户籍证明及必要的生存证明	4. 若保单处于保费垫交、保单贷款或当期保费未缴付的状态下，则应先清偿保单贷款，缴纳保费后方可办理生存金领取
5. 委托授权书（他人代办）	

（2）满期金给付

满期金给付的保全作业规则如表 5.23 所示。

表 5.23　满期金给付的作业规则

所需资料	作业规则
1. 保险金给付申请书	1. 满期金领取的申请资格人为被保险人
2. 保险合同	2. 申请满期金领取时保险合同的状态应为有效
3. 被保险人身份证明	3. 满期金的领取从保险合同上注明的领取日起开始办理
4. 被保险人的户籍证明及必要的生存证明	4. 若保单处于保费垫交、保单贷款或当期保费未缴付的状态下，则保险公司在相应扣除保单贷款本金、利息以及未交保费后支付满期金
5. 委托授权书（他人代办）	

（3）年金领取

年金领取的保全作业规则如表 5.24 所示。

表 5.24　年金领取的保全作业规则

所需资料	作业规则
1. 保险金给付申请书	1. 申请年金领取时保险合同的状态应为有效
2. 保险合同	2. 年金领取的申请资格人为被保险人或受益人，若因被保险人身故提出申请，则应提供被保险人的户籍注销证明以及公安部门或公司认可的医疗机构出具的被保险人死亡诊断书或验尸证明书；若被保险人为宣告死亡，受益人必须提供人民法院出具的宣告死亡证明文件
4. 被保险人的户籍证明及必要的生存证明	3. 年金的领取从保险合同上注明的领取日或被保险人达到领取年龄时开始受理
5. 受益人的户籍证明及身份证明	4. 若保单处于保费垫交、保单贷款或当期保费未缴付的状态下，则保险公司在相应扣除保单贷款本金、利息以及未交保费后支付年金
6. 被保险人的户籍注销证明或死亡诊断书（被保险人身故）	
7. 委托授权书（他人代办）	

4. 操作实务

（1）客户填写保险金给付申请书，申请领取生存金、满期金或年金。

（2）保全员受理初审。审核的主要内容包括以下几个方面：一是申请资料是否齐全；二是申请书的填写是否符合规定；三是核对投保人和被保险人的签章是否和预留签章一致；四是检查保单的状态是否符合保全作业的规定，如不符合，则应及时告知客户。

（3）保全员查询保单是否有保费垫交、保单贷款或当期保费尚未缴付的情况，若有，应通知客户先办理贷款清偿或缴纳保费。

（4）保全员录入申请内容。

（5）涉及缴费的，客户缴纳保费后，保全员将缴费情况录入系统，复核员复核后保全员出具批单和收据，并在批单上相应位置签章。

（6）单证存档。申请书的客户联、批单客户联和收据客户联加盖骑缝章后送达客户；申请书业务联、批单业务联和收据业务联存档；批单财务联和收据财务联送至财务处留存。

（7）选择现金领取形式的，客户批单、收据等到保险公司服务柜台领取生存保险金；选择银行转账的，保险公司财务部按领取金额转账至申请人指定银行账户。

（二）补发保单

1. 作业流程图

补发保单的保全作业流程图如图 5.8 所示。

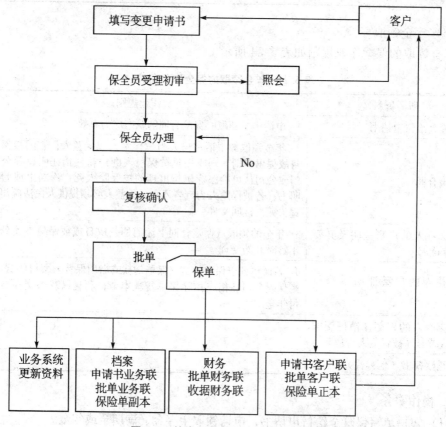

图 5.8 补发保单的保全作业流程图

2. 作业规则

补发保单保全作业的规则如表 5.25 所示。

表 5.25 补发保单保全作业的规则

所需资料	作业规则
1. 变更申请书	1. 补发保单的保全业务可在合同有效期内任意时间申请办理
2. 保险合同	2. 补发保单申请的资格人为投保人,如属代理人遗失或污损,代理人也可以申请补发保单
3. 投保人身份证明	3. 申请补发保单时,若保单的状态为失效,则应先办理复效手续
	4. 新补发保单的号码与原号码一致,但内容是保单最新的状态
	5. 客户申请补发保单的,收取工本费人民币 10 元;代理人申请补发保单的,收取人民币 50 元,并要附主管签字认可的书面说明;如属公司原因致使保单重要信息与投保书填写内容不一致的,经查实后,补发保单不收取工本费

备注:补发保单向客户和代理人收取的工本费各保险公司略有不同,具体收费以寿险公司办理该业务时的收费标准为准。

3. 操作实务

(1)客户填写保险合同变更申请书,申请保单补发。

(2)保全员受理初审。审核的主要内容包括以下几个方面:一是申请资料是否齐全;二是申请书的填写是否符合规定;三是核对投保人和被保险人的签章是否和预留签章一致;四是核实钱款是否正确;五是若属于公司原因造成的保单补发,应向客户致歉。

(3)保全员录入申请内容。

(5)复核确认后保全员打印批单及新的保险单,新保单上加盖"补发"章。

(6)保全员收取工本费后,开具加盖公司财务章的收据。

(7)单证存档。申请书的客户联、批单客户联加盖骑缝章,连同新保单和工本费收据一并送交客户;申请书业务联、批单业务联和保险单副本公司存档;批单财务联和收据财务联送至财务处留存。收回污损的保单、批单等(如有)单证统一存放,定期销毁。

(8)保全员定期将钱款和收据递送至财务部门。

五、实验内容

(1)实验形式:个人实验。

(2)实验用时:2 学时。

(3)指定实验内容如下:

①请以实验六中填写的投保单内容为基础,假设在保单(保单号:2018070160018560)生效 7 个月后,2019 年 2 月 10 日投保人李泰山不慎遗失了保单,请填写该保全业务变更的申请书,并出具批单。

②假设李泰山在购买康泰重大疾病保险的同时,投保了一份"宏鑫两全保险",该保险的主要保险利益如下:

身故全残给付:若被保险人身故或全残,则本公司以保险金额为基数,按表 5.26 所示比例给付身故或全残保险金,本合同终止。

表 5.26　被保险人身故或全残的年龄与给付比例表

身故或全残时被保险人的年龄	给付比例（%）
不足 1 周岁	20
满 1 周岁但不满 2 周岁	40
满 2 周岁但不满 3 周岁	60
满 3 周岁但不满 4 周岁	80
满 4 周岁或以上	100

若被保险人身故或全残时，本合同的现金价值高于上述身故、全残保险金金额，则本合同按现金价值给付身故或全残保险金。

生存给付：若被保险人于本合同每第三个保单周年日当日 24 时仍生存，本公司按保险金额的 10%给付生存保险金。

保险期限：终身；

合同生效日：2018 年 7 月 1 日；

保单号：BX2018070189723；

保险金额：100 000 元；

缴费方式：年缴；

缴费期限：15 年；

保险费：7 000 元/年。

其余未提及被保险人、受益人信息同实验六。

请根据以上资料，填写保险金给付申请书和生存给付通知书进行首次生存金领取，并帮助公司编制李泰山该两全保险的给付明细表。假设李泰山续期生存金的领取采用银行转账的方式，户名：李泰山，开户行：工商银行广州分行，账号为：1008001234567891234。

（4）可选实验内容如下：

①请以实验六可选实验中填写的投保单内容为基础，假设在保单（保单号：2018031560006530）生效 1 年之后，2019 年 3 月 18 日投保人王军不慎遗失了保单，请填写该保全业务变更的申请书，并出具批单。

②假设王军在为妻子张玲购买洪福定期两全保险的同时，投保了一份"宏鑫两全保险"，该保险的主要保险利益如下：

身故全残给付：若被保险人身故或全残，则本公司以保险金额为基数，按表 5.27 所示比例给付身故或全残保险金，本合同终止。

表 5.27　被保险人身故或全残的年龄与给付比例表

身故或全残时被保险人的年龄	给付比例（%）
不足 1 周岁	20
满 1 周岁但不满 2 周岁	40
满 2 周岁但不满 3 周岁	60
满 3 周岁但不满 4 周岁	80
满 4 周岁或以上	100

若被保险人身故或全残时，本合同的现金价值高于上述身故、全残保险金金额，则本合同按现金价值给付身故或全残保险金。

生存给付：若被保险人于本合同每第三个保单周年日当日 24 时仍生存，本公司按保险金额的 10%给付生存保险金。

保险期限：终身；

合同生效日：2018 年 3 月 15 日；

保单号：BX20180315890855；

保险金额：100 000 元；

缴费方式：年缴；

缴费期限：20 年；

保险费：6 000 元/年。

其余未提及被保险人、受益人信息同实验六中的可选实验内容所示。

请根据以上资料，填写生存保险金给付申请书和生存给付通知书进行首次生存金领取，并帮助公司编制张玲该两全保险的给付明细表。假设张玲续期生存金的领取采用银行转账的方式，户名：张玲，开户行：招商银行东山支行，账号：62279405138×××× 5789。

六、实验方法和操作步骤

本次实验采用理论结合实际的方法，在实验六相关资料及本次实验内容提供资料的基础上提取相关信息，进行给付类和补发保单的保全作业，并由实验者编制各保单年度对应的生存金给付明细表。

步骤 1：了解寿险公司补发保单的作业流程和作业规则；

步骤 2：根据给定资料的背景填写补发保单的申请书；

步骤 3：模拟保险公司审核申请书并出具批单；

步骤 4：了解寿险公司给付类保全作业的作业流程；

步骤 5：根据给定的背景资料填写生存金给付申请书；

步骤 6：模拟保险公司开具生存金给付通知书；

步骤 7：编制该保单各对应年度的生存金领取明细表；

步骤 8：对以上的保全作业进行整理，出具一个完整的卷宗作为实验结果呈现；

步骤 9：填写实验报告，汇总结果并上交。

七、实验注意事项

（1）所有表格填写的内容必须以背景资料中提供的材料为基础；

（2）背景资料中未提及的部分，由学生根据已有知识经小组协商后酌情填写。

八、参考文献

[1] 泰康人寿保险公司网站：http://www.taikanglife.com/.

[2] 建信人寿保险公司网站：http://www.ccb-life.com.cn/.

[3] 平安人寿保险公司网站：http://life.pingan.com/.

[4] 中国人寿保险公司网站：http://www.e-chinalife.com/.

[5] 阳光人寿保险公司网站：http://life.sinosig.com/.

附件 5.10

保险金给付申请书

保险合同编号:

客户须知:

1. 本申请书适用于保险金受益人授权给付账户,或对保险金账户中的保险金进行领取的情形;
2. 该申请须由保险金受益人提出,若有多个受益人,需同时申请,一人填写一份;
3. 可申请全部或部分领取,部分领取的金额需为 100 元的整数倍。

客户填写内容	1. □保险金给付账户授权(若对直接给付的保险金进行领取或更改授权账号,请填写此项) 授权人姓名:＿＿＿＿＿＿＿＿＿＿ 授权人身份证号码:＿＿＿＿＿＿＿ 授权银行名称:＿＿＿＿＿＿＿＿＿ 授权银行账号:＿＿＿＿＿＿＿＿＿	自动转账授权: 1. 账户所有人确认上述授权账户是其本人真实有效的人民币个人结算账户; 2. 账户所有人同意,以此授权账户作为保险金给付之用; 3. 本授权一旦生效将持续有效直至被终止。
	2. □生存金领取　　　□满期金领取　　　□年金领取 领取金额小写(人民币):＿＿＿＿＿＿元整 领取金额大写(人民币):＿＿＿＿万＿＿仟＿＿＿佰元整	
	客户签字栏: 受益人签名:＿＿＿＿＿＿　申请日期:＿＿＿＿＿　受益人联系电话:＿＿＿＿＿	
	申请资料交接确认栏: □受益人有效身份证复印件　　　□其他＿＿＿＿＿＿＿＿＿＿	

保险公司填写内容	扣除部分	贷款本金	＿＿＿＿＿＿＿元(人民币)
		贷款利息	＿＿＿＿＿＿＿元(人民币)
		自垫本金	＿＿＿＿＿＿＿元(人民币)
		自垫利息	＿＿＿＿＿＿＿元(人民币)
		当期保费	第＿＿＿次＿＿＿元(人民币)

申请办理类型:
□申请人本人至保险公司柜面办理　　　　　□申请人本人至银行柜面办理
□保险营销服务人员协助递交　　　　　　　□其他＿＿＿＿＿＿

　　保险营销服务人员声明:本变更申请书是在本人协助下由申请人亲自签名的;本人已亲见申请人,并与其身份证原件核对无误。
　　营销服务人员签名:＿＿＿＿＿＿　　营销服务人员编号:＿＿＿＿＿＿

机构客服备注栏:
□因业务需要,本人已通过电话(号码)＿＿＿＿＿＿向申请人就以下事宜进行确认:
本申请书为申请人真实意愿,且申请人在申请书上亲笔签名。
经办:＿＿＿＿＿　　复核:＿＿＿＿＿　　签章:＿＿＿＿＿

附件 5.11

生存给付通知书

_____ 先生/女士：

您好！感谢您购买本公司的保险。

根据保险合同条款的约定，您本次的生存保险金，我公司将于_____年___月___日给付，请查核如下。

为使您能如期领取保险金，请您携带本人及被保险人的有效身份证明，于_____年___月___日前来我公司领取生存保险金。

再次感谢您的支持与协助，今后我公司仍将一如既往地为您提供优质的客户服务！

生存给付明细表

保单号码		生存保险金		_____ 元（人民币）
被保险人		扣除	贷款本金	_____ 元（人民币）
受益人			贷款利息	_____ 元（人民币）
给付始期			当期保费	_____ 元（人民币）
给付项目				
给付次数	第_____次			
本次给付日期	_____年___月___日	实付金额		_____ 元（人民币）

公司地址：_____

咨询电话：_____

_____（保险公司签章）

日期：_____年___月___日

附件 5.12

生存金给付明细表

给付次数	给付日期	给付金额（元）	金额累计（元）

经办：_____   复核：_____   日期：_____年___月___日

实验十二　契约状态的变更

一、实验目的

(1) 掌握寿险保单复效的主要内容和作业规范；

(2) 掌握减额付清保全业务流程和作业规范；

(3) 掌握解约（退保）保全作业的流程和规范；

二、实验要求

(1) 能以实验五中填写的投保单为基础，进行保单复效业务的办理并出具批单；

(2) 能正确填写解除合同申请书；

(3) 能够制作退保理由分析表；

(4) 能够制作退保明细表。

三、实验环境（仪器、设备及材料）

(1) 电脑；

(2) Internet 网络连接；

(3) Office 办公软件；

(4) 实验素材。

四、实验前知识准备

寿险公司保全业务中契约状态变更主要包括保险合同复效、复缴、减额付清、解约（退保）和保险合同撤销。本实验重点对保险合同复效、减额付清以及解约的保全业务流程和内容进行介绍。

（一）保险合同的复效

1. 作业流程图

保单复效的保全作业流程图如图 5.9 所示。

2. 作业规则

保单复效的保全作业规则如表 5.28 所示。

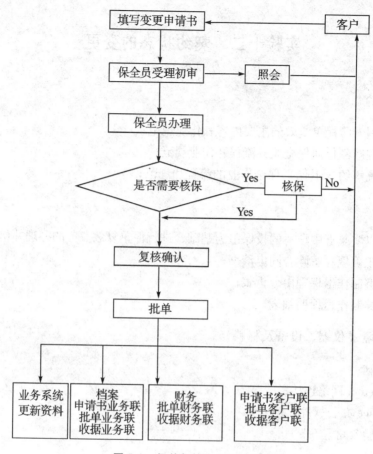

图 5.9　保单复效作业流程图

表 5.28　保单复效的保全作业规则

所需资料	作业规则
1. 变更申请书	1. 保单复效申请的资格人为投保人
2. 保险合同	2. 申请保单复效时保险合同的状态应为中止，即保单复效的申请只能在保单失效之日起两年内办理
3. 投保人身份证明	3. 申请保单复效时，若保单有尚未清偿的垫缴保费或借款，应通知客户在复效时一并办理清偿
4. 健康告知书	4. 若申请复效时同时申请其他保全变更，作业顺序为先复效后其他变更
5. 委托授权书 （他人代办）	5. 若合同的主险失效，其附加险同时失效，办理保单复效时，若客户仍需要附加险，则附加险部分应办理加保手续，附加险的保费按照申请复效当时被保险人的年龄计算
	6. 保单复效原则上需要核保，一般寿险公司规定，宽限期后 60 日内申请复效的保单可不经核保直接办理复效

3. 操作实务

（1）客户填写保险合同变更申请书，申请保单复效。

（2）保全员受理初审。审核的主要内容包括以下几个方面：一是申请资料是否齐全；二是申请书的填写是否符合规定；三是核对投保人和被保险人的签章是否和预留签章一致；四是检查保单的状态是否符合保全作业的规定。

（3）保全员录入申请内容，对于超过宽限期60日，需要核保的保单复效，将相关资料转送至核保部门。

（4）核保部门核保后将核保结论录入系统，并将相关文件转送回保全部门。

（5）对于核保未能通过的保单，保全员必须根据保全意见打印通知书并转送至客户；对于可受理的复效，保全员需打印补费通知书并转送至客户。

（6）客户缴纳保费后，保全员将缴费情况录入系统，复核员复核后保全员出具批单和收据，并在批单上相应位置签章。

（7）若客户在补费通知书规定的截止日期内未能办理缴费，则此次的保全业务申请将被取消。

（8）单证存档。申请书的客户联、批单客户联、收据客户联加盖骑缝章后送达客户；申请书业务联、批单业务联和收据业务联公司存档；批单财务联和收据财务联送至财务。

（二）减额付清

1. 作业流程图

减额付清的保全作业流程图如图5.10所示。

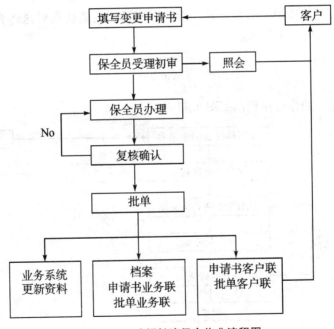

图5.10　减额付清保全作业流程图

2. 作业规则

减额付清的保全作业规则如表5.29所示。

表 5.29　减额付清的保全作业规则

所需资料	作业规则
1. 变更申请书	1. 减额付清保全业务申请的资格人为投保人
2. 保险合同	2. 申请减额付清时保险合同的状态应为有效，且在缴费期限内
3. 投保人身份证明	3. 减额付清的申请需在保单生效满一年且累积有现金价值情况下，在保单周年日前一个月内提出
4. 委托授权书（他人代办）	4. 保险公司以变更当时保单的现金价值作为一次性付清的保险费，计算减额付清后的基本保险金额
	5. 保单改为减额付清后，保险责任与更改之前相同，但基本保额以变更后的为准
	6. 保单改为减额付清后，保留在保险公司的红利本息将一次性支付给投保人，变更为减额付清保险后保单将不再分配红利

3. 操作实务

（1）客户填写保险合同变更申请书，申请减额付清。

（2）保全员受理初审。审核的主要内容包括以下几个方面：一是申请资料是否齐全；二是申请书的填写是否符合规定；三是核对投保人和被保险人的签章是否和预留签章一致；四是检查保单的状态是否符合保全作业的规定。

（3）保全员录入申请内容。对于可办理的保全业务，经办后转由复核员复核。

（4）保全复核确认。复核员对保全员处理的结果进行复核确认后，保全员出具批单并签章。

（5）单证存档。申请书的客户联、批单客户联加盖骑缝章后送达客户，申请书业务联、批单业务联由公司存档。

（三）解约（退保）

1. 作业流程图

解约（退保）的作业流程图如图 5.11 所示。

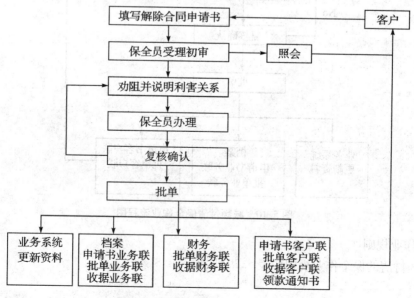

图 5.11　解约（退保）作业流程图

2. 作业规则

解约（退保）的作业规则如表 5.30 所示。

表 5.30　解约（退保）的保全作业规则

所需资料	作业规则
1. 解除合同申请书	1. 解约（退保）作业的申请资格人为投保人
2. 保险合同	2. 申请解约（退保）时保险合同的状态应为未终止
3. 投保人身份证明	3. 含有满期给付责任的保单，申请解约（退保）的时间应在满期给付日前
4. 委托授权书（他人代办）	4. 犹豫期内申请解约（退保）的，退还保单主险及附加险的全部保险费；犹豫期外申请解约（退保）的，主险退还保单的现金价值，附加险不退还保费
	5. 公司接到解约（退保）申请（若为邮寄，则以寄达邮戳日为准）的当日 24 时起，保单的效力终止
	6. 公司将在收到解除合同申请书及相关资料后 30 日内退还合同效力终止日的现金价值，若投保人未交足 2 年的保险费，则在扣除手续费后退还保险费

3. 操作实务

（1）客户填写解除合同申请书（见附件 5.13），申请退保。

（2）保全员受理初审。审核的主要内容包括以下几个方面：一是申请资料是否齐全；二是申请书的填写是否符合规定；三是核对投保人和被保险人的签章是否和预留签章一致；四是检查保单的状态是否符合保全作业的规定；五是审核退保申请的时间是否有效。

（3）保全员向客户说明退保所带来的损失以及其中的利害关系。

（4）保全员录入申请内容，对于可受理的退保，复核员复核确认后出具批单和领款通知书并送达客户。

（5）财务部门打印收据，客户在收据上签章确认后，公司支付款项，并将收据客户联交由客户留存，收据业务联交由保全部门存档。

（6）单证存档。申请书的客户联、批单客户联、收据客户联加盖骑缝章后送达客户；申请书业务联、批单业务联和收据业务联存档；批单财务联和收据财务联送至财务部门。

（7）对退保的理由进行分析。高续保率是寿险公司持续、稳定经营的基础，发生退保对寿险公司和客户来说都会造成损失，保全部门应对客户退保的理由进行分析，发现客户退保的主要原因，从而改进保全业务管理。

五、实验内容

（1）实验形式：个人实验。

（2）实验用时：2 学时。

（3）指定实验内容如下：

①请以实验六中填写的投保单为基础，进行保单复效的保全业务。

假定李泰山的保单（保单号：2018070160018560）在第三个保单年度缴费日未交

保费，宽限期 60 天之后仍未缴纳，保单处于中止状态，在保单中止 20 日后，李泰山向保险公司提出合同的复效申请，申请复效时，李泰山体重 85 千克，身体状况良好，无其他异常，假设不计算中止期间的利息，请根据所学知识，模拟该保全业务的操作，并出具批单。

②请以实验六填写的投保单信息为基础，进行退保的保全业务操作。

假定投保人李泰山在保险合同成立并生效的第三个保单周年日，因全家要移民去美国，于是想向保险公司申请退掉之前购买的保单，请根据已学知识模拟该退保业务的操作，填写退保申请书，并进行费用核算。李泰山保单的现金价值表截取如下（见表 5.31）：

表 5.31 康泰重大疾病保险现金价值表

（10 年期，每万元基本保额） 单位：元

年龄/保单年度	男性 10 年缴费			女性 10 年缴费		
	1	2	3	1	2	3
46	0.0	501.0	1 030.0	0.0	500.0	1 028.0
47	0.0	501.0	1 032.0	0.0	500.0	1 029.0
48	0.0	503.0	1 035.0	0.0	501.0	1 031.0
49	0.0	504.0	1 037.0	0.0	502.0	1 033.0
50	0.0	505.0	1 039.0	0.0	503.0	1 035.0
51	0.0	507.0	1 043.0	0.0	504.0	1 037.0
52	0.0	509.0	1 046.0	0.0	505.0	1 039.0
53	0.0	510.0	1 050.0	0.0	507.0	1 041.0
54	0.0	511.0	1 052.0	0.0	508.0	1 044.0

退保说明：

（1）本险种的退保金额为退保当时的现金价值；

（2）退保当时的现金价值 = 上一保单年度末现金价值 +（该保单年度末的现金价值 - 上一保单年度末的现金价值）× 该保单年度已经过天数/该保单年度全年实际天数。

（3）第一保单年度末以前退保，则"上一保单年度末的现金价值"为零。

（4）可选实验内容如下：

①请以实验六可选实验中填写的投保单为基础，进行保单复效的保全业务。

假定张玲的保单（保单号：2018031560006530）在第二个保单年度对应缴费日未缴纳当期保费，宽限期 60 天后仍未缴纳，保单按合同约定处于中止状态，在保单中止 120 天后，张玲向保险公司提出合同的复效申请，申请复效时，张玲体重 55 千克，身体状况良好，无其他异常，假设不计算中止期间的利息，请根据所学知识，模拟该保全业务的操作，并出具批单。

②请以实验六可选实验中填写的投保单信息为基础，进行退保的保全业务操作。

假定投保人王军在保险合同成立并生效的第三个保单周年日，因家中经济问题不

想继续缴纳保险费，想向保险公司申请退保，请根据已学知识模拟该退保业务的操作，填写退保申请书，并进行费用核算。张玲保单的现金价值表截取如下（见表5.32）：

表5.32 洪福定期两全保险现金价值表

（20年期，每万元基本保额） 单位：元

年龄/保单年度	男性20年缴费			女性20年缴费		
	1	2	3	1	2	3
25	0.0	162.0	329.0	0.0	106.0	214.0
26	0.0	170.0	346.0	0.0	112.0	228.0
27	0.0	179.0	366.0	0.0	119.0	242.0
28	0.0	190.0	387.0	0.0	128.0	260.0
29	0.0	202.0	411.0	0.0	137.0	280.0
30	0.0	214.0	435.0	0.0	147.0	299.0
31	0.0	227.0	462.0	0.0	158.0	321.0
32	0.0	240.0	489.0	0.0	170.0	346.0
33	0.0	254.0	517.0	0.0	182.0	370.0
34	0.0	268.0	546.0	0.0	195.0	396.0
35	0.0	284.0	576.0	0.0	208.0	425.0
36	0.0	298.0	606.0	0.0	223.0	453.0

退保说明：

（1）本险种的退保金额为退保当时的现金价值；

（2）退保当时的现金价值=上一保单年度末现金价值+（该保单年度末的现金价值-上一保单年度末的现金价值）×该保单年度已经过天数/该保单年度全年实际天数。

（3）第一保单年度末以前退保，则"上一保单年度末的现金价值"为零。

六、实验方法和操作步骤

本次实验采用理论结合实际的方法，在实验六相关资料及本次实验内容提供资料的基础上提取相关信息，进行保单复效和退保的保全作业。

步骤1：了解寿险公司保单复效的作业流程和作业规则；

步骤2：根据给定资料的背景填写保险合同变更申请书；

步骤3：模拟保险公司审核申请书并出具批单；

步骤4：了解寿险公司保单解约（退保）保全作业的作业流程；

步骤5：根据给定的背景资料填写解除合同申请书；

步骤6：模拟保险公司开具领款通知书；

步骤7：编制客户退保理由的分析表；

步骤8：对以上的保全作业进行整理，出具一个完整的卷宗作为实验结果呈现；

步骤9：填写实验报告，汇总结果并上交。

七、实验注意事项

（1）所有表格填写的内容必须以背景资料中提供的材料为基础；

（2）背景资料中未提及的部分，由学生根据自己小组协商后的情况酌情填写。

八、参考文献

［1］泰康人寿保险公司网站：http://www.taikanglife.com/.

［2］建信人寿保险公司网站：http://www.ccb-life.com.cn/.

［3］平安人寿保险公司网站：http://life.pingan.com/.

［4］中国人寿保险公司网站：http://www.e-chinalife.com/.

附件 5.13

解除合同申请书

保险合同编号：

客户须知：

1. 犹豫期内解除合同，我公司在收到完整的申请材料后，依照合同约定退还相关费用；

2. 犹豫期后解除合同，我公司将于收到完整的申请材料后 30 日内退还本合同的现金价值。

客户填写内容	_____ 人寿保险公司： 　　本人（投保人）_____兹依保险合同条款的约定，申请如下事宜，请予以办理。 　　□犹豫期内解除合同　　　　　□犹豫期后解除合同 　　解除合同原因：经济原因：□急需用钱　　　　　□续期缴费压力大 　　　　　　　　　　产品原因：□保障不满意　　　　□收益不满意 　　　　　　　　　　服务原因：□对营销员服务不满意　□对公司服务不满意 　　　　　　　　　　其他原因：_____
	账户信息：（已授权过解约退费账号的保单，犹豫期内退保不可变更为其他账号） 授权账户所有人（仅限投保人）：_____ 开户银行名称：_____ 开户银行账号：_____ ／ 自动转账授权： 1. 账户所有人确认上述授权账户是其本人的人民币个人结算账户； 2. 账户所有人同意以此授权账户作为解除合同退费给付之用； 3. 若该保单下存在生存类保险金尚未给付，且唯一的第一顺位受益人同账户所有人，账户所有人同意以此授权账号作为该类保险金给付之用。
	申请办理方式： □投保人本人至保险公司柜面办理　　　　□投保人本人至银行柜面办理 □保险营销服务人员协助递交　　　　　　□其他_____
	客户声明及签字栏： 1. 本人已认真阅读客户须知内容并理解有关解除合同的要求及可能产生的结果，现申请解除合同并接受因解除合同可能导致的一切损失； 2. 本人确认本次申请提供的所有资料真实无误。
	申请资料交接确认栏： □保险合同　　　□保险费发票或交费凭证客户联　　　□投保人有效证件复印件 □保险合同签收条　　□其他：_____
保险公司填写内容	营销服务人员签名：_____　　营销服务人员编号：_____ 上级主管签名：_____
	机构客服备注栏： 　　□因业务需要，本人已通过电话（号码）_____向投保人就以下事宜进行确认：本申请书为投保人真实意愿，且投保人在申请书上亲笔签名。 经办：_____　　复核：_____　　受理签章：_____

实验十三　续期收费及保单贷款

一、实验目的

（1）了解寿险公司续期岗位职责及其主要工作内容；

（2）了解续期岗的作业流程；

（3）掌握银行划款、上门收取、客户上门缴费等三种续期收费的作业规范；

（4）掌握保单贷款的操作规范和作业流程；

（5）熟悉保单贷款相关单证的填写及审核；

（6）了解保单贷款对寿险公司持续经营的影响。

二、实验要求

（1）设计一个"孤儿保单"的维护流程，并说明其可行性，要求以流程图的形式呈现；

（2）设计一个保单失效的通知书，并说明该设计的功能和优点；

（3）能根据本次实验内容中的实验素材及实验六和实验七中提供的相关资料背景，进行保单贷款作业；

（4）设计保单贷款的明细表和保单贷款分析表，并进行说明。

三、实验环境（仪器、设备及材料）

（1）电脑；

（2）Internet 网络连接；

（3）Office 办公软件；

（4）实验素材。

四、实验前知识准备

（一）续期收费

寿险公司经营的保险产品多为长期性险种，特别是人寿保险，保险期限少则十年，多则几十年，甚至长达被保险人终身。为了避免投保人晚年因收入下降、保费上升而无力缴纳保费的情况，长期性的寿险多采用均衡保费。均衡保费是指保险人将人的不同年龄的自然保费结合利息因素，均匀地分配在各个年度，使投保人每期缴纳的保费相同。人寿保险的缴费期限常为 5 年、10 年、15 年、20 年、缴费至 55 周岁等，这意味着寿险公司在收取首期保费后，还面临大量的续期收费工作。续期收费是否顺畅，关系到客户保单的持续有效性，续期收费是寿险公司保全业务重要的工作内容之一。

1. 续期收费的岗位及职责

寿险公司一般在总公司设立续期管理岗，负责续期收费的流程和风险管理；在二级机构运营部设立专职或兼职续期岗，负责续期收费各项规定的落实和推动；保单服务人员则负责为客户提供具体的续期收费服务。具体如表 5.33 所示。

表 5.33 寿险公司续期收费的岗位及职责

岗位	具体工作职责
续期管理岗	（1）制定并维护续期业务管理制度和流程； （2）建立并维护续期业务应用系统； （3）开拓并维护续期收费渠道，并制定相应的管理办法和规定； （4）对机构续期业务的指导和效果追踪； （5）检查机构续期作业质量，有效管控业务风险； （6）制定机构续期指标考核体系和标准； （7）制定续期收费业务推动方案，有效推动收费进度及指标达成； （8）建立续期报表、报告的制作和报送体系，搭建续期数据信息平台
专职/兼职续期岗	（1）执行并宣讲续期业务制度，搭建续期收费业务体系； （2）开拓并维护续期收费渠道，建立便捷的收费体系； （3）检查并督导下级机构的续期作业质量，防范业务风险，持续改进业务流程； （4）制定续期推动方案，有效推动续期收费的进度及指标达成； （5）建立和完善本机构续期数据传递体系； （6）续期收费信息的追踪、记录和备份； （7）续期各种信函的寄发、效果追踪以及续期退信的管理； （8）每月定期制作并下发续期应收及应收未收清单，督促续期收费进度； （9）制作续期业务统计报表，督导并及时追踪续期收费进度； （10）撰写续期业务分析报告； （11）其他与续期收费业务相关的事项的处理
保单服务岗	（1）通知客户续期缴费事项； （2）定期追踪和督促所服务保单的续期缴费进度； （3）及时向客户提供续期上门服务，以及保全、理赔等相关的咨询服务； （4）代办续期缴费业务资料变更手续

续期收费工作除涉及续期部门外，还涉及销售、财务和信息技术部等相关部门，通畅的续期作业需要相关部门的通力协作方可完成。其他部门与续期相关的岗位设置及其职责如表 5.34 所示。

表 5.34 相关部门的续期工作的岗位及职责

部门	岗位	具体工作职责
销售服务部	销售网点事务内勤	（1）兼职收费员应收业务清单的发放； （2）对兼职收费员收费工作的督导，负责其业绩管理和业绩考核； （3）业务员离职信息的录入

表5.34（续）

部门	岗位	具体工作职责
财务部	销售网点收银内勤	（1）兼职收费员上门收取业务的柜台收银，客户现金缴费业务的柜台收银； （2）配合续期部门完成上门收取形式续期保费收据的发放和管理； （3）收据的打印以及兼职收费员的实收录入； （4）续期收银的日结统计和财务对账
	财务管理岗	（1）银行转账的保费在银行扣费后对保费收入进行核实； （2）现金收费的在各销售网点收银柜台收银后对保费收入进行核实
信息技术部	IT技术支持岗	银行扣款数据接收与发送

2. 作业流程

（1）对于年交保单，续期岗一般在每月的20日前以信函的方式，向下月应交费的期交保单客户提醒缴费事宜。

（2）电脑系统自动做续期收费的应收抽档，抽取应交日在操作日后50天的期交保单应收信息，抽档完成的保单可以开始进行续期收费作业。

（3）续期交费的方式原则上应为银行转账，特殊情况下经相关流程审批通过后，客户可以采用现金方式交费。

（4）没有抽档记录的保单收取保费，只能开具暂收收据，待保费转实收后才可以打印发票；当前已有抽档记录的保单收取保费时即可打印发票，一张发票对应一期保费。

（5）客户选择现金交费的可以到公司销售网点的服务柜台办理续期交费，办理时需要提供保单号码。保单服务人员也可以为客户代办此业务，保单服务人员先与客户预约上门收费事宜，然后向单证管理岗申领暂收收据，上门收取现金后，将暂收收据客户联留给客户作为交费凭证。保单服务人员在24小时内将保险费交到销售网点收银内勤处并开具保险费发票，发票开具后送给客户并换回暂收收据，暂收收据收回后交到单证管理人员处做实物回销。

（6）续期岗每周定期将续期应收未收保单信息制作成清单，并交由保单服务人员，督促其完成续期收费工作。

（7）公司通过转账方式收取续期保费后，续期岗将定期为银行扣款成功的保单寄发对账凭证。一般情况下，年交方式的保单，每年寄发一次对账凭证；其他缴费方式的保单，在保费扣款成功后15日内为客户寄发对账凭证。

（8）银行转账方式交纳保险费的，客户可以到公司申请领取发票，领取发票时需要提供保单号码、投保人身份证。若他人代办，则需要提供委托授权书、投保人的身份证复印件、代理人身份证原件等。

（9）若保费有溢交，客户可以申请退回余额。

续期收费具体的作业流程如图5.12所示。

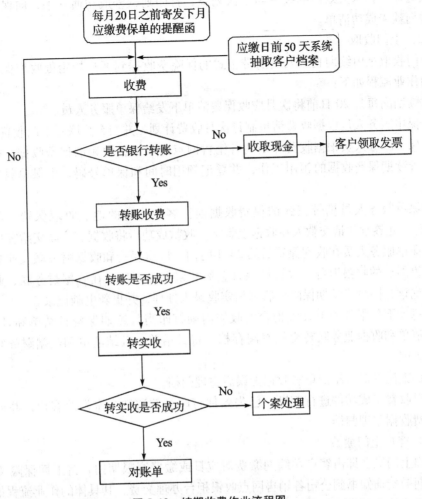

图 5.12　续期收费作业流程图

3. 三种缴费方式及其作业流程

（1）银行转账

银行转账是续期收费的主要形式，由客户与寿险公司签订委托银行代扣保险费协议书，保险公司根据客户授权，按期通过银行从其指定账户中划转续期保费。银行转账形式的催缴工作由保单服务人员完成，银行转账工作中数据的发送和接收，由信息技术部门配合完成。银行转账的作业流程具体如下：

①划款日的前一日由续期岗进行数据统计和制盘，参与当次制盘的数据为缴费对应日在当日之前且尚未缴费的应收业务。

②次日续期岗向银行发送划款数据。

③发送划款数据次日续期岗接收银行划款返回的数据。

④对于划款成功的保单，续期岗打印续期保险费收据，将客户联寄发给客户；打印银行划款日结单和日结清单，连同收据财务联送交财务处；业务联由公司整理归档。

⑤对于划款未成功的保单，续期部门判断该保单是否已失效，对失效件向客户寄

发失效通知书；未失效件继续参与下次划款，打印划款未成功通知书，向保单服务人员发送划款未成功清单。

（2）上门收取

上门收取是由续期收费人员携带正式的保险费收据到客户指定处收取保险费，其具体的作业流程如下：

①续期岗每月 20 日前将次月应收保费清单下发给保单服务人员。

②保单服务人员根据收费清单制订次月收费计划，并与客户联系上门收费时间。

③保单服务人员根据收费计划到各销售网点的收银柜台领取保费收据。柜台内勤人员负责续期保费收据的领用工作，并登记领用时间和保单号码，由保单服务人员签字确认。

④保单服务人员携带正式的保费收据前往客户指定的地点收取保费，在收据中"收款人"处签章并请交款人在收据上签字，收款成功后将收据客户联交给客户留存。

⑤保单服务人员在收到保费后的 24 小时内，应将保费和收据财务联及业务联交至所在销售网点的收银柜台。收银员核查金额和票据无误后，在收据财务联、业务联上加盖收讫章，同时将续期保险费收据做实收录入处理，并更新电脑记录。

⑥每天下午服务网点收银柜台的收银内勤打印当日续期保费日结单和日结清单，将日结清单和收据业务联转交档案岗存档，将日结单、日结清单和收据财务联转交财务登记入账。

⑦档案岗核对日结清单和收据无误后整理归档。

⑧对收费未成功件进行判断，已失效件打印失效通知书寄发给客户，并追回已打印的保费收据整理归档。

（3）客户上门缴费

客户上门缴费即由客户在续期缴费对应日或缴费宽限期内，持上期保险费收据或本次续期缴费通知书到公司各销售网点收银柜台办理交费，其具体的作业流程如下：

①客户持上期保险费收据或续期缴费通知书到各销售网点收银柜台办理缴费手续。

②收银员做实收录入后，打印收据，并在收据上加盖收讫章，由客户在收据中"交款人"处签字后，将收据客户联交给客户。

③每天下午收银员打印当日续期日结单和日结清单，将日结清单和收据业务联转交档案岗存档，将日结单、日结清单和收据财务联转交财务登记入账。

④核对日结清单和收据无误后整理归档。

⑤续期岗对上门缴费形式失效件做失效处理，打印失效通知书送达客户。

（二）保单贷款及清偿

1. 保单贷款

保单贷款是保单持有人将所持有的保单抵押给保险公司，按照保单现金价值的一定比例获得资金的一种借贷方式。保单抵押的前提是保单具有现金价值，在抵押贷款的过程中，保单依然有效，客户的保障不受影响。

（1）作业流程图

保单贷款的保全作业流程图如图 5.13 所示。

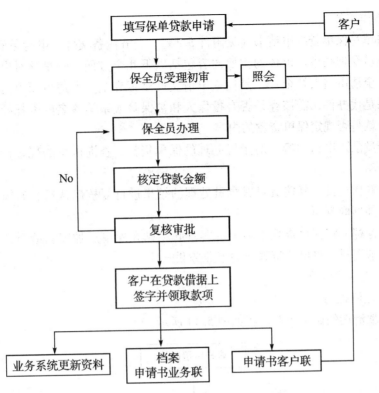

图 5.13　保单贷款的保全作业流程图

（2）作业规则

保单贷款的保全作业规则如表 5.35 所示。

表 5.35　保单贷款的保全作业规则

所需资料	作业规则
1. 保单贷款申请书	1. 保单贷款申请的资格人为投保人，但需要被保险人的委托书方可申请
2. 保险合同	2. 申请保单贷款的前提是保单积累有现金价值
3. 投保人身份证明	3. 申请保单贷款时，保险合同的状态应为有效，且保单生效已满 1 年
4. 被保险人身份证明	4. 保单贷款的金额最高不超过合同当时现金价值的一定比例，通常为 80% ~ 90%
5. 委托授权书（他人代办）	5. 每次借款的时间最长为 6 个月
	6. 借款的利息应在借款期满之日缴付，如果逾期未付，则所有利息将被并入借款本金中。在下一借款期内按其最近一次宣布的借款利率计息。当现金价值不足以偿还借款和利息时，保单的效力会中止
	7. 保单贷款到期仍无法偿还贷款本息的，一般可申请办理续贷手续，每次续贷的期限一般最长为 6 个月，
	8. 若保单已变更为减额付清保险，则公司不接受保单贷款的保全业务
	9. 若保单遗失，则应先办理保单补发再办理保单贷款
	10. 若有未清偿的前贷金额，应先让客户清偿再办理贷款；若保单处于自动垫缴状态，需先清偿欠缴的保费和利息方可办理保单贷款

（3）操作实务

①客户填写保单贷款申请书（见附件5.14），备齐应备文件，申请保单贷款。

②保全员受理初审。审核的主要内容包括以下几个方面：一是核对申请人的身份文件，如不全请申请人补全；二是检查申请文件是否齐全，申请事项填写是否正确和完整。如果是代办件，需核查是否有投保人和被保险人亲笔签名的委托授权书；三是核查保单条款是否规定保单贷款的内容。

③保全员录入申请内容。对于可办理的保单贷款，查询保单的现金价值，核定贷款的可贷金额。

④保全复核审批。复核员对保全员处理的结果进行复核确认后，通知客户在贷款借据上签字并领取款项。

⑤单证存档。将保单贷款申请书的客户联粘贴在保单后加盖骑缝章，交由客户留存；更新电脑资料，将保单贷款申请书业务联归档。

2. 保单贷款的清偿

（1）作业流程图

保单贷款清偿的保全作业流程如图5.14所示。

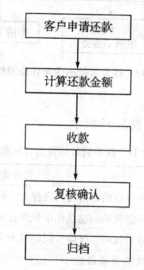

图 5.14　保单贷款清偿的保全作业流程图

（2）作业规则

保单贷款清偿的保全作业规则如表5.36所示。

表 5.36　保单贷款清偿的保全作业规则

所需资料	作业规则
1. 保险合同	1. 保单贷款后随时可申请清偿
	2. 若申请还款时保单中止或自动垫缴，则复效复缴与还款必须同时办理
	3. 贷款清偿的方式分为客户主动还款、增贷还款、退保金还款、理赔金还款和生存金还款等

（3）操作实务

①客户向寿险公司申请保单贷款还款。

②保全员查询电脑资料，计算需清偿的贷款本金及贷款利息。

③客户主动还款的，在收取客户交来的现金或支票后应开具收据，将客户联粘贴在保单上并加盖骑缝章后交给客户留存。

④复核员对贷款清偿的经办过程复核确认。

⑤单证归档。更新电脑资料，收据业务联由保全部门存档，财务联交由财务留存。

（4）保单贷款延期清偿的规定

若保单贷款未能按规定日期清偿，则保单贷款的利息滚入本金以复利的方式计算延期利息。具体的操作流程如下：

①每月第一个工作日做上个月的到期滚入本金业务。

②应滚入本金日的确定：自贷款起息日起至贷款期限结束，客户尚未清偿贷款的，于次日将其贷款利息自动滚入贷款本金；尚未清偿的贷款每次届满，于次日将其贷款利息自动滚入贷款本金。

③起息日的确定：未发生过滚入本金的保单，起息日为贷款日的当日；发生过滚入本金的保单，起息日为应滚入本金的当日。

④滚入本金作业后应生成新的贷款起息日，即为滚入本金日。

⑤每月制作上月滚入本金的保单贷款明细表。

（5）超值失效

保全部门每月第一个工作日将上月贷款本息与自垫本息累加，对累加值等于退保金的保单作超值停效或超值失效处理。在有效保单的前提下，当贷款本息与自垫本息累加值等于退保金时，即为超值停效，保单效力中止，不再提取贷款及自垫利息，2年内经清偿贷款与自垫本息后，方可申请保单复效。超值停效满2年即为超值失效。保全部门每月的第一个工作日制作上个月的超值失效明细表。

（6）保单还款金额的计算

保单贷款的还款利息，按保单规定的利率折合成月利率计算，不足一个月的天数，按天数/30折合月数计算，其计算公式如下：

应还本息＝借款金额＋利息

＝借款金额＋借款金额×月数×月利率

＝借款金额（1＋月数×月利率）

五、实验内容

（1）实验形式：个人实验。

（2）实验用时：2学时。

（3）指定实验内容如下：

①如果保单的失效率较高的话，对保险公司的经营是有害无益的，因此，保险公司对续期部门的考核并不只是续期收费工作中有没有出差错，往往包括续保率的考核。假设你是一位负责续期业务的工作人员，请设计一个"孤儿保单"的维护流程，并说明其可行性和有效性。

②请模拟保险公司，设计一个保单失效的通知书，并说明该通知书的功能和优点。

③请根据以下信息，完成保单贷款作业。

实验六中投保人李泰山所持有的康泰重大疾病保险（保单号：2018070160018560），其合同中有关保单借款的条款在第 17 条，具体内容如下："本合同生效一年后且在累积有现金价值的情况下，投保人可以向本公司申请借款，借款金额最高不得超过本合同当时现金价值的 85%，每次借款的时间最长为六个月。借款利息应在借款期满之日缴付。如果逾期未付，所有利益将被并入借款金额中。在下一借款期内按其最近一次宣布的借款利息计息。当现金价值不足以偿还借款和利息时，本合同的效力即中止，但若本合同及附加合同已更改为减额付清保险，则本公司不接受借款申请。"假设李泰山在第三个保单年度向公司申请贷款，经查，当时保单现金价值为 20 600 元，贷款期限为 6 个月，当前保单贷款的利率为 3%/年，请根据上述资料，模拟寿险公司保单贷款的业务流程，出具批单，并设计保单贷款的明细表，要求明细表中的数据直到保单现金价值为 0 时截止。

六、实验方法和操作步骤

本次实验主要涉及续期作业和保单贷款作业，其中续期作业以设计性实验为主，在所学知识的基础上，设计孤儿保单的维护流程图及保单的失效通知书。

步骤 1：了解续期作业的主要内容；

步骤 2：收集孤儿保单的有关资料；

步骤 3：站在寿险公司续期收费员的角度设计孤儿保单的维护流程图，并说明其可行性；

步骤 4：站在寿险公司续期收费员的角度设计保单失效通知书，并说明其功能和优点；

步骤 5：了解寿险公司保单贷款作业的流程；

步骤 6：根据给定的背景资料填写保单贷款申请书；

步骤 7：模拟保险公司对保单贷款申请进行审核并出具批单；

步骤 8：设计保单贷款的明细表和分析表；

步骤 9：将所有保全资料汇总并整理成卷宗；

步骤 10：填写实验报告，汇总结果并上交。

七、实验注意事项

（1）设计的孤儿保单维护流程要求以流程图的方式出现并配上文字说明；

（2）保单贷款的明细表要求做到保单现金价值为 0 截止。

八、参考文献

［1］阳光人寿保险股份有限公司续期收费业务管理办法［EB/OL］. http://www.docin.com/p-1510347320.html.

［2］阳光人寿保险公司网站：http://life.sinosig.com/.

［3］中国人寿保险公司网站：http://www.e-chinalife.com/.

附件 5.14

保单借款申请书

保单号码：　　　　　投保人：　　　　　申请日期：　年　月　日

借款金额：人民币（大写）：　仟　佰　拾　万　仟　佰　拾　元　（小写）：￥　　　元

保单借款约定事项

一、借款金额

投保人以保险合同的现金价值为质，向贵公司申请保单借款。借款金额最大为保险合同现金价值扣除各项欠款后余额的 80%（条款另有约定的，按条款约定）。

二、借款期限

本次借款期限最长为 6 个月。借款本息应在借款期满之日还款。如果逾期还款，则借款利息将被并入借款金额中，并视同重新借款。借款起息日为资金到账日。

三、借款利率

现行借款利率为 4%/年。借款期间，如果贵公司的公布利率有所调整，则新借款利率从调整之日起实施。

四、提前还款

本借款采用到期一次还本付息的方式。本人在借款期间如申请提前偿还借款，需要全额偿还实际产生的借款利息及本金。

五、还款方式

借款到期，本人同意并授权贵公司从本人授权的保险费扣款账户中扣取借款本金及利息. 如我公司未能成功扣款的，投保人需提交书面的还款申请，经我公司审核通过予以扣款。

六、到期未还款的处理

1. 当现金价值不足以偿还借款和利息时，本合同的效力立即中止。贵公司对本合同效力中止期间发生的保险事故不承担保险金给付责任。

2. 如果保险合同项下存在未偿还的借款，贵公司可以在给付各项保险金、保单红利、退还现金价值或者返还保险费时，直接用上述项全部或部分偿还借款。

七、借款款项的发放

借款本金将直接转入贵公司授权的保险费扣款账户中。如果因本人授权账户错误、账户注销或不符贵公司对应付款项银行给付的账户要求而导致支付不成功，贵公司将不承担由此引起的责任。

八、保单变更

在保单借款期间，贵公司将不受理关于此份保险合同的部分退保、投保人变更、关爱保险金领取、教育保险金领取、其他生存金领取等申请。

九、保证条款

投保人保证借款所质押的保险合同不存在任何第三方权利，同时在保单借款期间，投保人不得将保单进行转让或再质押。

  本人以本人上述保险合同的现金价值为质，向_____人寿保险公司申请上述借款款项，并同意遵守以上各项保单借款约定事项。

  借款人（投保人）签名：   被保险人签名：

  1. 本申请书请用黑色钢笔或黑色签字笔正楷填写相关内容。
  2. 为维护您的权益，请勿在空白申请书上签名。签名前，请慎重核对填写的资料。签名需与原留存于保险公司的签名样本一致。投保人及被保险人务必本人亲自签名，未成年人或限制民事行为能力人/无民事行为能力人，由其法定/指定监护人签名。
  3. 为保证您的借款及还款顺利，请确保您的保费扣款账户处于正常使用状态。
  请务必将保险公司业务联交回，否则将影响此次申请的处理。

附件 5.15

保单贷款明细表

日期	贷款本金	贷款利息	本利和	现金价值	现金价值扣减本利和后余额

第六章　寿险公司的产品说明会和培训

实验十四　产品说明会

一、实验目的

（1）掌握寿险公司产品说明会筹备的流程；

（2）掌握寿险公司产品说明会现场操作的方法；

（3）能够策划和组织产品说明会；

（4）掌握产品说明会会后如何有效追踪的方法。

二、实验要求

（1）能够策划和组织产品说明会；

（2）能够在产品说明会会后进行有效追踪。

三、实验环境（仪器、软件和材料）

（1）电脑；

（2）Internet 网络连接；

（3）Office 办公软件；

（4）实验素材。

四、实验前知识准备

1999 年产品说明会这种营销模式开始在寿险公司兴起，随后被各个保险机构广泛采用，特别是在 2004 年万能寿险推出后，全国各保险机构掀起了万能寿险产品说明会热潮，现场平均促成签单率在 65%以上。实践证明，对于寿险公司来说，产品说明会是一种有效的产品促成方式。

（一）产品说明会的概念

产品说明会是商业领域中经销商进行新产品推广，服务客户或进行"1+N"销售的一种产品信息发布、客户服务和商业销售模式，在保险，房地产和教育领域被广泛引用。

（二）产品说明会的作用

寿险公司举办产品说明会可以展示公司产品和扩大公司品牌的影响；可以给销售

人员提供服务客户和增加销售的机会；还可以介绍公司的产品。

（三）产品说明会的类型

寿险公司的产品说明会若按举办的主题不同，可以划分为投资理财沙龙、健康养老讲座、少儿教育讲座、组合型等；若按客户类型的不同，可以划分为高端场、中端场、普通综合场等；若按举办形式的不同，可以划分为讲座式、会议式、联谊式、座谈式、宴会式、表彰式、感恩式等；若按参与对象的不同，可以划分为大型式、团队式（N+N式）、个人式（1+N式）、联合式（X+N式）；若按举办场地的不同，可以划分为酒店式、社区式、乡村式、职场式、家庭式等。

（四）客户的筛选与邀约

寿险公司产品说明会中对客户的筛选和邀约应注意以下几点：

（1）根据主讲产品的市场定位选择适合的目标客户群体；

（2）客户前期接触中的成熟度，一般杜绝未有前期沟通的客户参会；

（3）确定参会客户的总人数后不能随意变动，否则会导致参会人数无法固定，从而影响产品说明会的效果。

（五）产品说明会的操作流程

1. 筹备阶段流程

（1）成立工作小组。系统而有效的筹备工作是产品说明会能否顺利完成的前提，在举办产品说明会前，应成立专项小组，落实各项工作责任，制作并填写"产品说明会工作小组责任分工表"（见附件6.1）。

（2）确定说明会的目标和主题。不同类型的产品说明会，不同数量的参会人员和不同的对象层面，都会有不同的主题目标，应针对目标与主题准备相应的材料与工具。

（3）落实会议费用预算。费用预算与成本控制是筹备产品说明会的重要一环，在举办产品说明会前要根据实际情况制订费用计划，费用一般包括场地租金、会场布置费、招贴广告费、交通费、饮料费、嘉宾与听众的礼品费及其他突发性开支。

（4）确定时间与场地。产品说明会的举办时间一般选择在周六或周日，场地的选择要根据参会对象的特点、会场环境、设备情况、会场容量、交通的便利性等细节决定。大型或专场的产品说明会可租赁外部场馆，而中小型的可在公司培训中心或职场中召开。在选择会议场地时应注意以下几点：

①根据会议级别确定会场；

②根据参会人数选择场地面积，若临时场地面积变大，可适当摆放盆景、花草等，避免会场太过空旷；

③会场应选择在交通便利处，周围的标志物建筑明显，易于查找；

④停车位应保证充足；

⑤服务人员应专业，服务态度热情；

⑥大厅应整洁、气派，应在恰当的位置摆放指示牌；

⑦电梯数量充足，若参加产品说明会的客户较多，电梯应能保证承载；

⑧若是租赁外部场馆，要确定对方是否提供水果、茶点成品加工服务，是否提供免费茶水，会议期间是否有现场服务人员等；

⑨场地能提供哪些免费的设备，如投影仪、投影幕、音响、灯光效果、电源插座、麦克风设备等；

⑩是否提供会务组临时办公、休息室。

（5）准备所需物料。产品说明会需要准备的物料多且杂，对于物料的准备要有专人负责追踪落实，并填写"产品说明会物品清单"（见附件6.2）。

（6）邀请领导、演讲嘉宾和主持人。产品说明会所需物料准备完毕后，工作小组要提前向被邀请的领导、讲师和主持人发送邀请函，并针对具体事项进行沟通。在讲师的选择上要注意其工作背景、成功的经历、演讲的水平，并考虑参加产品说明会人员的性别、背景等情况。

（7）下发通知及会前宣导。产品说明会举办前要下发通知，通知上应写明说明会的时间、地点和主题等，要求各营业区每天通过各种方式向保险营销员宣传，并将邀请人数目标层层落实到个人。

（8）持续追踪与落实。产品说明会通知下发后，要追踪演讲嘉宾报送个人资料，以便制作演示文稿（PPT），同时落实各营业区参加人数，根据参会人数确定礼品数量。

（9）会前进行彩排。在产品说明会正式举行之前要进行彩排，彩排最好在产品说明会举办的场地进行，主持人与演讲嘉宾均要到场，严格按照产品说明会的举办流程将整套程序演练一遍，在彩排时要配以会场的音乐和灯光。礼仪人员要统一使用欢迎用语（如"您好！欢迎光临！""您好！谢谢光临！"），确定个人站位。

（10）布置会场。产品说明会开始之前，会务组相关人员要提前进入会场进行布置，其主要的工作包括：张贴会议海报；安排来宾登记处、引导牌、饮水处；会场内布置横幅、展板及标语；布置讲台、抽奖箱；检查音响、麦克风及其他辅助设备。同时，会务人员在产品说明会正式开始之前，要再次电话联系参会领导、演讲嘉宾，告知会议时间、地点，提醒其准时参加。

①会场布置原则

一是依据客户数量等实际情况安排桌次和座位；二是场地的布局与装饰物要搭配平衡；三是横幅和背景墙一定要能突出产品说明会的主题。

②会场布局

根据产品说明会的规模采取不同的布局形式，具体如表6.1所示。

表6.1　产品说明会场地布局的形式

布局类型及摆放方式	适合场合
桌形布局（U型）：将桌子摆放成长方形，在长方形的前方开口，椅子摆在桌子外围，在开口处摆放放置投影机的桌子，中间放置绿色植物等装饰。	适合小型产品说明会
桌形布局（课桌式）：桌椅端正摆放或"V"型摆放，按照教室的样子布置会议室。	适合中型产品说明会
桌形布局（宴会岛屿式）：自由交流为主，营造轻松的氛围。	适合大型产品说明会

2. 现场操作流程

（1）会议开始前的准备。产品说明会举行当天，会务人员要提前1~2小时到现场再次查看各项准备工作的落实情况，检查各项物品、材料、音响、麦克风及辅助设备等，并提前30分钟播放"公司介绍宣传片"及暖场音乐。

（2）迎宾与入场。产品说明会的迎宾接待工作主要包括：礼仪人员为参会领导、演讲嘉宾佩戴胸牌、引领入座；礼仪人员引导参会人员到签到处签到、进场就座；会场其他工作人员负责签到，收取入场券，将抽奖券的副联投入抽奖箱；维持入场秩序。

（3）播放公司宣传片。说明会前5分钟开始播放总公司品牌宣传部制作的公司形象及其他相关资料的宣传片，在说明会正式开始前2分钟，提示参加者大会即将开始，请不要随意走动。

（4）产品说明会正式开始。为体现公司的专业形象，产品说明会应准时开始，可通过幕后音宣布说明会正式开始并请主持人出场，主持人出场时应播放出场音乐，主持人开始讲话时，上场音乐立即停止。

（5）主持人主持开场。主持人欢迎来宾参加本次的产品说明会，介绍会场礼仪要求，在介绍参会领导时，应播放背景音乐。

（6）公司领导致辞。主持人介绍领导出场，播放上下场音乐及"会议流程投影"。

（7）有奖问答。这一环节的目的在于活跃产品说明会的气氛。

（8）讲师开始有关专题的演讲。讲师在演讲时不要过多地纠缠细节，主要介绍观念，突出产品的卖点，同时可以穿插介绍寿险的功能和意义。

（9）产品说明完毕，宣布促销方案及问题解答。例如：主持人提示接下来是15分钟的交流时间，有请保险业务员入场，来宾可向保险业务员提问，提示可以对刚介绍的产品提供现场订购，并介绍现场订购提供的礼品。

（10）发签约意向书。

（11）保险业务员和客户沟通。主持人应尽量帮助保险业务员争取促成交易，提醒大家有抽奖活动。

（12）播报签单业绩，发放签单客户的礼品；

（13）欢送客户离开。

3. 会后追踪

产品说明会结束后，所有内勤人员的营业部经理留在现场召开评估会，安排会后追踪。会后追踪的对象包括三类：第一类是到场并签单的客户；第二类是到场未签单的客户；第三类是未到场的客户。

（1）现场签单客户的追踪

①保险营销员应在说明会后的第一天，马上与已经签单的客户沟通并确定款项入账情况。

②若客户在说明会上已经签订了"客户购买意向确认书"（见附件6.3）但未缴纳保费，则营销员可以将"客户确认函"（见附件6.5）面呈客户，要求客户配合，达到再次见面的目的。

（2）到场未签单客户的追踪

①若客户在说明会现场未签订确认意向书，则业务员可将"客户回访函"面呈客户，要求客户配合，达到再次见面的目的。递送回访函时，向客户强调是为了弥补工作上的不足，表示对客户的诚意，听取客户的改进意见，以改进工作。

②保险营销员可利用"客户沟通函"（见附件6.6）尝试推荐其他产品。帮助客户进行保险需求的分析，为客户及其家庭着想，提供保单的年检服务，使客户清楚家庭成员保险保障的总量和结构分布。

（3）未到场客户的追踪

产品说明会结束次日或两日内，保险营销员应与未到场的客户联系，可以公司要求反馈客户未到场原因为由，对客户进行电话约访，取得与客户面谈的机会，取得面谈的机会是销售成功的第一步。

五、实验内容

（1）实验形式：小组实验。

（2）实验用时：4学时。

（3）指定实验内容：

鼎盛人寿保险有限公司近期准备举办一次重大疾病保险的产品说明会，介绍并推出公司刚刚上线的"鼎盛明天重大疾病保险"。请根据以下问题设置，进行角色模拟，完成相关实验任务。

①全班分组，6人/组，选取组长，各小组可设定自己的组名和口号。假设小组被鼎盛人寿保险有限公司市场营销部委派全权负责"鼎盛明天重大疾病保险"产品说明会的策划、筹备和实施，组长则为此次产品说明会活动的总负责人，请根据下面提供的产品资料，完成以下任务：a. 产品说明PPT的设计；b. 主持稿的设计；c. 产品说明会邀约词的撰写；d. 模拟产品说明会的现场操作流程。一是产品说明会项目负责人根据实际需要，将本组以外的学生进行角色划分，选定主持人、讲师、礼仪、后勤等人员，余下的学生可扮演客户及保险营销员。二是模拟产品说明会的现场流程，进行PPT的讲解，并填写"产品说明会工作小组责任分工表""产品说明会物品清单表"等相关单证。

②产品说明会结束后，保险营销员张海亮对本次产品说明会上自己的签单情况进行了整理统计，结果显示：本次共邀约了10个客户，其中3个客户未到场，这3个客户分别是：张翔（42岁，男，物流公司经理）、林敏敏（28岁，女，信息技术企业文员）以及王珏（33岁，女，家庭主妇）；7名到场客户中，2名已经签单并且当场缴费；3名已经签订"客户购买意向确认书"但尚未缴纳保费，分别是吕菲菲（30岁，女，企业人力资源管理专员）、徐梁文（42岁，男，律师）、周亚夫（38岁，男，公务员）；剩余2名客户虽到产品说明会现场但并未签单，他们分别是丁柱（29岁，男，工程技术人员）、张晓丽（26岁，女，财务出纳）。请模拟张海亮的角色在产品说明会结束后对10名客户进行会后追踪，并完成下列任务：a. 针对客户的不同情况，正确填写"客户购买意向确认书""客户联谊函""客户确认函""客户回访函"以及"客户沟通函"。b. 针对未缴费、未签单客户进行沟通用语设计。

材料一："鼎盛明天重大疾病保险"主要条款

鼎盛明天重大疾病保险条款（节选）

第五条　保险责任

本保险合同中的重大疾病分为基本重大疾病与其他重大疾病两类，基本重大疾病投保人在投保时必须投保，其他重大疾病投保人在投保时可以选择投保，具体疾病种类及疾病定义以本保险合同第二十五条释义为准。

在保险期间内，保险人承担下列保险责任：

被保险人经医院诊断于其保险责任生效日起30日后（续保从续保生效日起）初次患本保险合同所附且经投保人投保的重大疾病，保险人按重大疾病保险金额给付重大疾病保险金，对该被保险人保险责任终止。

被保险人经医院诊断于其保险责任生效日起30日内（续保无等待期）初次患重大疾病，保险人对投保人无息返还该被保险人对应的所交保险费，对该被保险人保险责任终止。

第六条　责任免除

因下列情形之一，导致被保险人发生疾病、达到疾病状态或进行手术的，保险人不承担保险责任：

（一）投保人对被保险人的故意杀害、故意伤害；

（二）被保险人故意自伤、故意犯罪或拒捕；

（三）被保险人服用、吸食或注射毒品；

（四）被保险人酒后驾驶、无合法有效驾驶证驾驶，或驾驶无有效行驶证的机动车；

（五）被保险人患艾滋病或感染艾滋病病毒；

（六）战争、军事冲突、暴乱、武装叛乱、恐怖活动；

（七）核爆炸、核辐射或核污染；

（八）遗传性疾病，先天性畸形、变形或染色体异常。

发生上述情形，被保险人身故的，保险人对该被保险人保险责任终止，并对投保人按日计算退还该被保险人的未满期净保费（经过日数不足一日按一日计算）。

第七条　保险金额和保险费

保险金额是保险人承担给付保险金责任的最高限额。

本保险合同的重大疾病保险金额由投保人、保险人双方约定，并在保险单中载明。

投保人应该按照合同约定向保险人交纳保险费。

第八条　保险期间

本保险合同保险期间自合同成立并生效时起，至被保险人年满70周岁的对应保单周年日止。

第二十五条　释义

【基本重大疾病】指由专科医生明确诊断的下列疾病：

（一）恶性肿瘤

指恶性细胞不受控制的进行性增长和扩散、浸润和破坏周围正常组织，可以经血管、淋巴管和体腔扩散转移到身体其他部位的疾病。经病理学检查结果明确诊断，临床诊断属于世界卫生组织《疾病和有关健康问题的国际统计分类》（ICD-10）的恶性肿瘤范畴。下列疾病不在保障范围内：

1. 原位癌；

2. 相当于 Binet 分期方案 A 期程度的慢性淋巴细胞白血病；

3. 相当于 Ann Arbor 分期方案 I 期程度的何杰金氏病；

4. 皮肤癌（不包括恶性黑色素瘤及已发生转移的皮肤癌）；

5. TNM 分期为 T1N0M0 期或更轻分期的前列腺癌；

6. 感染艾滋病病毒或患艾滋病期间所患恶性肿瘤。

（二）急性心肌梗死

这是指因冠状动脉阻塞导致的相应区域供血不足造成部分心肌坏死。必须满足下列至少三项条件：

1. 典型临床表现，例如急性胸痛等；

2. 新近的心电图改变提示急性心肌梗死；

3. 心肌酶或肌钙蛋白有诊断意义的升高，或呈符合急性心肌梗死的动态性变化；

4. 发病 90 天后，经检查证实左心室功能降低，如左心室射血分数低于 50%。

（三）脑中风后遗症

这是指因脑血管的突发病变引起脑血管出血、栓塞或梗塞，并导致神经系统永久性的功能障碍。神经系统永久性的功能障碍，指疾病确诊 180 天后，仍遗留下列一种或一种以上障碍：

1. 一肢或一肢以上肢体机能完全丧失；

2. 语言能力或咀嚼吞咽能力完全丧失；

3. 自主生活能力完全丧失，无法独立完成六项基本日常生活活动中的三项或三项以上。

（四）重大器官移植术或造血干细胞移植术

重大器官移植术指因相应器官功能衰竭，已经实施了肾脏、肝脏、心脏或肺脏的异体移植手术。造血干细胞移植术，指因造血功能损害或造血系统恶性肿瘤，已经实施了造血干细胞（包括骨髓造血干细胞、外周血造血干细胞和脐血造血干细胞）的异体移植手术。

（五）冠状动脉搭桥术（或称冠状动脉旁路移植术）

这是指为治疗严重的冠心病，实际实施了开胸进行的冠状动脉血管旁路移植的手术。

冠状动脉支架植入术、心导管球囊扩张术、激光射频技术及其他非开胸的介入手术、腔镜手术不在保障范围内。

（六）终末期肾病（或称慢性肾功能衰竭尿毒症期）

这是指双肾功能慢性不可逆性衰竭，达到尿毒症期，经诊断后已经进行了至少 90 天的规律性透析治疗或实施了肾脏移植手术。

（七）急性或亚急性重症肝炎

这是指因肝炎病毒感染引起肝脏组织弥漫性坏死，导致急性肝功能衰竭，且经血清学或病毒学检查证实，并满足下列全部条件：

1. 重度黄疸或黄疸迅速加重；

2. 肝性脑病；

3. B 超或其他影像学检查显示肝脏体积急速萎缩；

4. 肝功能指标进行性恶化。

（八）良性脑肿瘤

这是指脑的良性肿瘤，已经引起颅内压增高，临床表现为视盘水肿、精神症状、癫痫及运动感觉障碍等，并危及生命。必须由头颅断层扫描（CT）、核磁共振检查（MRI）或正电子发射断层扫描（PET）等影像学检查证实，并满足下列至少一项条件：

1. 实际实施了开颅进行的脑肿瘤完全切除或部分切除的手术；

2. 实际实施了对脑肿瘤进行的放射治疗。

脑垂体瘤、脑囊肿、脑血管性疾病不在保障范围内。

（九）慢性肝功能衰竭失代偿期

这是指因慢性肝脏疾病导致肝功能衰竭。必须满足下列全部条件：

1. 持续性黄疸；

2. 腹水；

3. 肝性脑病；

4. 充血性脾肿大伴脾功能亢进或食管胃底静脉曲张。

因酗酒或药物滥用导致的肝功能衰竭不在保障范围内。

（十）双目失明（保障自 12 周岁的保单周年日始）

这是指因疾病或意外伤害导致双眼视力永久不可逆性丧失，双眼中较好的眼必须满足下列至少一项条件：

1. 眼球缺失或摘除

2. 矫正视力低于 0.02（采用国际标准视力表，如果使用其他视力表应进行换算）；

3. 视野半径小于 5 度。

（十一）瘫痪

这是指因疾病或意外伤害导致两肢或两肢以上肢体机能永久完全丧失。肢体机能永久完全丧失，指疾病确诊 180 天后或意外伤害发生 180 天后，每肢三大关节中的两大关节仍然完全僵硬，或不能随意识活动。

（十二）心脏瓣膜手术

这是指为治疗心脏瓣膜疾病，实际实施了开胸进行的心脏瓣膜置换或修复的手术。

（十三）严重阿尔茨海默病（保障至 60 周岁的保单周年日止）

这是指因大脑进行性、不可逆性改变导致智能严重衰退或丧失，临床表现为明显的认知能力障碍、行为异常和社交能力减退，其日常生活必须持续受到他人监护。必须由头颅断层扫描（CT）、核磁共振检查（MRI）或正电子发射断层扫描（PET）等影像学检查证实，且自主生活能力完全丧失，无法独立完成六项基本日常生活活动中的三项或三项以上。

神经官能症和精神疾病不在保障范围内。

（十四）严重脑损伤

这是指因头部遭受机械性外力，引起脑重要部位损伤，导致神经系统永久性的功能障碍。必须由头颅断层扫描（CT）、核磁共振检查（MRI）或正电子发射断层扫描（PET）等影像学检查证实。神经系统永久性的功能障碍，指脑损伤 180 天后，仍遗留下列一种或一种以上障碍：

1. 一肢或一肢以上肢体机能完全丧失；

2. 语言能力或咀嚼吞咽能力完全丧失；

3. 自主生活能力完全丧失，无法独立完成六项基本日常生活活动中的三项或三项以上。

（十五）严重帕金森病（保障至 60 周岁的保单周年日止）

这是一种中枢神经系统的退行性疾病，临床表现为震颤麻痹、共济失调等。必须满足下列全部条件：

1. 药物治疗无法控制病情；

2. 自主生活能力完全丧失，无法独立完成六项基本日常生活活动中的三项或三项以上。

继发性帕金森综合征不在保障范围内。

（十六）严重Ⅲ度烧伤

这是指烧伤程度为Ⅲ度。且Ⅲ度烧伤的面积达到全身体表面积的 20% 或 20% 以上。体表面积根据《中国新九分法》计算。

（十七）重型再生障碍性贫血

这是指因骨髓造血功能慢性持续性衰竭导致的贫血、中性粒细胞减少及血小板减少。必须满足下列全部条件：

1. 骨髓穿刺检查或骨髓活检结果支持诊断；

2. 外周血象必须具备以下三项条件：

（1）中性粒细胞绝对值≤0.5×10^9/L；

（2）网织红细胞<1%；

（3）血小板绝对值≤20×10^9/L。

（十八）主动脉手术

这是指为治疗主动脉疾病，实际实施了开胸或开腹进行的切除、置换、修补病损主动脉血管的手术。主动脉指胸主动脉和腹主动脉，不包括胸主动脉和腹主动脉的分支血管。

动脉内血管成形术不在保障范围内。

【其他重大疾病】指由专科医生明确诊断的下列疾病：

（一）多个肢体缺失

这是指因疾病或意外伤害导致两个或两个以上肢体自腕关节或踝关节近端（靠近躯干端）以上完全性断离。

（二）脑炎后遗症或脑膜炎后遗症

这是指因患脑炎或脑膜炎导致的神经系统永久性的功能障碍。神经系统永久性的功能障碍，指疾病确诊 180 天后，仍遗留下列一种或一种以上障碍：

1. 一肢或一肢以上肢体机能完全丧失；

2. 语言能力或咀嚼吞咽能力完全丧失；

3. 自主生活能力完全丧失，无法独立完成六项基本日常生活活动中的三项或三项以上。

（三）深度昏迷

这是指因疾病或意外伤害导致意识丧失，对外界刺激和体内需求均无反应，昏迷程度按照格拉斯哥昏迷分级（Glasgow coma scale）结果为 5 分或 5 分以下，且已经持续使用呼吸机及其他生命维持系统 96 小时以上。

因酗酒或药物滥用导致的深度昏迷不在保障范围内。

（四）双耳失聪（保障自 12 周岁的保单周年日始）

这是指因疾病或意外伤害导致双耳听力永久不可逆性丧失，在 500 赫兹、1 000 赫兹和 2 000 赫兹语音频率下，平均听阈大于 90 分贝，且经纯音听力测试、声导抗检测或听觉诱发电位检测等证实。

（五）严重原发性肺动脉高压

这是指不明原因的肺动脉压力持续性增高，进行性发展而导致的慢性疾病，已经造成永久不可逆性的体力活动能力受限，达到美国纽约心脏病学会心功能状态分级 Ⅳ 级，且静息状态下肺动脉平均压超过 30mmHg。

（六）严重运动神经元病（保障至 60 周岁的保单周年日止）

这是一组中枢神经系统运动神经元的进行性变性疾病，包括进行性脊肌萎缩症、进行性延髓麻痹症、原发性侧索硬化症、肌萎缩性侧索硬化症。必须满足自主生活能力完全丧失，无法独立完成六项基本日常生活活动中的三项或三项以上的条件。

（七）语言能力丧失（保障自 12 周岁的保单周年日始）

这是指因疾病或意外伤害导致完全丧失语言能力，经过积极治疗至少 12 个月（声带完全切除不受此时间限制），仍无法通过现有医疗手段恢复。精神心理因素所致的语言能力丧失不在保障范围内。

【六项基本日常生活活动】六项基本日常生活活动是指：

1. 穿衣：自己能够穿衣及脱衣；

2. 移动：自己从一个房间到另一个房间；

3. 行动：自己上下床或上下轮椅；

4. 如厕：自己控制进行大小便；

5. 进食：自己从已准备好的碗或碟中取食物放入口中；

6. 洗澡：自己进行淋浴或盆浴。

【肢体机能完全丧失】指肢体的三大关节中的两大关节僵硬，或不能随意识活动。肢体是指包括肩关节的整个上肢或包括髋关节的整个下肢。

【语言能力或咀嚼吞咽能力完全丧失】语言能力完全丧失，指无法发出四种语音（包括口唇音、齿舌音、口盖音和喉头音）中的任何三种，或声带全部切除，或因大脑语言中枢受伤害而患失语症。

咀嚼吞咽能力完全丧失，指因牙齿以外的原因导致器质障碍或机能障碍，以致不能作咀嚼吞咽运动，除流质食物外不能摄取或吞咽的状态。

【永久不可逆】指自疾病确诊或意外伤害发生之日起，经过积极治疗180天后，仍无法通过现有医疗手段恢复。

【专科医生】专科医生应当同时满足以下四项资格条件：

1. 具有有效的中华人民共和国医师资格证书；

2. 具有有效的中华人民共和国医师执业证书，并按期到相关部门登记注册；

3. 具有有效的中华人民共和国主治医师或主治医师以上职称的医师职称证书；

4. 在二级或二级以上医院的相应科室从事临床工作三年以上。

【患艾滋病或感染艾滋病病毒】艾滋病病毒指人类免疫缺陷病毒，英文缩写为HIV。艾滋病指人类免疫缺陷病毒引起的获得性免疫缺陷综合征，英文缩写为AIDS。在人体血液或其他样本中检测到艾滋病病毒或其抗体呈阳性，没有出现临床症状或体征的，为感染艾滋病病毒；如果同时出现了明显临床症状或体征的，为患艾滋病。

【遗传性疾病】指生殖细胞或受精卵的遗传物质（染色体和基因）发生突变或畸变所引起的疾病，通常具有由亲代传至后代的垂直传递的特征。

【先天性畸形、变形或染色体异常】指被保险人出生时就具有的畸形、变形或染色体异常。先天性畸形、变形和染色体异常依照世界卫生组织《疾病和有关健康问题的国际统计分类》（ICD-10）确定。

【周岁】以法定身份证明文件中记载的出生日期为基础计算的实足年龄。

【未满期净保费】未满期净保费 = 保险费×[1-（保险单已经过天数／保险期间天数）]×（1-25%）。经过天数不足一天的按一天计算。

材料二：鼎盛明天重大疾病保险费率表（节选）（见表6.2）

表6.2　鼎盛明天重大疾病保险费率表
（20年期，每万元基本保额，单位：元）

年龄	缴法					
	男性			女性		
	年缴	半年缴	季缴	年缴	半年缴	季缴
28	346.0	180.0	91.0	335.0	174.0	88.0
29	355.0	185.0	93.0	343.0	178.0	90.0
30	364.0	189.0	95.0	352.0	183.0	92.0
31	373.0	194.0	98.0	361.0	188.0	95.0
32	383.0	199.0	100.0	371.0	193.0	97.0

材料三：鼎盛明天重大疾病保险简易核保规则

（一）缴费期限及承保年龄（见表 6.3）

表 6.3　鼎盛明天重大疾病保险缴费期限和承保年龄

缴费期限	承保年龄
鼎盛明天重大疾病保险（缴费 10 年）	18～50 周岁
鼎盛明天重大疾病保险（缴费 15 年）	18～50 周岁
鼎盛明天重大疾病保险（缴费 20 年）	18～50 周岁
鼎盛明天重大疾病保险（缴费至 55 周岁）	18～45 周岁

（二）承保金额

①最低承保金额：10 000 元；

②最高承保金额：300 000 元；

③可附加意外伤害保险、住院补偿医疗保险、住院补贴医疗保险。

（4）选做实验内容：

鼎盛人寿保险有限公司近期准备举办一次分红型年金保险的产品说明会，介绍并推广公司的"鼎盛福满一生年金保险（分红型）"产品。请根据以下问题设置，进行角色模拟，完成相关实验任务。

全班分组，6 人/组，选取组长，各小组可设定自己的组名和口号。假设小组被鼎盛人寿保险有限公司市场营销部委派全权负责"鼎盛福满一生年金保险（分红型）"产品说明会的策划、筹备和实施，组长则为此次产品说明会活动的总负责人。请根据下面提供的产品资料，完成以下任务：①产品说明 PPT 的设计；②主持稿的设计；③产品说明会邀约文稿的设计；④模拟产品说明会的现场操作流程。一是产品说明会项目负责人根据实际需要，将本组以外的学生进行角色划分，选定主持人、讲师、礼仪、后勤等人员，余下的学生可扮演客户及保险营销员。二是模拟产品说明会的现场流程，进行 PPT 的讲解，并填写"产品说明会工作小组责任分工表""产品说明会物品清单表"等相关单证。

产品说明会结束后，保险营销员刘璐对本次产品说明会上自己的签单情况进行了整理统计，结果显示：本次共邀约了 9 个客户，其中 2 个客户未到场，这 2 个客户分别是：霍双全（28 岁，男，软件公司技术员）、赵伊曼（32 岁，女，小学语文老师）；7 名到场客户中，2 名已经签单并且当场缴费，分别是寒江（40 岁，男，个体工商户）、许舟山（38 岁，男，报社记者）；2 名已经签订"客户购买意向确认书"但尚未缴纳保费，分别是张一涵（26 岁，女，瑜伽教练）、马文玉（45 岁，男，中学美术老师）；剩余 3 名客户虽到产品说明会现场但并未签单，他们分别是周楠楠（30 岁，女，酒店大堂经理）、丁佳敏（42 岁，女，家庭主妇）、孙宇（39 岁，男，公务员）。请模拟刘璐的角色在产品说明会结束后对 9 名客户进行会后追踪，并完成下列任务：①针对客户的不同情况，正确填写"客户购买意向确认书""客户联谊函""客户确认函""客户回访函"以及"客户沟通函"。②针对未缴费、未签单客户拒绝异议进行话术设计。

材料一："鼎盛福满一生年金保险（分红型）"主要条款

鼎盛福满一生年金保险（分红型）条款（节选）

第二条　保险责任

身故给付

一、在本合同有效期内，若被保险人于年满 60 周岁后的首个保险单周年日前身故，则本公司将给付下列两项金额中的较大者予健在的身故保险金受益人：

（1）被保险人身故时本合同的现金价值；

（2）若为趸缴方式缴付保险费，本项金额为：投保人已缴付的本合同的趸缴保险费×120%。

（3）若为分期缴付保险费，本项金额用下列公式计算所得金额：（被保险人身故时累计应缴已缴各期保险费对应的月数÷12）×按年缴方式计算的本合同的年标准保险费×120%）

注：上述（2）中所提及的"趸缴保险费"及"累计应缴已缴各期保险费"不包括根据次标准件费率计算须缴纳的额外保险费。若被保险人身故时本合同已变更为减额付清保险，则本公司将给付下列两项金额中的较大者予健在的身故保险金受益人：

（1）被保险人身故时本合同的现金价值；

（2）本合同变更为减额付清保险时的现金价值×120%。

二、在本合同有效期内，若被保险人于年满 60 岁后的首个保险单周年日或以后身故，则本公司将给付等值于按下列公式计算所得金额予健在的身故保险金受益人：被保险人身故时本合同的月付年金金额×240－累计已给付的年金。

除另有特别安排外，若所有身故保险金受益人先于被保险人身故，则本合同身故给付金额将归于被保险人的遗产。

第三条　年金给付

若被保险人生存且本合同仍然有效，则自被保险人年满 60 周岁后的首个保险单周年日后的首个保险单月份开始，本公司将于每个保险单月份的月末给付本合同的月付年金金额予投保人。本合同的年金领取为 20 年。若在年金给付期间被保险人身故，则本合同终止，本公司不再给付年金。

第四条　红利

在本合同有效期内，红利是非保证的。自第一个保险单周年日后首个法定会计年度起，本公司每年将根据上一法定会计年度分红保险业务的实际经营状况决定红利的分配。在被保险人年满 60 周岁后的首个保险单周年日前的各年度，若本公司决定本合同有红利可分配，则该红利将按下述增值红利的形式分配；在被保险人年满 60 周岁后的首个保险单周年日始的各年度，若本公司决定本合同有红利可分配，则红利将按下列现金红利的形式分配：

（1）增值红利：该红利将于被保险人年满 60 周岁后的首个保险单周年日给付予投保人。若被保险人于年满 60 岁后的首个保险单周年日前身故，则本合同在被保险人身故时已累积的增值红利将与身故保险金一同给付予健在的身故保险金受益人。除另有特别安排外，若所有身故保险金受益人先于被保险人身故，则本合同应付的增值红利将归于被保险人的遗产。

（2）现金红利：该红利将以现金的方式给付予投保人。

材料二："鼎盛福满一生年金保险（分红型）"保险费率表（节选）

表 6.4　鼎盛福满一生年金保险（分红型）保险费率表

（保险期间至 80 岁，年金领取期限 20 年，每万元基本保额，单位：元）

年龄	缴法					
	男性			女性		
	趸交	缴费 10 年	缴费 20 年	趸交	缴费 10 年	缴费 20 年
25	11 006.9	1 098.1	622.4	11 023.8	1 095.0	618.5
26	11 246.6	1 128.1	639.3	11 256.5	1 123.9	634.8
27	11 491.9	1 158.8	656.7	11 494.4	1 153.6	651.5
28	11 742.8	1 190.5	674.5	11 737.4	1 184.1	668.6
29	11 999.5	1 223.0	692.7	11 985.6	1 215.4	686.2
30	12 261.9	1 256.3	711.4	12 239.3	1 247.5	704.3
31	12 530.2	1 290.6	730.6	12 498.4	1 280.5	722.7
32	12 804.5	1 325.8	750.2	12 763.0	1 314.4	741.6
33	13 084.8	1 361.9	770.2	13 033.3	1 349.1	761.0
34	13 371.1	1 398.9	790.6	13 309.3	1 384.6	780.8
35	13 663.6	1 436.9	811.5	13 591.0	1 421.1	801.0
36	13 962.2	1 475.7	832.8	13 878.6	1 458.5	821.7
37	14 266.9	1 515.5	854.4	14 172.2	1 496.8	842.7
38	14 577.8	1 556.2	876.4	14 471.6	1 536.0	864.2
39	14 894.8	1 597.8	898.8	14 777.1	1 576.1	886.2
40	15 217.9	1 640.3	921.4	15 088.5	1 617.2	908.5

材料三："鼎盛福满一生年金保险（分红型）"简易核保规则

（一）缴费期限及承保年龄

表 6.5　鼎盛福满一生年金保险（分红型）保险缴费期限和承保年龄

缴费期限	承保年龄	
	男性	女性
趸交	18~59 周岁	18~59 周岁
缴费 5 年	18~55 周岁	18~55 周岁
缴费 10 年	18~50 周岁	18~50 周岁
缴费 15 年	18~45 周岁	18~45 周岁
缴费 20 年	18~40 周岁	18~40 周岁
缴费至 59 周岁	18~58 周岁	18~58 周岁

（二）承保金额

（1）最低承保金额：10 000 元；

（2）保险金额必须为 10 000 元的整数倍；

（3）可附加意外伤害保险、住院补偿医疗保险、住院补贴医疗保险。

六、实验方法和操作步骤

本实验采取理论结合实际的方法，根据实验内容中提供的背景及材料一给定的素材，分小组进行角色模拟，进行产品说明会 PPT 制作、演讲及产品说明会会后的持续追踪。

步骤 1：分组并进行角色分配。将每 6 个学生分为 1 组，选定各组组长，由组长确定组名和口号；

步骤 2：制作产品说明会使用的 PPT。由组长组织组员对给定材料进行分析、讨论后，进一步搜集资料，制作产品说明会中使用的 PPT；

步骤 3：组长根据各组员的特点进行角色分配，选定产品说明会主持人、讲师、礼仪、保险营销员等，组长则是产品说明会的总负责人；

步骤 4：主持人进行主持稿的设计，保险营销员进行邀约词的撰写，项目负责人组织填写"产品说明会工作小组责任分工表""产品说明会物品清单表"等相关单证；

步骤 5：模拟产品说明会现场，讲师讲授 PPT，保险营销员进行现场产品介绍与客户沟通；

步骤 6：产品说明会结束后，模拟保险营销员角色进行会后追踪，针对客户的不同情况，正确填写"客户购买意向确认书""客户联谊函""客户确认函""客户回访函"以及"客户沟通函"。针对未缴费、未签单客户异议进行访问沟通用语设计；

步骤 7：汇总单证，填写实验报告并上交。

七、实验注意事项

（1）所有表格填写的内容必须以背景资料中提供的材料为基础；

（2）沟通用语由各小组结合理论及实践知识自行撰写。

八、参考文献

［1］保险四库全书项目. 产品说明会工程 ［M］. 北京：中国经济出版社，2006.

［2］中国人寿保险股份有限公司教材编写委员会. 销售会议管理 ［M］. 北京：金融出版社，2010.

［3］中国人民健康保险股份有限公司. 保险产品说明会运作细则. https://wenku.baidu.com/view/184b3972f12d2af90342e637.html.

附件 6.1

产品说明会工作小组责任分工

工作组	小组成员	工作职责	负责人	所需物品
运作组		讲师及主持人的联系与落实；准备专题教案及主持人讲稿；组织讲师试讲专题；主讲人演练；音像资料的准备；说明会现场流程的监控协调，布置场地与清场、彩排		各种电子设备、资料等
礼仪组		落实参加人员类型及人数，并发放门票；安排礼仪进行签到；礼仪接待工作、彩排		绶带、产品说明会来宾签到表、嘉宾胸牌、礼品等
后勤组		落实预算费用和场地；确定场地布置方案；准备会议各种资料；彩排、布置场地		横幅、指示牌、欢迎牌、海报、喷画等
主持人		拟写主持稿，交运作组审核定稿；对会议现场进行控制，调动现场气氛，帮助和促成保险业务员签单		主持稿、PPT
专题讲师		拟写专题教案，交运作组审核定稿；进行专题演讲		专题教案、PPT
保险业务员		邀约客户；与客户进行现场沟通；促成签单；会后追踪		签约意向书、相关产品资料

附件 6.2

产品说明会物品清单

物品名称	责任人	准备情况	说明

制表人：_____

日　期：_____年___月___日

附件 6.3

客户购买意向确认书

尊敬的客户：

您好！感谢您信赖并选择我公司，我们将以优质的服务给您满意的回报！祝贺您拥有了一份最时尚的保险产品，本公司将向您提供一份温馨的礼品。

按照《保险法》的规定，为了保证您的切身利益，请您务必在相关保险资料（投保单、建议书、保单回执）上亲笔签名。

投保信息

客户姓名	性别	年龄（周岁）	身份证号码
年缴保费	缴费期限	保险金额	

投保人签名：　　　　　　　　　　　　　业务员签名：

业务员工号：　　　　　　　　　　　　　部门代码：

　　　　　　　　　　　　　　　　　　　日期：

附件 6.4

客户联谊函

尊敬的客户：

您好！感谢您信赖并选择我公司，"好东西一定要与好朋友分享"，祝贺您拥有最时尚的保险产品，同时希望您能介绍您的朋友了解我公司，为美好生活拥有更好的保障。

我们的成功离不开您的支持与帮助。请您协助填写适合的朋友的名单！

序号	朋友姓名	性别	年龄	联系方式		工作单位
				手机	住宅电话	
1						
2						
3						
4						
5						

附件 6.5

客户确认函

尊敬的客户：

您好！首先感谢您参加本公司客户联谊产品说明会！为了对本公司未来的工作有所改善和提升工作效果，我们恳请您协助业务员回答下面的问题，并提出建议。谢谢合作！

您不购买的原因是：	□对公司不了解 □说明会内容太多，时间不长	□业务员讲解不清 □条款不容易理解
序号	意见描述	改善建议
1		
2		
3		

客户签名：

附件 6.6

客户沟通函

尊敬的客户：

您好！感谢您参加本公司客户联谊暨产品说明会。对于我们推荐的产品，可能没有满足您的保险需求。秉承"客户至上，服务至上"的原则，我们将委托专业人员为您免费提供保险需求分析。衷心感谢您的合作！

免费服务项目	□个人及家庭保障分析　□家庭财务分析　□家庭保单整理
	□健康险咨询　　　　　□养老险咨询　　□财产险咨询

客户签名：

附件 6.7

未交费客户异议处理文案（1）

客户背景：吕菲菲，30 岁，女，企业人力资源管理专员

客户：这个月家里开销比较大，等下个月发工资了再交费。

保险营销员：

未交费客户异议处理文案（2）

客户背景：徐梁文，42 岁，男，律师

客户：太太听说我买保险了，不太高兴，还要和她商量一下。

保险营销员：

未交费客户异议处理文案（3）

客户背景：周亚夫，38 岁，男，公务员

客户：同事们都说买保险对我们公职人员来说作用不大，我想再考虑考虑。

保险营销员：

附件 6.8

未签单客户异议处理文案（1）

客户背景：丁柱，29 岁，男，工程技术人员

客户：我现在刚结婚买了房子，家庭负担比较重，再买保险压力太大，过几年再说吧。

保险营销员：

未签单客户异议处理文案（2）

客户背景：张晓丽，26 岁，女，财务出纳

客户：我还年轻，暂时不需要重大疾病保险。

保险营销员：

实验十五　保险营销员培训

一、实验目的

（1）了解寿险公司保险营销员培训的主要内容；

（2）掌握培训班班主任的工作要领；

（3）能够制作并填写培训项目中涉及的相关表格；

（4）能够站在班主任的角度对培训效果进行总结分析。

二、实验要求

（1）学习并掌握寿险公司培训的方法和步骤；

（2）了解寿险公司内训和外训的目的及意义；

（3）设计并填写指定培训项目中的有关表格；

（4）汇总实验结果，填写实验报告并上交。

三、实验环境（仪器、软件和材料）

（1）电脑；

（2）Internet 网络连接；

（3）Office 办公软件；

（4）实验案例素材。

四、实验前知识准备

近 30 年来，中国的保险业飞速发展，年均增长率远高于同期 GDP 的增长速度。瑞再研究院发布的《2018 世界保险业报告》显示，2017 年美国总保费收入 13 499.81 亿美元，占全球市场份额的 28.15%，位居全球第一；中国内地总保费收入 5 414.46 亿美元，占全球市场份额的 11.07%，位居全球第二；排名第三的日本，总保费收入 4 220.50 亿美元，占全球市场份额的 8.63%。从贡献率来看，2017 年对全球寿险市场贡献最大的是中国，贡献率为 2.1%。随着寿险市场的发展，国内寿险业的市场竞争也不断加剧，而人才是企业竞争的核心要素，为更好地满足客户多样化的保险需求，寿险公司必须加强保险营销队伍的专业化建设，建立一套科学有效的培训体系，提高保险营销员的综合素质，才能赢得客户和市场，才能使企业在竞争中立于不败之地。

（一）寿险公司培训的概念及必要性

1. 保险营销员培训的概念

美国学者霍尔认为培训是通过各种方式对员工提供帮助，从而使得员工在思想和行动上形成有助于企业实现绩效的态度、习惯和技能，最终达成预期的效果。根据培训的概念，寿险公司保险营销员培训可以被定义为：在寿险公司，为达成公司业绩和人才发展培养的目标，满足业务拓展的需求，以营销员为受众，进行阶段性、系统的知识、态度、习惯和销售技能等方面的训练活动。

2. 保险营销员培训的必要性

首先，对于新员工来说，寿险公司的新员工基本不具备出色完成本职工作所必需的全部知识和技能，如寿险公司产品的知识、销售技巧、语言表达、沟通技能以及合规知识等。在其能够完全履行新职责之前，新员工需要工作技能、工作态度的学习，或者至少是工作环境和流程的学习。因此，所有寿险公司都认识到对新员工的培训是必要的。其次，对于已在寿险公司工作一段时间的保险营销员来说，在工作中仍需进一步加深对保险专业知识、销售技巧和话术的掌握，完成监管机构和公司规定的后续教育课程。尤其是在新产品上线、晋升主管时，保险营销员继续接受培训更是必不可少的。

（二）寿险公司培训的运作体系

寿险公司的培训主要分为三个阶段，分别是需求分析、制订与实施培训计划、效果的追踪与评估。

1. 需求分析

寿险总公司培训部门一般会根据公司的实际情况、营销员队伍、竞赛情况以及公司未来发展要求等制订详细的培训计划。在计划制订前，培训部门会对公司内部人员的培训需求进行调研，收集相关资料进行需求分析，包括每月、每季度以及每年的人才培训分析报告，同时与有关部门沟通培训需求，最终确定公司培训需求的相关内容。

2. 制订与实施培训计划

需求分析完成后，培训部门要制订出公司的年度培训计划，并根据培训计划向领导申请预算。一般情况下，培训部门需要在每月的 25 日前制订下月的具体培训计划，在每季度最后一个月份的 25 日前制订下季度的培训计划；在每次培训前，培训部门需要提前三周确定培训场地，确定和申请培训讲师的课时费用以及其他费用开支，填写"培训项目费用预算表"（见附件 6.9）；培训前两周下发"培训通知"（见附件 6.10），并制作本次培训内容的小册子；根据"培训物料清单"（见附件 6.11）做好培训前的培训设备及物品等准备工作。在正式上课前一定要检查场地，同时再次确认开训领导、主持人、授课讲师以及学生等的情况，进而保证相关人员及时到场，保证培训课程正常有序地开展。在培训过程中，班主任要充分调动学生主动学习的积极性，适当地安排中场休息等。在培训结束后，要根据培训情况做好学员的评优选择，让学员积极配合培训效果的调查和反馈。

3. 培训效果的追踪与评估

培训部门在每次开展培训课程后，要让受训人员填写"培训学员反馈表"（见附件 6.12），从而了解受训人员参训后的情况。针对不同层级的培训，后续的追踪和评估方式亦不同。对于新人培训，培训部门一般会要求授课讲师对培训情况进行反馈，并根据反馈结果安排下一步的衔接培训；对于营业部经理新产品的培训，培训部门要根据一定时间内的销售业绩进行培训效果的评估。在培训结束后的一周内，培训部要对此次培训进行总结，填写"培训班评估表"（见附件6.13）和"培训班工作总结"（见附件6.14），并对相关培训资料进行整理并存档，制作"培训班文档归档目录"（见附件6.15）。

（三）寿险公司培训的主要内容

寿险公司的培训包括制式培训和非制式培训，其中制式培训分为初、中、高级培训。初级培训包括业务员岗前培训、业务员转正培训；中级培训包括业务主任晋升培训、业务主任研修、成长训练、TTT培训（Training the trainer to train）；高级培训包括营业部经理晋升培训、营业部经理研修、营管处经理培训、中级讲师培训等。非制式培训则是指根据当时实际情况开发的制式培训以外的其他培训。

（四）培训班的操作流程

培训班的操作流程分为课前、课中和课后三个部分。

1. 课前阶段

课前阶段即为准备阶段，包括开班准备和报表管理，具体内容如表6.6所示。

表6.6　培训班课前准备内容

项目	具体内容
开班准备	1. 拟订培训班的工作计划，并将各项工作细化后落实到具体负责人； 2. 培训班学员的选拔和确认； 3. 培训通知书的拟写和下发； 4. 培训费用签报、费用申领； 5. 培训日程的安排； 6. 授课讲师的确认和邀请； 7. 根据费用签报的标准选定培训地点； 8. 制作学员的桌牌； 9. 准备培训教学器材，包括白板笔、白板擦、投影机、白纸、胶带、裁纸刀等； 10. 布置培训教室，包括悬挂横幅、调试音响、座位摆放、投影机和投影幕的摆放以及准备白板等； 11. 课堂所需资料的印制； 12. 学员培训笔记本和笔的准备； 13. 公司司歌、讲师出场音乐、课间轻松音乐的准备； 14. 按男女比例和年龄对学员进行分组； 15. 参训人员的食宿安排； 16. 学员住宿的房间分配，制作"培训分房表"（见附件6.16）。 17. 会务组人员的安排和落实； 18. 班主任和助教的确认； 19. 通知每位参训学员按时到训； 20. 安排会务组，迎接学员报到事宜； 21. 开训准备； 22. 开训领导邀请； 23. 开训拍照及摄影安排； 24. 训前与学员沟通，宣讲课堂纪律。

表6.6(续)

项目	具体内容
报表管理	1. 培训课程表（见附件6.17）； 2. 培训作息时间安排表； 3. 培训学员签到表（见附件6.18）； 4. 培训班分组名单（见附件6.19）； 5. 培训学员通信录（见附件6.20）； 6. 培训班纪律规定； 7. 讲师邀请函； 8. 培训学员反馈表； 9. 培训班评估表； 10. 培训班文档归档目录。

2. 课中阶段

课中阶段即为培训实施阶段，包括教学管控和行政会务两方面。具体内容如表6.7所示。

表6.7 培训班课中实施内容

项目	具体内容
教学管控	1. 开训主持； 2. 开训领导讲话； 3. 课堂纪律宣讲； 4. 课堂气氛掌控； 5. 每日晨会主持，议题选定； 6. 课间播放轻松音乐； 7. 随堂分发学员资料； 8. 布置作业，组织学员晚间讨论； 9. 上课时音响效果的控制； 10. 学员考勤记录； 11. 及时了解学员状况，与学员沟通； 12. 主持结训； 13. 结训领导讲话； 14. 奖项评选及颁发。
行政会务	1. 制作参训人员通信录； 2. 打印结业证书； 3. 购买学员奖品； 4. 结训聚餐安排。

3. 课后阶段

课后阶段即为培训班接近尾声时要做的工作，包括教学管理和管理核销两方面。具体内容如表6.8所示。

表 6.8　培训班课后总结实施内容

项目	具体内容
教学管理	1. 要求学员填写本次培训班教学成果反馈表； 2. 培训结束后，会务人员总结培训效果，提出改进意见； 3. 培训结束后，助教应及时清点各种教学器材，逐件回收，特别注意清点贵重物品，如摄像机、照相机、胸麦、投影机、投影幕等，盘点无误后装箱运回公司。其余的教学物品带回到培训部交给教务人员保管。
管理核销	1. 外训项目中，与培训酒店结清培训期间学员、讲师及会务人员的食宿等费用； 2. 结清租用场地的租金； 3. 根据费用签报所列单项分别进行费用的统计、清算； 4. 总费用和各单项费用必须控制在费用预算所列明的数目内，不得超支； 5. 到财务部核销费用。

（五）培训班班主任与助教的工作内容

为保证培训教学工作的顺利进行，每个培训班应设班主任 1 名，并视课程需要配置助教或工作人员若干名，协助班主任进行班务管理。班主任和助教的工作内容具体如表 6.9 所示。

表 6.9　培训班班主任和助教的工作内容

角色	具体工作内容
班主任	1. 充分了解教学目的、课程内容和教学方法； 2. 熟悉培训班开班的流程和规定； 3. 了解参训学员背景和培训需求； 4. 联系、确认讲师，并与讲师沟通授课内容； 5. 拟订培训班工作计划，责任落实到人； 6. 拟定培训班物品清单，安排专人准备； 7. 安排人员布置教室，安放并调试设备，按要求摆放桌椅； 8. 检查教材、物品是否齐备； 9. 开、结训主持； 10. 培训期间整个班级气氛的掌控、晨会组织、课间轻松气氛的营造以及学员培训反馈调查。
助教	1. 充分熟悉开班流程及相关资料，密切配合班主任工作； 2. 依规定做好准备，逐一清点应携带物品； 3. 熟练掌握教学器材的使用方法； 4. 联系开班的有关事项； 5. 布置教室； 6. 提前到场，检查场地、器材等是否符合培训要求； 7. 参训学员培训资料的印制、袋装资料的准备等； 8. 进驻会务组，准备好签到表、资料，接待学员报到； 9. 开、结训拍照的联系，相片名单的确认，相片的冲印、过胶； 10. 班主任交办的其他事宜。

（六）培训讲师的选聘

培训课程邀请的讲师必须具备以下条件：

1. 必须是公司正式评聘的专、兼职讲师，可建议为公司授权讲师、优秀的营管经理、业务部经理或主管。

2. 若为非制式培训，讲师可为外请讲师。

3. 讲师必须具备很强的责任心和敬业精神。

（七）开、结训的工作流程

1. 开训流程

开训典礼由班主任主持，由公司与会领导讲话，对学员表示欢迎，并给予鼓励。具体的开训流程如下：

（1）学员就座后班主任点名，看是否全部出勤；

（2）主持人预告开训典礼开始；

（3）全体参训人员起立，唱司歌，诵读司训；

（4）主持人介绍与会领导；

（5）开训领导讲话；

（6）主持人对领导讲话进行简要总结；

（7）开训典礼结束；

（8）请公司领导、班主任、助教、讲师和学员到指定地点合影。

2. 结训流程

结训由班主任主持，具体流程如下：

（1）组织学员进行结训座谈，针对受训心得、感言、改进意见等事项，提供宝贵意见；

（2）如因时间关系，学员不能逐一报告，则请几名学员代表发言即可；

（3）请学员填写"培训学员反馈表"，助教收齐后交班主任；

（4）分发结业照片、结业证书和通信录；

（5）班主任总结培训情况；

（6）结训领导讲话；

（7）结训典礼结束。

五、实验内容

1. 实验形式：个人实验。

2. 实验用时：2 学时。

3. 指定实验内容：

根据公司组织发展的需要，爱迪生寿险公司市场营销部拟定于 20××年×月×~×日（请以当前实验时间推后一周）在"从化花溪酒店"举办为期两天，名为"挑战自我，成就梦想"的寿险营销员培训，假定你是该公司培训部的培训人员，并且是此次活动公司委任的培训班班主任，请根据以下资料，对培训工作进行前期筹备，拟订此次培训的通知，填写附件中的相应表格，最后将所有的电子、书面文档在培训结束后一并汇总、整理归档，填写试验报告。

爱迪生寿险公司外训项目背景资料

（1）参训人员、培训地点、去返程安排

此次培训主要针对的是加入爱迪生公司不到一年的寿险营销员，参训人员共有30人，工作人员3名，培训讲师4名，公司开训领导1名，培训地点定于"从化温泉镇花溪酒店"，距广州车程1小时30分钟左右。公司定于×月×日早上08:00从天河体育中心北门出发，9:30左右到达花溪酒店后，由工作人员派发房间钥匙，参训人员安置行李，10:00在花溪酒店二楼会议室正式培训，午餐的时间为12:00~13:00，午休的时间为13:00~13:45，下午培训时间为14:00~17:30，晚餐时间定于18:00~19:00。晚餐后，各学员回房温习培训内容，并进行话术演练，工作人员将于22:00开始查房，了解学员学习情况。×月×日"Morning Call"的时间为6:30，7:00在花溪酒店的操场集中开始晨训。8:00~8:45分为早餐时间，9:00开始上午的培训，上午培训下课期间、中午及下午培训的安排同前一日。午餐前由班主任通知学员14:00前收拾完行李，下午培训时带回教室，房卡于下午上课前统一交到班主任处，统一办理退房。课程结束用完晚餐后，全体人员乘车返回广州，估计21:00左右达到广州，结束两天一晚的培训行程。

（2）培训相关费用说明

经过初步与酒店洽谈，花溪酒店的房费为200元/间（双标），早餐的餐标为20元/人，中餐的餐标为35元/人，晚餐的餐标也为35元/人，房间内若加床，则收取加床费用80元/张。花溪酒店的中型会议室可容纳50人，收费标准为300元/小时，会议室内配备了投影机、白板、话筒、音响、功放等基本设备。在车辆使用方面，准备租用一辆50座的大巴，租车费用约为2 000元。此次外出不配备专业的医务人员，外出的一些急需必备应急药品需要项目筹备组自行采购，培训过程中使用到的白板笔、白板纸、资料等需要根据课程时间及人数提前准备。

（3）培训课程内容

整个培训内容涵盖公司产品、时间管理、销售循环、增员等多项内容。具体的授课课程内容如表6.10所示：

表6.10　培训课程一览表

序号	课程	序号	课程
1	爱迪生寿险公司企业文化	8	销售循环——安排约访
2	保险营销员管理规定	9	销售循环——成交面谈
3	洪福齐天养老年金保险	10	销售循环——促成面谈
4	喜洋洋少儿教育金保险	11	销售循环——递送保单和售后服务
5	康恒重大疾病保险	12	如何成为顶级销售人员
6	时间管理	13	如何有效增员
7	销售循环——寻找准客户	14	爱迪生寿险公司基本法

备注：以上课程序号乃为随机顺序，不代表实际培训的课程顺序，实际授课的安排由项目筹备组自行确定。

（4）参训人员名单（排名随机，不分先后，见表6.11）

表6.11 参训人员名单

序号	姓名	工号	性别	业务区	联系电话	电子邮箱
1	叶凡	G060900121	女	广州	133××××7890	Yf@ sina.com
2	谭元华	G060900220	男	黄埔	189××××6677	Tyh@ sina.com
3	梁淑琴	G060900379	女	广州	136××××6756	230056@ qq.com
4	王志	G060900378	男	广州	134××××1236	Wz@ sina.com
5	徐强	G060900377	男	广州	189××××6677	675400@ qq.com
6	张恒	G060900399	男	广州	137××××4545	Zh@ sina.com
7	刘理	G060900355	男	佛山	138××××4455	Ll@ sina.com
8	许明	G060900366	女	佛山	139××××6789	Xm@ sina.com
9	蒋欢	G060900345	女	黄埔	134××××3456	jh@ sina.com
10	许志明	G060900344	男	东莞	134××××5679	Xzm@ sina.com
11	赵琴	G060900388	女	广州	187××××4433	zq@ sina.com
12	梁淑敏	G060900333	女	黄埔	189××××4567	lsm@ sina.com
13	张苑	G060900390	女	东莞	134××××3322	zy@ sina.com
14	王栓	G060900342	男	广州	189××××4534	ws@ sina.com
15	刘家亮	G060900309	男	广州	189××××0678	Ljl@ sina.com
16	区欣欣	G060900347	女	广州	189××××4520	oxx@ sina.com
17	张华丽	G060900325	女	广州	137××××6677	zlh@ sina.com
18	许姗姗	G060900367	女	广州	138××××4532	xss@ sina.com
19	赵虎	G060900301	男	广州	133××××6677	zh@ sina.com
20	徐玲	G060900361	女	黄埔	133××××7788	xl@ sina.com
21	刘牡丹	G060900362	女	黄埔	135××××8976	lmd@ sina.com
22	张亮亮	G060900371	男	黄埔	134××××4630	zll@ sina.com
23	许明天	G060900372	女	佛山	156××××4455	xmt@ sina.com
24	郭永	G060900375	男	佛山	189××××4433	gy@ sina.com
25	袁立	G060900376	女	佛山	137××××5677	yl@ sina.com
26	郑健	G060900381	男	佛山	189××××0067	zj@ sina.com
27	庄驰	G060900382	女	东莞	135××××2346	zc@ sina.com
28	陈俊	G060900385	男	东莞	137××××6783	cj@ sina.com
29	陈鸿	G060900386	男	广州	138××××9075	ch@ sina.com
30	霍祥云	G060900390	女	佛山	139××××0065	hxy@ sina.com

4. 可选实验内容：

根据组织发展的需要，理想寿险公司拟举办"20××年度第6期新人班培训"，培训对象为近两个月内入职的保险营销员。培训时间定于20××年×月×～×日（周一～周五），培训地点在公司市场营销部培训中心，具体地址为：广州市天河区珠江新城珠江东路 235 号 C 栋 2605 室。假定你是理想寿险公司该期新人培训的负责人，担任此次培训活动班主任的工作，请根据以下资料，对此次的新人培训工作进行前期筹备，拟定培训通知、填写相关附件表格，并在培训结束后将所有的电子、书面文档整理汇总，填写实验报告。

理想寿险公司新人班培训背景资料

（1）参训人员和培训时间安排

20××年度第 6 期新人班培训主要针对的是最近两个月入职理想寿险公司的广州区域保险营销员，经培训部统计，参训的保险营销员共有 20 人，由 1 名班主任和 1 名助教负责跟班。此外，根据培训课程需要，需邀请培训讲师 5 名，其中 3 名外勤讲师，2 名内勤讲师。开训领导拟邀请市场营销部总监李总担任。培训时间安排在 20××年×月×~×日（周一~周五），周一上午 9:00 开始签到，9 点 30 分培训正式开始，中午 12:00 培训结束，学员们自行就餐。下午培训开始的时间是 14:00，16:30 结束。周二到周五，早上 8:30 开始签到，上午的培训时间是 9:00~12:00，下午的培训时间是 14:00~16:30。其中，周五下午要举行结训典礼，为每位合格的参训人员颁发新人班的结训证书，并评选优秀小组和优秀党员。

（2）培训物料的准备

为保证培训活动圆满顺利地实施，班主任和助教要在开训前一周准备相关物料，主要包括投影机、笔记本电脑、话筒、音响、白板笔、中性笔、笔记本、学员手册、签到表、游戏道具、奖品等。

（3）培训课程内容

新人班培训课程内容涵盖行业和公司介绍、公司产品、销售循环、时间管理等多项内容，具体的授课课程内容如表 6.12 所示：

表 6.12　新人班培训课程一览表

序号	课程	序号	课程
1	保险的起源和意义	11	产品培训：爱护定期寿险
2	保险行业发展的现状与未来	12	产品培训：利鑫两全保险
3	理想寿险公司企业文化	13	产品培训：宏发少儿教育金保险
4	保险营销员管理规定	14	产品培训：健康之宝重大疾病保险
5	专业形象	15	产品培训：安心医疗保险计划
6	销售循环之准客户开拓	16	产品培训：安逸意外伤害保险
7	销售循环之安排约访	17	产品培训：安享人生年金保险
8	销售循环之成交面谈	18	保险建议书的制作技巧
9	销售循环之促成面谈	19	保险营销员的晋升与发展
10	销售循环之递送保单和售后服务	20	合规与诚信教育

备注：以上课程序号为随机顺序，不代表实际培训的课程顺序，实际授课的安排由班主任根据课程时间自行确定。

（4）参训人员名单

参训人员名单如表 6.13 所示。

表 6.13　参训人员名单一览表

序号	姓名	工号	性别	业务区	联系电话
1	徐小强	LX0080590	男	广州	138×××7765
2	米莉莉	LX0080591	女	广州	136×××2345
3	赵晓云	LX0080592	女	广州	135×××7789
4	肖晓	LX0080593	女	广州	139×××6543
5	孙展明	LX0080594	男	广州	138×××4567
6	张华	LX0080596	男	广州	189×××7543
7	欧阳姗姗	LX0080597	女	广州	189×××9890
8	张立人	LX0080598	男	广州	136×××6866
9	王淑芬	LX0080599	女	广州	135×××7889
10	袁明	LX0080600	男	广州	137×××5332
11	刘云龙	LX0080601	男	广州	138×××8675
12	郑艳鑫	LX0080602	女	广州	134×××8654
13	张剑	LX0080603	男	广州	135×××7876
14	王桂发	LX0080604	男	广州	136×××7540
15	刘铭芬	LX0080605	女	广州	137×××7560
16	许志明	LX0080606	男	广州	138×××8865
17	佘海子	LX0080608	男	广州	137×××4213
18	林海	LX0080609	男	广州	136×××9765
19	庄金梅	LX0080610	女	广州	135×××5678
20	余彬彬	LX0080611	男	广州	136×××7890

六、实验方法和操作步骤

采用理论结合实际的方法，在对实验素材进行详尽分析的基础上，提取相关信息，结合实际进行相关工作的筹备，并将筹备的结果填写在相应表格上。

步骤 1：学习并掌握寿险公司培训工作的基础知识；

步骤 2：对爱迪生寿险公司培训项目的背景资料详细研读；

步骤 3：根据实验中提供的相关表格，结合背景资料和实践知识填写；

步骤 4："成就自我，挑战梦想"培训活动通知的拟定；

步骤 5：培训费用的预算；

步骤 6：计划培训物料，填写物料清单；

步骤 7：根据提供的参训学员名单及筹备小组工作人员名单等制作学员通信录；

步骤 8：根据实践中分房的原则，结合酒店提供的房号，填写分房表；

步骤 9：根据背景资料中给出的课程内容，安排外训课程表；

步骤 10：根据参训学员名单及基本信息拟定参训学员的签到表；

步骤 11：根据 5 人一组的原则，对参训学员进行分组；

步骤 12：熟悉学员反馈表的内容；

步骤 13：填写培训班评估表；

步骤 14：撰写培训班工作总结；

步骤 15：将培训班所有的文档资料归档，并拟出归档目录。

七、实验注意事项

（1）所有表格填写的内容必须以背景资料中提供的材料为基础；

（2）背景资料中未提及的部分由学生根据已有知识小组协商后的情况酌情填写。

八、参考文献

［1］刘平. 保险营销——理论与实务［M］. 北京：清华大学出版社，2012.

［2］保险文化. 中国保费收入全球第二，有两家险企名列世界前茅，但距离保险强国还很遥远！［EB/OL］. 搜狐网，http://www.sohu.com/a/258620154_479770.

［3］曹方旭. 寿险公司培训体系建设研究——以 WX 保险公司为例［D］. 济南：山东大学，2017.

［4］李铭洁. AF 保险公司营销队伍培训体系研究［D］. 桂林：广西师范大学，2018.

［5］百度文库. 寿险培训班操作流程［EB/OL］. https://wenku.baidu.com/view/73eb962b4536 10661ed9f4ca.html.

附件6.9

培训项目费用预算表

项目内容	单价（元）	数量	总金额（元）	备注
金额（小写）：	元			
费用总计（大写）：				

制表：_____   审核：_____   日期：_____

附件 6.10

"_____" 培训活动通知

各营业机构：

为了配合公司业务发展的需要，_____寿险公司培训部将于_____ 年 ___月

___日~___月___日开办为期____天的训练课程，具体培训事项如下：

一、培训时间

_____

二、培训地点

_____

三、参训学员

_____

四、参训学员注意事项

1. 严格遵守上课作息时间，不要迟到早退；

2. 着装符合公司要求

（1）男士：穿西装、衬衫，打领带，穿皮鞋

（2）女士：穿正式服装

（3）严禁穿 T 恤、牛仔裤、露背装、运动鞋

（4）不提倡男士穿花衬衣

3. 课堂要求

（1）认真听课，课间不能随意走动

（2）不能在课堂上吸烟、吃零食

（3）手机关闭

（4）积极参与讨论、回答问题

_____ 寿险公司培训部

_____年___月___日

附件 6.11

培训物料清单

序号	物品	数量	准备情况	负责人	备注
1					
2					
3					
4					
5					
6					
7					
8					
9					
10					
11					
12					
13					
14					
15					
16					
17					
18					
19					
20					

制表：_____   审核：_____   日期：_____

附件 6.12

培训学员反馈表

班级名称：＿＿＿＿＿＿＿＿＿＿＿＿＿

培训时间：＿＿＿＿＿＿＿＿＿＿＿＿＿

　　"学海无涯勤是岸，青云有路志为梯！"期盼本次培训课程能对您的学习与工作有所帮助，有所启发。为使以后的培训更趋完善，请您提供宝贵的意见。谢谢您的参与！

一、您认为本次培训课程的内容：　　　　太多　　　刚好　　　不够

　　1. 理论方面　　　　　　　　　　　□　　　　□　　　　□

　　2. 实务方面　　　　　　　　　　　□　　　　□　　　　□

二、您认为本次培训授课情况：　　　　　特优　　　好　　　　普通

　　1. 讲师方面　　　　　　　　　　　□　　　　□　　　　□

　　2. 其他教学辅助器材的使用　　　　□　　　　□　　　　□

　　　（如投影片等）

　　3. 重点解释说明　　　　　　　　　□　　　　□　　　　□

　　4. 内容生动有趣　　　　　　　　　□　　　　□　　　　□

　　5. 讲师授课热忱度　　　　　　　　□　　　　□　　　　□

三、您认真思考一下，本次培训让您获益最多的讲师是：

　　1. ＿＿＿＿＿＿　　　2. ＿＿＿＿＿＿　　　3. ＿＿＿＿＿＿

四、您认真思考一下，本次培训您认为授课需要改善的讲师是：

　　1. ＿＿＿＿＿＿　　　2. ＿＿＿＿＿＿　　　3. ＿＿＿＿＿＿

五、您对本次培训的课程有何建议？您的心得是什么？

　　课程建议：＿＿＿＿＿＿＿＿＿＿＿＿＿＿＿＿＿＿＿＿＿＿＿＿

　　＿＿＿＿＿＿＿＿＿＿＿＿＿＿＿＿＿＿＿＿＿＿＿＿＿＿＿＿＿＿

　　＿＿＿＿＿＿＿＿＿＿＿＿＿＿＿＿＿＿＿＿＿＿＿＿＿＿＿＿＿＿

　　心得体会：＿＿＿＿＿＿＿＿＿＿＿＿＿＿＿＿＿＿＿＿＿＿＿＿

　　＿＿＿＿＿＿＿＿＿＿＿＿＿＿＿＿＿＿＿＿＿＿＿＿＿＿＿＿＿＿

　　＿＿＿＿＿＿＿＿＿＿＿＿＿＿＿＿＿＿＿＿＿＿＿＿＿＿＿＿＿＿

附件 6.13

培训班评估表

班主任：_____   开班日期：_____年____月____日至____月____日

培训班名称			培训地点	
参训对象				
报名人数		实际参训人数	参训率（%）	
预算费用（人民币元）			实际费用（人民币元）	

学员与班主任评估汇总情况				
项目 人员	教学及讲师方面		班务方面	
	好的方面	需要改进方面	好的方面	需要改进方面
学员				
班主任				

科室主任意见：

签名：

部门总经理意见：

签名：

附件 6.14

培训班工作总结

培训名称				
执 行 人		时　间		
参加人员		人　数		
培训执行情况				
学员表现及反馈				
优秀学员： 流失学员： 不及格学员： 其他：				
培训部意见				

制表：_____　　　审核：_____　　　日期：_____

附件 6.15

培训班文档归档目录

培训班名称：_____　　　　　　日期：_____

序号	文件名	内容	责任人	备注
1				
2				
3				
4				
5				
6				
7				
8				
9				
10				
11				
12				
13				
14				
15				
16				
17				
18				
19				
20				

填写说明：归档目录中文档的排列顺序请按照各文档产生的先后排列。

附件 6.16

培训分房表

序号	业务区	姓名	房间号	备注
1				
2				
3				
4				
5				
6				
7				
8				
9				
10				
11				
12				
13				
14				
15				

填写说明：该表格可以根据实际分房情况进行增减或修改，若有单男单女，可采用加床处理。

附件 6.17

培训班课程表

日期	时间	课程内容	讲师

制表：_____   审核：_____   日期：_____

附件 6.18

培训学员签到表

序号	业务区	姓名	工号	月 日 上午	月 日 下午	月 日 上午	月 日 下午	备注
1								
2								
3								
4								
5								
6								
7								
8								
9								
10								
11								
12								
13								
14								
15								
16								
17								
18								
19								
20								
21								
22								
23								
24								
25								
26								
27								
28								

　　填写说明：该表格可根据实际培训时间和实际学员人数进行增加，现场签到时必须学员亲自签名，培训后讲师整理制作电子版签到表时可根据出勤情况以√或×代替。

附件 6.19

培训班分组名单

组别	业务区	姓名	性别	组别	业务区	姓名	性别
第一组				第六组			
第二组				第七组			
第三组				第八组			
第四组				第九组			
第五组				第十组			

制表：_____   审核：_____   日期：_____

附件6.20

培训学员通信录

序号	业务区	姓名	性别	手机	电子信箱
1					
2					
3					
4					
5					
6					
7					
8					
9					
10					
11					
12					
13					
14					
15					
16					
17					
18					
19					
20					
21					
22					
23					
24					
25					
26					
27					
28					
29					
30					

填写说明：请按业务区进行通信录的制作，该表可根据实际需求进行修改。

附录一：实验报告模板

附录二：关于规范人身保险业务经营有关问题的通知

附录三：中国保监会关于进一步规范保险理赔服务有关事项的通知

附录四：××市寿险行业服务标准　　　　**附录五：××寿险公司的核保规程**

附录六：××保险公司意外险理赔实务　**附录七：××寿险公司各险种理赔实务**